Alexander Pavel

WANDERN IN DER *sagenhaften* FRÄNKISCHEN SCHWEIZ

22 spannende Touren und Sagen für Groß und Klein

FAHNER

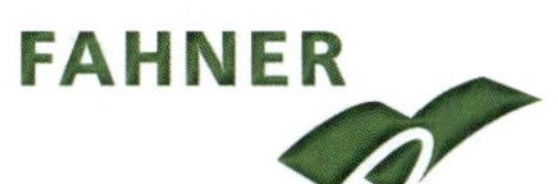

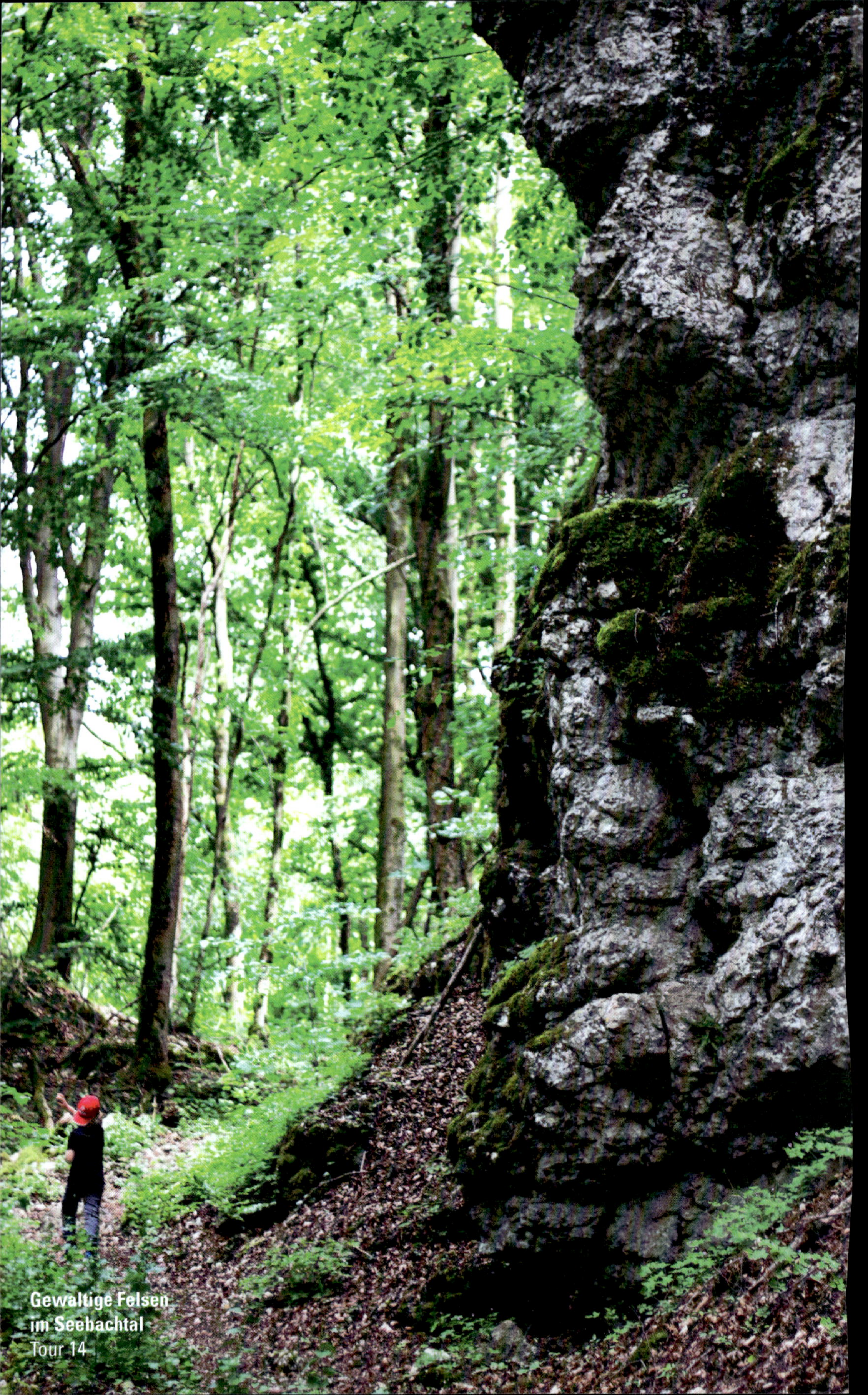

Gewaltige Felsen im Seebachtal
Tour 14

Für meinen geliebten Sohn Jonathan

Danke an meine liebe Frau Simone, ohne deren Verständnis, Geduld und Unterstützung dieses Buch nicht entstanden wäre.

Danke an alle Wanderfreunde und Wanderfreundinnen, die diese wundervolle Leidenschaft mit mir teilen: Alex, Benni, Bernd, Christoph, Dana, Gereon, Hanno, Isabel, Jasmin, Martina, Ralph, Thomas.

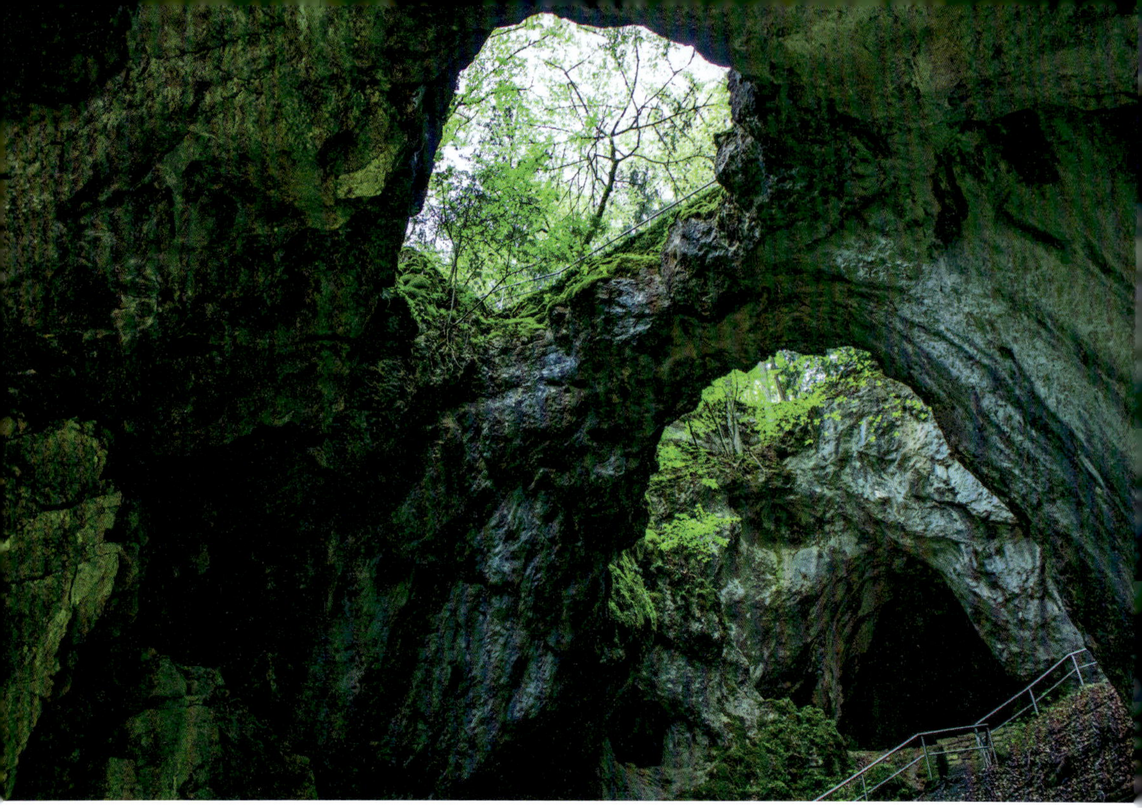

Die Riesenburg
Tour 5

Der Kreuzstein
Tour 3

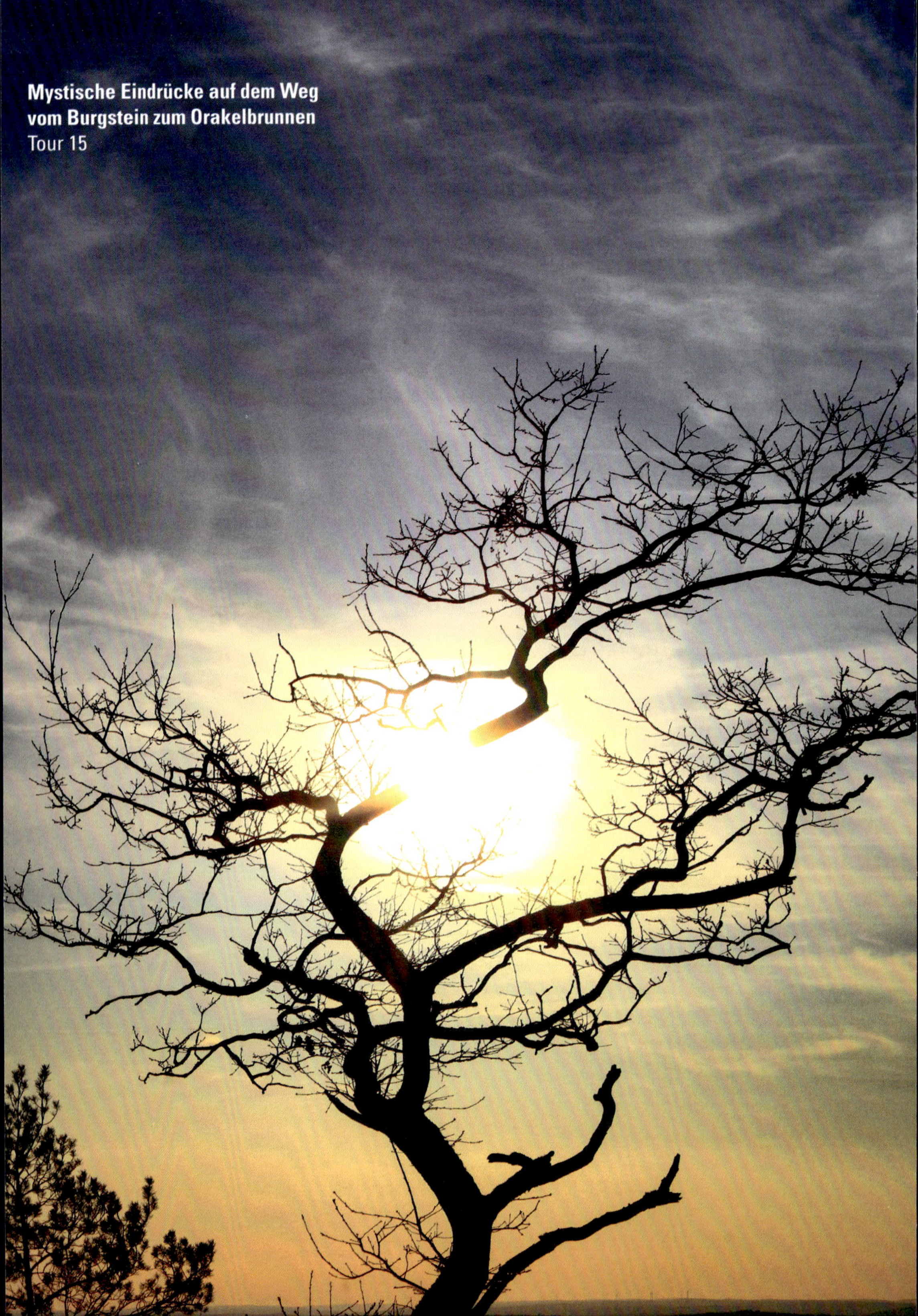

Mystische Eindrücke auf dem Weg vom Burgstein zum Orakelbrunnen
Tour 15

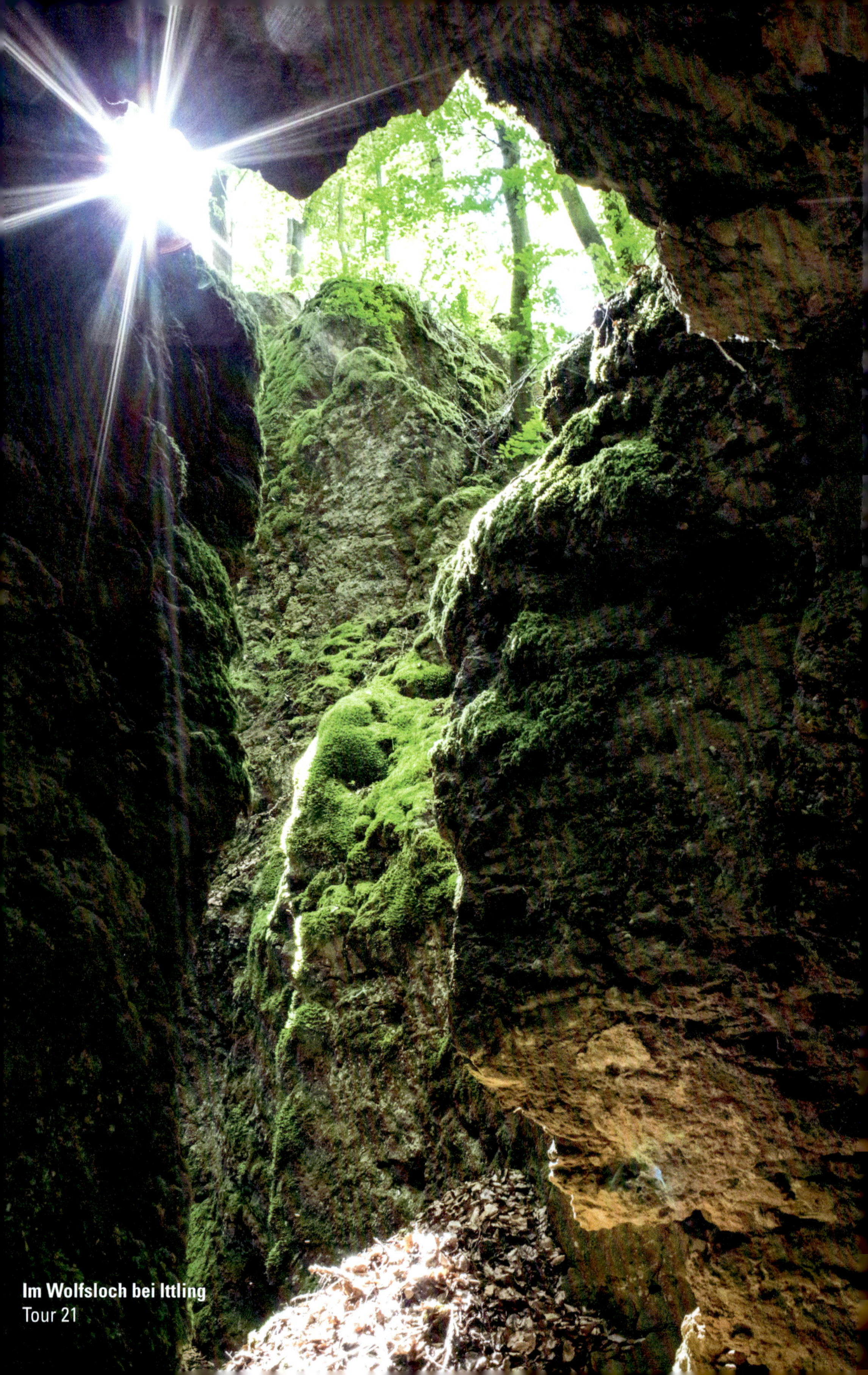

Im Wolfsloch bei Ittling
Tour 21

Vorwort

Die Fränkische Schweiz birst geradezu vor geheimnisvollen Orten, welche die Fantasie der Menschen anregen. Bizarre Felsen, tiefe Höhlen und romantische Burgruinen. Orte, die auf der einen Seite eine nahezu magische Anziehungskraft und Faszination auf die Menschen ausüben, sie auf der anderen Seite jedoch auch so sehr ängstigen können, dass sie diesen Plätzen unheimliche Eigenschaften zuschreiben. Über die Jahre entwickelten sich Geschichten, die sich um solche Orte und oft auch um die dort lebenden Menschen ranken. Diese Geschichten wurden an rauen Herbst- und Winterabenden in der warmen Stube erzählt und mit der Zeit zu einem Kulturgut, das über Generationen gepflegt wurde. Ebenso wie die magischen Orte selbst stellt dieses Kulturgut einen Schatz dar, der es wert ist, gehütet und weitererzählt zu werden.

Tipps für einen Rucksack für Tagestouren

So vielfältig die am Markt verfügbaren Modelle sind, so vielfältig sind auch die persönlichen Anforderungen, die jeder Rucksackträger an seinen „Kofferraum" stellt. Hier findet ihr einige Tipps, die auf den Erfahrungen unserer Familie bei der Rucksackauswahl der vergangenen Jahre basieren.

- Die Verwendung widerstandsfähiger und robuster Materialien setzen wir an dieser Stelle einfach mal voraus.

- Elementar ist für uns ein gut funktionierendes Belüftungssystem. Die besten Erfahrungen haben wir mit sogenannter Netzrücken-Belüftung („Mesh") gemacht. Da bleibt der Rücken auch bei hohen Temperaturen am längsten trocken.

- Mindestens genauso wichtig sind stabile, breite und bequeme Hüftflügel. Es gibt wenig Unbequemeres als Hüftflügel, die einschneiden.

- Die Größe des Rucksacks sollte der jeweiligen Verwendung angepasst sein. Für den Familienvater, der neben der Familien-Brotzeit- und dem Wasservorrat eine komplette Fotoausrüstung transportiert, darf es ruhig ein 32-Liter-Modell sein. Vielmehr werdet ihr für eine Tagestour wahrscheinlich nicht benötigen.

- Der Zugang zum Rucksack sollte möglichst einfach und mit wenigen Handgriffen gewährleistet sein. Verschließbare Seitenfächer, eine oder mehrere Fronttaschen sowie ein großes Fach für sperrige Gegenstände und darin ein Klemmfach für Wanderbücher, Mützen oder Handschuhe bedienen schon die meisten Bedürfnisse. Denkt immer daran, dass ihr den Rucksack auch einmal bei schlechtem Wetter abnehmen und etwas entnehmen müsst. Wenn um euch herum alles nass und matschig ist, ist es praktischer, wenn ihr den Rucksack auf dem Knie ablegen könnt und mit wenigen Handgriffen alles findet, was ihr benötigt.

- Bleiben wir beim Thema Regen. Für alle, die nicht nur bei Sonnenschein wandern, ist ein integrierter Regenschutz ein sehr sinnvolles Utensil. Meist sind diese Regenhauben im äußeren Rucksackboden verstaut, mit einem Griff befreit und über den Rucksack gezogen. Hierbei empfiehlt sich ein Regenschutz, der auch vom Rucksack gelöst und daheim separat auf der Heizung getrocknet werden kann.

Ich packe meinen Rucksack und nehme mit

- **Ausreichend Wasser** oder andere alkoholfreie Getränke – wir kalkulieren pro Person mit mindestens 0,5 Litern je 5 km.
- **Brotzeit** – keine Wanderung ohne ordentliche Brotzeit, gerne auch mit Gemüsesticks und frischem Obst.
- **Traubenzucker** – gibt schnell Energie, wenn sie benötigt wird.
- **Protein-Riegel** – gleichen den Energiehaushalt auch bei längeren Touren aus. Wichtig ist, dass ihr nicht einfach irgendwelche Schokoriegel einpackt. Ausgewiesene Energieriegel liefern in der Regel tatsächlich die bessere, sofort verfügbare Energie.
- **Magnesium-Pulver** – wer beim Wandern jemals einen Krampf hatte, wird auf Magnesium nicht mehr verzichten wollen.
- **Schmerztabletten** – es muss ja gar nichts Dramatisches sein. Schon eine Zerrung oder ein Muskelfaserriss mitten im Wald können auf dem Rückweg ohne Schmerzmittel zur absoluten Tortur werden.
- **Zeckenkarte** – sich nach der Wanderung auf Zecken abzusuchen, ist bei einem Besuch der Fränkischen Schweiz Pflicht. Manchmal entdeckt ihr die Holzböcke jedoch schon während der Tour. Mit einer Zeckenkarte ist der kleine Blutsauger ganz schnell entfernt.
- **Stichsalbe** – der Wald lebt. Und leider sind die Stiche und Bisse einiger Mini-Waldbewohner wirklich schmerzhaft und sollten sofort behandelt werden.
- **Wundsalbe** – je nachdem, ob ihr sie auch generell verwendet. Hierzu gibt es ja verschiedene Meinungen.
- **Pflaster und Verband** – gestochen, geschnitten oder gebrochen. Zum Verbinden oder gar Schienen benötigt ihr brauchbare Wundverbände.
- **Rettungsdecke** – hoffen wir, dass ihr sie nicht braucht.
- **Desinfektionsmittel** – am besten in einer kleinen und handlichen Flasche oder in Tuchform.

Tipps für einen Rucksack für Tagestouren

- **Feuchttücher** – alle Eltern wissen, wieso.
- **Taschentücher** – der ultimative Allrounder.
- **Taschenmesser** – zum Beispiel zum Schneiden des Verbandes im Notfall.
- **Sonnencreme** – vor allem bei schweißtreibenden Touren sollte der Sonnenschutz regelmäßig erneuert werden.
- **Platzsparende Kopfbedeckung** – bei Kälte, Regen oder extremem Sonnenschein.
- **Mini-Regenschirm oder Faltbare Regenjacke** – beides nimmt ähnlich viel Platz im Rucksack ein. Der Schirm bietet den Vorteil, dass das Wasser nicht an den Hosenbeinen hinab läuft.
- **Faltbares Outdoor-Sitzkissen** – nicht immer sind Sitzgelegenheiten trocken. Und wer mag schon einen nassen Hosenboden?
- **Geschirrtuch** – zum Brillenputzen, Schweiß-Abtupfen oder Füße-Abtrocknen. Es gibt am Wegesrand immer wieder Gelegenheiten, um ein bisschen zu planschen. Ein Geschirrtuch erfüllt seinen Zweck und nimmt weniger Platz ein als ein Frotteetuch.
- **Mülltüten oder andere Plastikbeutel** – zum Sammeln von Beeren, Früchten oder Naturdeko. Und zum Verstauen des eigenen Mülls. Getreu dem Motto – Leave nothing but footprints.
- **Taschen-Aschenbecher** – an sicheren Plätzen ist das Rauchen auch beim Wandern gestattet. Nur bitte nehmt eure Kippen wieder mit.
- **Taschenlampe mit Ersatzbatterien** – diese bitte separat verpacken, damit euch eventuell auslaufende Batteriesäure nicht den Rucksack oder, noch schlimmer, die Hände ruiniert.
- **Geldbombe** – es muss ja keine der Geschmacksverirrungen aus den 80er Jahren sein. Doch ein jederzeit verfügbarer Notgroschen ist immer sinnvoll.
- **Stift und Papier bzw. Malsachen** – wer schreibt, der bleibt. Und wenn den Kids beim Einkehren beim Warten aufs Essen mal langweilig wird, wirken ein paar Stifte und ein Mini-Malbuch Wunder.
- **Teleskopwanderstöcke** – kein Muss. Jedoch besser dabei und kein Bedarf als andersrum. Wenn, dann empfehlen wir federnde Wanderstöcke.

GPS-Erklärungen zum Gebrauch

Um die GPX-Navigation der Touren auf einem mobilen Endgerät nutzen zu können, scannt die jeweiligen QR-Codes, die sich auf der zugehörigen Karte befinden, mit dem QR-Code-Scanner auf eurem Handy ab und folgt dem Link. Anschließend werdet ihr aufgefordert, ein zufällig generiertes Passwort einzugeben, das ihr im vorliegenden Buch findet (z. B. Seite 12, 1. Absatz, 2. Zeile, 3. Wort).

Nun müsst ihr nur noch die GPX-Daten herunterladen und mit einer geeigneten App mit GPX-Viewer auf eurem Handy, z. B. Outdooractive, öffnen. Dazu öffnet ihr zunächst eure App und importiert die heruntergeladenen Daten. Diese Dienste sind kostenlos, allerdings ist meist eine Registrierung in der jeweiligen App notwendig. Viel Spaß beim Nachwandern!

Eine Bitte:
Damit der Wald und die Natur so schön bleiben, gilt es nur eine Regel zu beachten: „Leave nothing but footprints."

Die Wege:
Alle Touren in diesem Buch wurden im Jahr 2021, teilweise sogar mehrfach, überprüft. Allerdings können sich sowohl Wanderzeichen als auch Orientierungspunkte im Lauf der Zeit ändern. Sollten sich euch Änderungen offenbaren, die den Wegverlauf beeinflussen, informiert am besten den Verlag mit einer kurzen E-Mail. Dann können eventuell folgende Auflagen den veränderten Gegebenheiten angepasst werden. Vielen Dank

1

Von Krögelstein durchs Kaiserbachtal zum Felsengarten Sanspareil

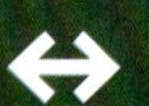 15,4 km

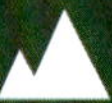 222 Hm

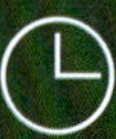 4–5 h

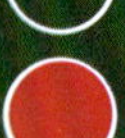 mittel

Eckdaten:

- **Schatten/Sonne: überwiegend sonnige Feldwege**
- **Start-/Endpunkt: Wanderparkplatz 96142 Krögelstein am nordöstlichen Ortsende**
- **Parkplatzgröße: 10 Pkw (kostenlos)**
- **Klettererfahrung: nein**
- **Buggy: nein**
- **Handtuch: ja**

Der kleine Ort Krögelstein schmiegt sich gefällig in ein beeindruckendes Felsental, dessen massive Wände sich schützend um seine Bewohner legen. Dieser idyllische Ort ist der Ausgangspunkt für eine Wanderung, die euch durch ein felsiges Trockental mit allerlei Höhlen hinüber zum Felsengarten Sanspareil führt, einem der bezauberndsten Orte in der Fränkischen Schweiz.

Highlights:

1. Kaiserbachtal mit Säukirchner Turm, Kühkirche, Schwalbensteingrotte und Kuhleutner Wand
2. Burg Zwernitz
3. Felsengarten Sanspareil (Eintritt kostenlos)
4. Wacholderweg
5. Burgruine Krögelstein

Die Sage

Ulrich von Zwernitz Vor fast 900 Jahren wurde die stolze Burg Zwernitz erstmals urkundlich erwähnt. Bewohnt wurde sie damals von Ulrich aus dem Geschlecht der Walpoten. Doch Ulrich verweilte nur zum Essen und Schlafen auf seiner Burg. Die längste Zeit des Tages verbrachte er in den Wäldern seiner Ländereien. Denn nichts erfüllte sein Herz mit größerer Freude, als in der freien Natur umherzustreifen. Er liebte es, dem morgendlichen Gesang der Vögel zu lauschen, und konnte anhand ihrer Melodien genau bestimmen, um welche Vogelgattung es sich handelte. Scheue Rehe wurden in seiner Gegenwart zutraulich und teilten sonnige Lichtungen mit ihm. Gerne war er im Wald allein und genoss es, seinen Gedanken nachzuhängen.

Doch eines Tages traf er dort unverhofft auf Gertraud, die Tochter seines Gaugrafen. Sie hatte sich verirrt und bat Ulrich, sie sicher nach Hause zu geleiten. Augenblicklich verliebte sich Ulrich in das schöne Mädchen und bat beim Gaugrafen sogleich um die Hand seiner lieblichen Tochter, nachdem er sie wohlbehalten nach Hause gebracht hatte. Der Gaugraf reagierte auf den überraschenden Antrag erbost und verwies Ulrich der Burg. Doch dieser ließ sich nicht so leicht abweisen. Er ersann einen Plan, entführte Getraud bei der erstbesten Gelegenheit und brachte sie auf seine Burg Zwernitz. Der Gaugraf, rasend vor Wut, versammelte seine Streitkraft und marschierte zu Ulrichs Burg, um die Herausgabe seiner geliebten Tochter mit Gewalt zu erzwingen. Dank ihrer Lage auf einem gewaltigen Felsen war die Burg nahezu uneinnehmbar. Und so begann eine wochen- und schließlich monatelange Belagerung. In dieser langen Zeit erzählte Ulrich seiner Gefangenen Tag für Tag von seiner Liebe zur Natur, und wie er das Umherstreifen im Wald vermisste. Doch keine Liebe sei so stark wie seine Gefühle für sie. Und so werde er alles auf sich nehmen, um sie nie wieder gehen lassen zu müssen. Doch weckte er mit seinen lebhaften Erzählungen vom Leben im Wald auch in Gertraud die Sehnsucht nach Freiheit. Und so suchte sie Tag für Tag bei ihren Spaziergängen in der belagerten Burg nach einem Weg, auf dem sie in die Freiheit entfliehen könnte.

Und tatsächlich fand sie eines Tages eine in der Wand verborgene Geheimtür, die sie auf einer Wendeltreppe immer tiefer in den Fels führte. Je weiter sie hinabstieg, desto dunkler wurde es. Das von oben hereinfallende, spärliche Tageslicht wurde immer schwächer. Und so tastete sich Gertraud vorsichtig immer weiter an den feuchten Wänden eines langen Geheimgangs entlang. Stück für Stück, Meter für Meter kam sie voran. Da plötzlich trat ihr Fuß ins Leere und sie schwankte in der Dunkelheit. Verzweifelt versuchte sie, ihr Gleichgewicht wiederzuerlangen. Doch es gelang ihr nicht. In dem Moment, als sie nach vorne zu fallen drohte, wurde sie von zwei starken Händen gepackt und zurückgezogen. Eine Fackel wurde entzündet und im Schein der züngelnden Flammen erkannte sie Ulrich. Direkt vor sich blickte sie in den tiefen Abgrund einer Fallgrube, in deren Boden zugespitzte Pfähle gerammt worden waren. Eine tödliche Falle zum Schutz vor Eindringlingen. Ulrich hatte sie gerettet. Er erkannte, dass ihr Wunsch nach Freiheit so groß war, dass

Säukirchner Turm im Kaiserbachtal

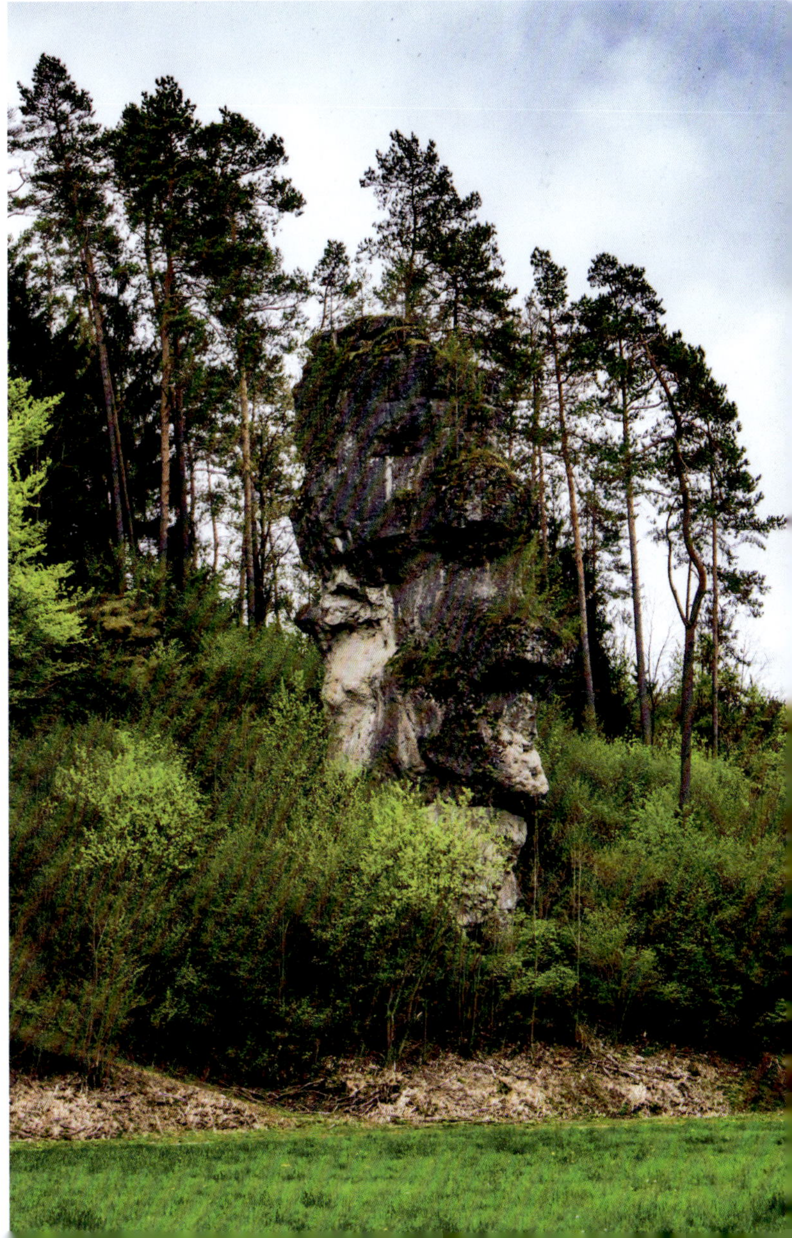

1

Die Kuhleutner Wand im Kaiserbachtal

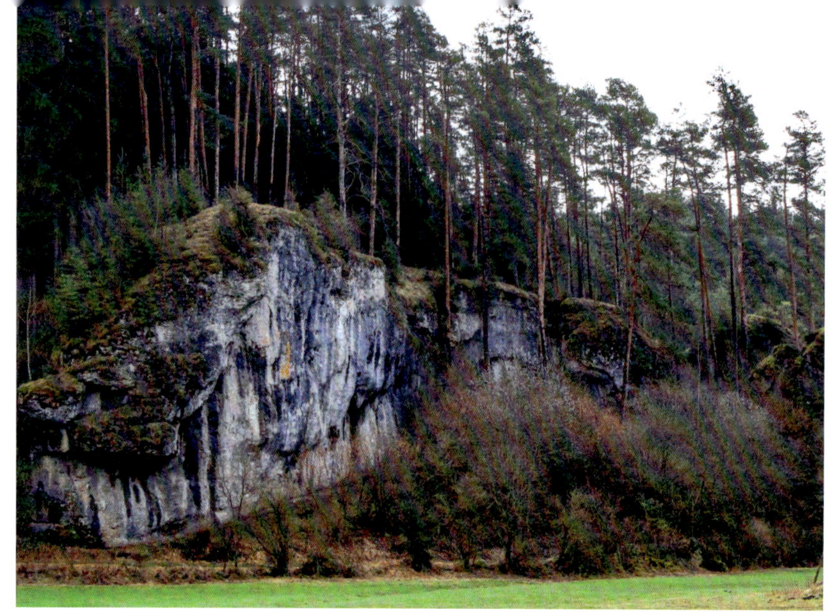

er sie nicht länger gefangen halten durfte. Er selbst kannte diese Sehnsucht nur zu gut. Und so nahm er Gertraud an der Hand und führte sie, vorbei an der Fallgrube und weiteren furchteinflößenden Fallen, durch den langen Geheimgang, bis sie schließlich mitten im Wald ans Tageslicht gelangten. Dort überkam beide ein unbeschreibliches Gefühl von Freiheit und Glück. In diesem Moment erkannte Gertraud, dass auch sie sich im Lauf der vergangenen Monate in Ulrich verliebt hatte. Und so kehrten die beiden wieder in die Burg zurück und ließen sich dort in der Kapelle trauen. Danach öffnete Ulrich das Burgtor. Die Soldaten des Gaugrafen, die mit einem Ausfall der Belagerten rechneten, formierten sich und bereiteten sich für den Kampf vor. Doch wie erstaunt waren sie, als ihnen durch das geöffnete Burgtor keine angriffslustige Meute entgegenstürmte, sondern die liebliche Tochter ihres Gaugrafen aufrecht entgegenschritt. Der Gaugraf lief auf sie zu und umarmte sie herzlich. Als sie ihm von ihrer Liebe zu Ulrich und ihrer Heirat berichtet hatte, verzichtete der Gaugraf um des Glückes seiner Tochter willen auf Rache und zog mit seiner Streitmacht ab. Gertraud und Ulrich jedoch lebten glücklich und zufrieden auf Burg Zwernitz und in den Wäldern um die Burg, wo sie fortan gemeinsam Tag für Tag die Wunder der Natur genießen konnten.

Die Wegbeschreibung

Durchs Kaiserbachtal Vom Wanderparkplatz geht ihr ein Stück zurück und biegt mit dem Wanderzeichen des Fränkischen Gebirgswegs scharf nach rechts in den Talweg ein. Das rote Hinweisschild wird auf dieser Wanderung euer wichtigstes Wanderzeichen sein. Im ersten Teil eurer Tour führt es euch bis zur Burg Zwernitz und zum Felsengarten Sanspareil. Doch zuerst trägt er euch, immer am Waldrand entlang, entspannt durch das wunderschöne Kaiserbachtal. Wer hier im März wandert, kann schon beim Betreten des Tals, vor allem auf der linken Talseite, inmitten moosbewachsener Felsen und Bäume die verstreuten

Kolonien herrlich weiß blühender Märzenbecher erkennen. Der Anblick dieser sonst so seltenen, geschützten Blumen begeistert den Besucher ebenso wie der sich bald rechter Hand vor euch erhebende Säukirchner Turm. An seinem Fuß – um dorthin zu gelangen, müsst ihr vom Weg ein paar steile, nach Regen sehr rutschige Meter hinauf – klafft ein niedriger Höhleneingang, der ein paar Meter in den Fels führt. Auf eurem Weg durchs felsige Kaiserbachtal werdet ihr noch mehr kleinere Höhlen entdecken. Diese reichen zwar nie tief ins Gestein hinein, doch dafür faszinieren deren teils bizarre Portale. Besonders interessant wird der Anblick des Säukirchner Turms, nachdem ihr einige Meter weiter gewandert seid und euch umdreht. Wenn es eine Felsformation gibt, die als fränkische Variante der Moai, der steinernen Statuen auf den Osterinseln, bezeichnet werden darf, dann ist das wohl der Säukirchner Turm. Ihr wandert weiter auf dem Fränkischen Gebirgsweg durch das Tal. Die Felsmonumente und Höhlen an den Hängen mit klingenden Namen wie Schwalbenstein, Kühkirche und Geierstein begeistern ein ums andere Mal. Doch neben den vielen Felsen solltet ihr auch hin und wieder dem herrlich grünen Wald euer Augenmerk schenken. Er belohnt euch dafür mit wundervollen Ansichten. Besonders wenn sich einzelne Sonnenstrahlen ihren Weg durch das dichte Grün bahnen und Lichtstraßen zwischen den Bäumen entstehen, entwickelt sich eine magische Atmosphäre. Schließlich passiert ihr die majestätische Kuhleutner Wand, die dem einen oder anderen aus der Ferne wie ein schlafender Drache erscheinen mag.

Zur Burg Zwernitz Dann verlasst ihr das Kaiserbachtal, indem ihr mit dem Fränkischen Gebirgsweg nach rechts in einen Schotterweg abbiegt. Durch ein kleines Waldstück gelangt ihr nach einem kurzen Anstieg auf eine Ebene. Über diese und dann wieder ein Stück hinunter führt euch der Fränkische Gebirgsweg nach Zedersitz. Dort, direkt an der Straße, sorgt an heißen Tagen ein schön in den Lauf des Schwalbachs integriertes Kneippbecken für Erfrischung. Ihr überquert die Straße leicht nach rechts und durchquert den kleinen Ort mit dem Fränkischen Gebirgsweg. Hinter Zedersitz durchwandert ihr die Winterleite, an deren Hängen sich euch einige schöne Felsformationen präsentieren. Ihr verlasst die Winterleite mit dem Fränkischen Gebirgsweg nach rechts oben und gelangt an eine Bank, von der sich euch links bereits ein Blick auf die stolze Burg Zwernitz bietet. Euer Wegzeichen trägt euch nach links und direkt hinüber in den Ort Sanspareil, wo ihr an der Bushaltestelle nach links in die Durchfahrtsstraße einbiegt. Diese

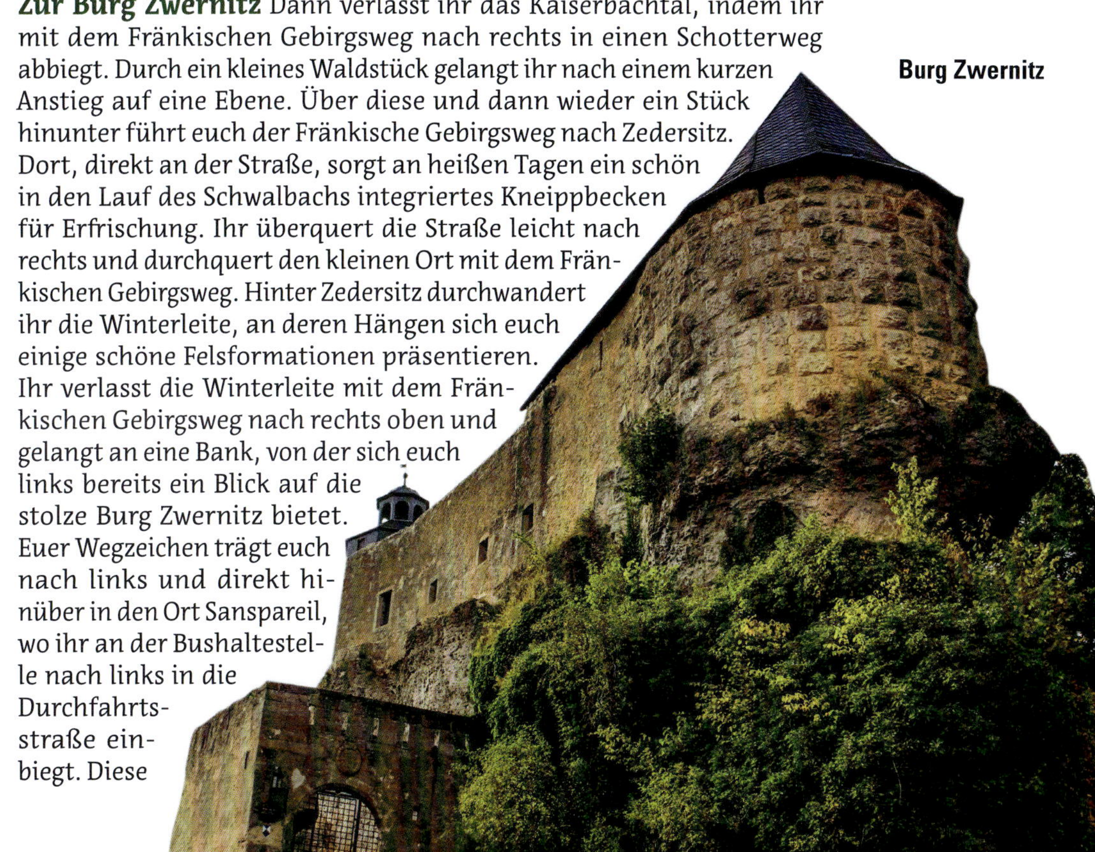
Burg Zwernitz

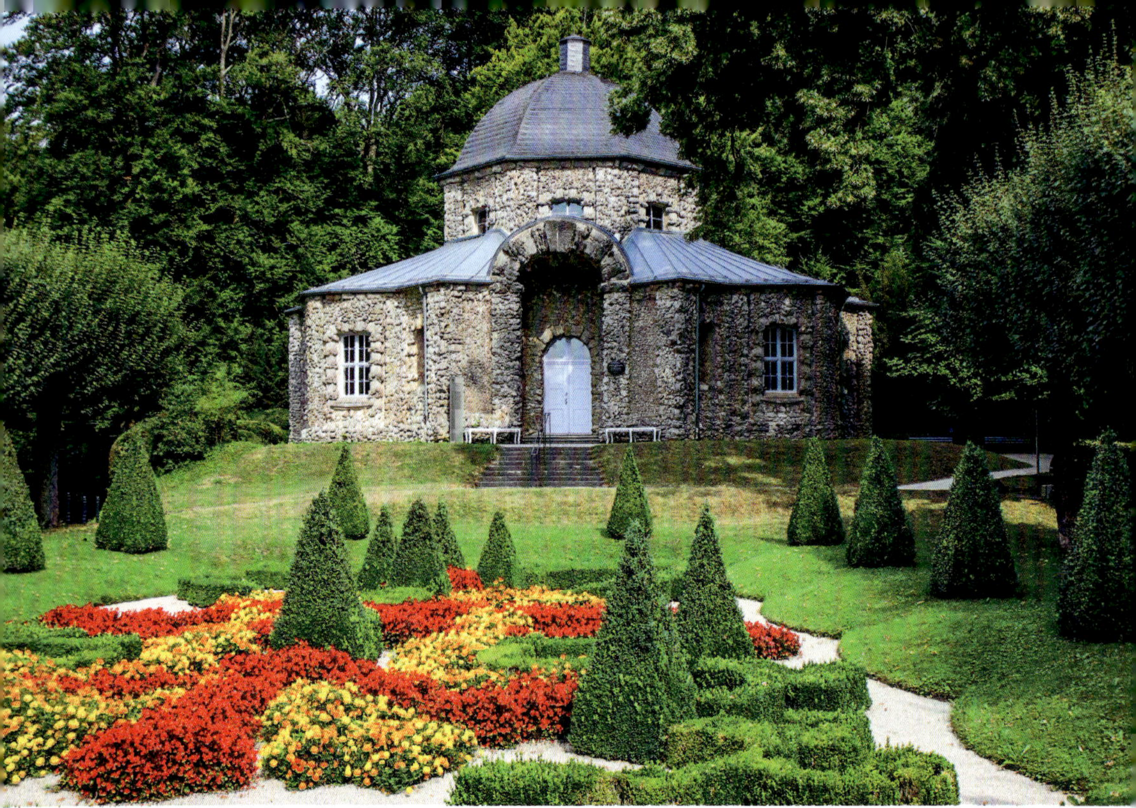

Morgenländischer Bau im Felsengarten Sanspareil

führt euch geradewegs zur Burg Zwernitz. Was für ein großartiger Bau! Es lohnt sich, die Anlage zu umrunden – schon allein aufgrund des ausgewaschenen Felsens, auf dem die Burg thront. Und hinter der Burg lädt ein etwas abseits gelegener Teil des Felsengartens zum Schlendern und Verweilen ein. Selbst an Tagen, an denen der nahe gelegene, bekanntere Teil des Felsengartens überlaufen ist, bleibt es hier angenehm ruhig.

Der Felsengarten Sanspareil Von der Burg Zwernitz kommend, sind es nach links nur noch ein paar Meter hinüber zum Felsengarten. „C'est sans pareil!" – „Dies ist ohnegleichen!", soll einst eine Hofdame ausgerufen haben, als sie den 1744 angelegten Felsengarten das erste Mal durchwandelte. Und man will ihr recht geben. Die natürliche Felsenlandschaft wurde in einen zauberhaften Lustgarten umgestaltet und erweitert. Der Rundweg durch den Felsengarten beginnt zum Beispiel hinter dem Schloßcafé rechts neben dem Morgenländischen Palast. Ihr geht ein paar Stufen hinauf und schon seid ihr mitten in einem wahren Märchenwald. Rechts und links von euch erheben sich mit Efeu und Moos bewachsene Felsen. Dazwischen sprießen Büsche. Ein halb natürlich, halb künstlich geschaffener Felsendschungel, in dem ihr hinter jeder Ecke etwas Neues entdeckt. Jeder Felsen muss komplett umrundet, jeder Strauch behutsam zur Seite gebogen werden, sonst könnte man ja etwas Wichtiges verpassen! Im Felsengarten erwarten euch jede Menge fantastische Orte, die ihr allesamt auf bequemen und romantischen Wegen erreicht. Besonders schön ist der Gespaltene Fels, vor dem ein Rastplatz zum Vespern vor dieser grandiosen Kulisse einlädt.

Ebenso fantastisch sind das Ruinentheater, die Kalypsogrotte und die Vulkansgrotte. Ihre Namen erhielten die beeindruckenden Felsenmonumente übrigens nicht zufällig. Die Markgräfin Wilhelmine, die sich Mitte des 18. Jahrhunderts der Gestaltung des Felsenhains widmete, hatte es sich zum Ziel gesetzt, ihn zum Ebenbild der in dem Roman „Die Abenteuer des Telemach" beschriebenen, griechischen Insel Ogygia zu machen. Darin beschreibt der Autor François Fénelons die Abenteuer Telemachs, des Sohns des berühmten Odysseus.

Durch das Wacholdertal bei Wonsees zurück nach Krögelstein

Wenn ihr im Felsengarten ausgiebig lustgewandelt seid, kehrt ihr zum Morgenländischen Palast zurück. Von dort sind es nach links nur ein paar Meter hinunter zum Besucherparkplatz. Statt unten nach links in den Parkplatz einzubiegen, folgt ihr jedoch dem Zubringer zum Fränkischen Gebirgsweg nach rechts. Nach etwa 150 Metern erreicht ihr unterhalb der Burg Zwernitz einen Wanderzeichenbaum. Hier weisen euch der Fränkische Gebirgsweg und die Beschilderung zum Wacholdertal den Weg nach links und aus dem Ort hinaus aufs freie Feld. Nach knapp 1,5 Kilometern verlasst ihr den Fränkischen Gebirgsweg nach rechts und folgt der Beschilderung ins Wacholdertal. Im Verlauf des Talwegs passiert ihr die mit Magerrasen und Wacholderbüschen anmutig dekorierten Hänge. Letztere entstanden durch jahrhundertelange Schafbeweidung. Vom Wacholdertal führt euch der Weg nach Wonsees hinein und auf die Taubmannstraße. Dieser folgt ihr an einer Gabelung mit eurem neuen Wanderzeichen, dem Roten Kreuz, leicht nach links zur Durchfahrtsstraße, in die ihr nach links einbiegt. Schon bald verlasst ihr die Straße beim Bauhof Markt Wonsees nach rechts und wandert, begleitet vom Roten Kreuz, leicht bergan. Hundert Meter weiter biegt ihr mit eurem Wanderzeichen nach rechts ab und wandert zuerst über die Ebene und dann durch ein Waldstück. Dort sollen einst zwei Jäger versucht haben, den Teufel zu beschwören und zu fangen. Doch als der Leibhaftige erschien, muss er mitsamt seinen Höllenhunden so furchterregend ausgesehen haben, dass die beiden Teufelsbeschwörer Reißaus nahmen.

Durch den Wald gelangt ihr zurück an den Ortsrand von Krögelstein. Wenn ihr aus dem Wald heraustretet, gelangt ihr an eine Kreuzung. Diese überquert ihr mit dem Roten Kreuz und wandert nach Krögelstein hinein. Das Wanderzeichen führt euch in den Ort und an die Durch-

Der Gespaltene Fels im Felsengarten Sanspareil

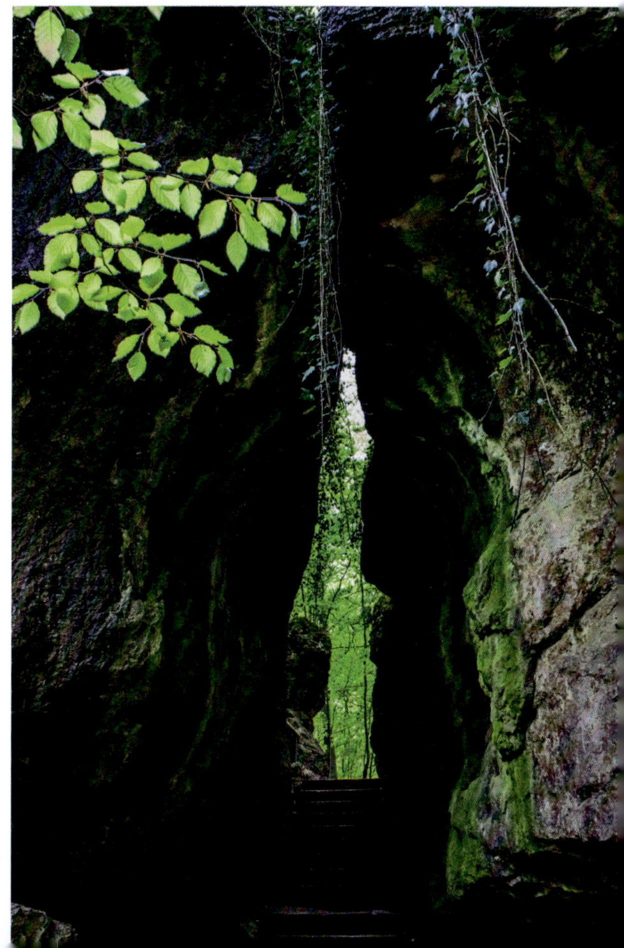

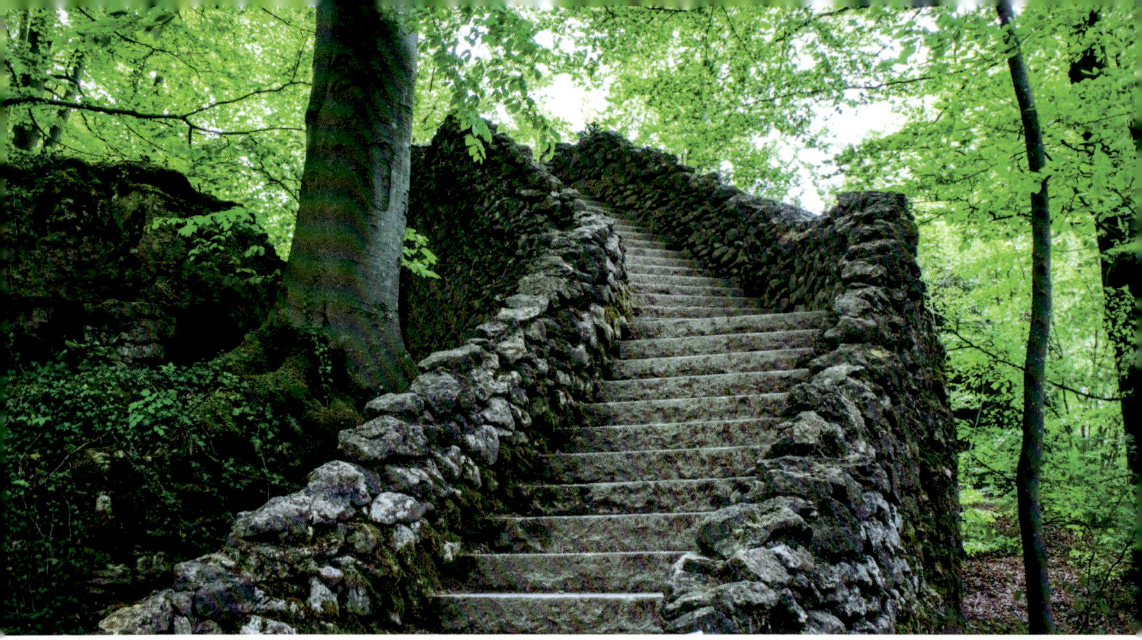

Die Treppe zum Belvedere-Felsen

fahrtsstraße. Hier verlasst ihr das Rote Kreuz und biegt unterhalb der gewaltigen Felstürme mit dem Fränkischen Gebirgsweg nach rechts ab. Entlang der Ortsdurchfahrt bietet sich euch auf dem Weg durch Krögelstein noch ein Blick hinauf zur Burgruine Krögelstein, von der nur noch ein mit Fenstern versehener Felsenbogen erhalten ist. Die Burg Krögelstein wurde 1523 im Rahmen einer Strafexpedition des Schwäbischen Bundes zerstört. Der Burgherr gewährte seinem Schwager, dem berüchtigten Raubritter Hans Thomas von Absberg, immer wieder Unterschlupf. Dies konnte und wollte die Obrigkeit nicht dulden. So wurde die Burg ein Raub der Flammen.

Der Fränkische Gebirgsweg führt euch auf der Ortsdurchfahrt aus Krögelstein hinaus. Direkt am Ortsrand biegt ihr mit dem Fränkischen Gebirgsweg und der Beschilderung zum Parkplatz nach links unten ab und erreicht schon bald euren Wanderparkplatz.

Das Ruinentheater im Felsengarten Sanspareil

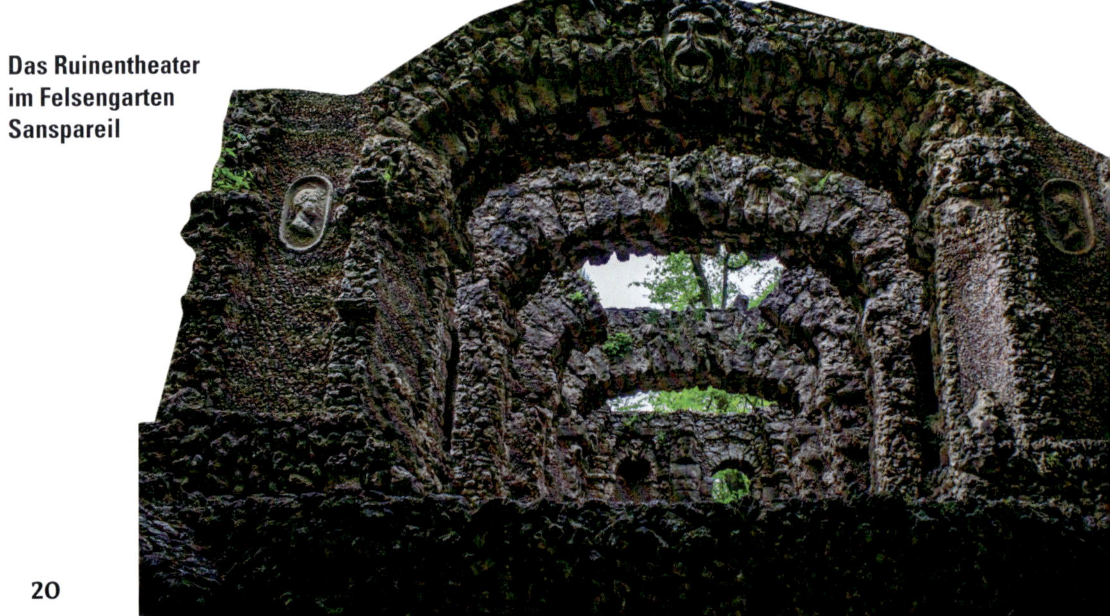

Wissen für Angeber

Die Hexe von Krögelstein **Wie lange sich in der Fränkischen Schweiz der Aberglaube hielt, zeigt die Geschichte der Hexe von Krögelstein, die bis zum Jahr 1900 von den Einwohnern des Felsentals gefürchtet wurde. Ihr wurde so manche schlimme Tat nachgesagt. Zu den harmlosen Zaubern gehörte es, dass Kühe weniger Milch gaben, nachdem die Hexe an ihnen vorübergegangen war. Weitaus schlimmer war, dass ihr nachgesagt wurde, die Schuld an dem Selbstmord dreier Brüder zu tragen.**

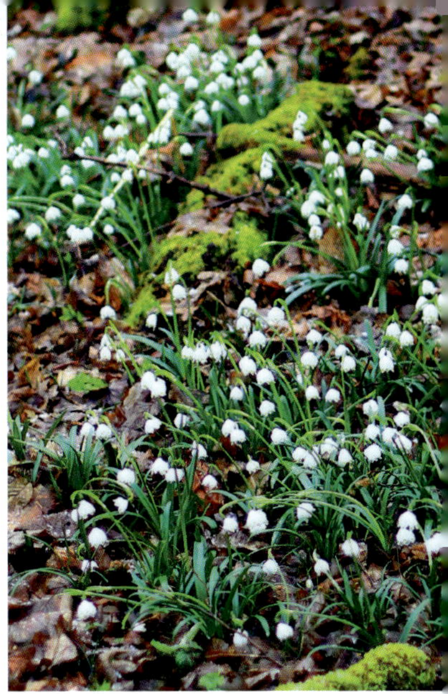

Märzenbecher im Kaiserbachtal

KOMPASS

Wann wandern?

Wenn ihr Märzenbecher mögt, empfiehlt es sich, diesen Weg Ende März zu wandern. Im Kaiserbachtal gibt es gefühlt alle paar Meter ein neues Märzenbecherfeld zwischen den Bäumen am Wegesrand.

Was beachten?

Im Kaiserbachtal und im Wacholdertal kann es nach Regen sehr matschig werden.

Wo rasten?

Ausreichend Rastgelegenheiten findet ihr im Felsengarten Sanspareil. Im Wacholdertal gibt es ebenfalls eine schöne Sitzgruppe.

Wo einkehren?

Opels Schloßcafé Sanspareil, Telefon 01512 4114274

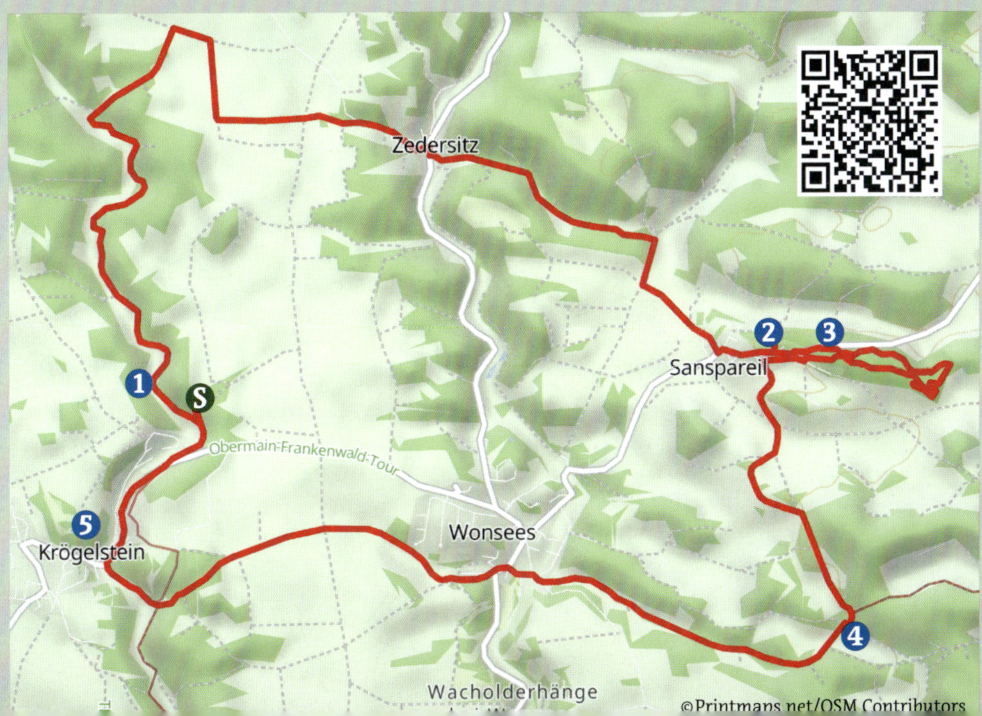

2

Faszinierende Höhlen und märchenhafte Orte im Aufseßtal

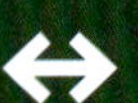 15,9 km

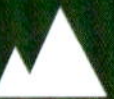 160 Hm

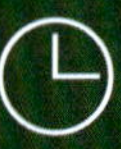 5 h

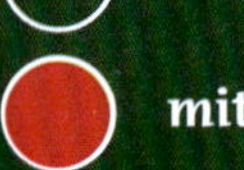 mittel

Eckdaten:

- **Schatten/Sonne: zwischen Neuhaus und Heckenhof lange Stücke auf sonniger Ebene, sonst ausgeglichen**
- **Start-/Endpunkt: Wanderparkplatz Draisendorf, 91346 Wiesenttal**
- **Parkplatzgröße: 20 Pkw**
- **Klettererfahrung: nein**
- **Taschenlampen: ja**
- **Buggy: ja, wenn geländegängig**

Das Aufseßtal zwischen Draisendorf und Neuhaus bietet euch Naturidylle pur. Ihr wandert durch malerische Auen und folgt der durch das Tal mäandernden Aufseß vom Wanderparkplatz kurz hinter Draisendorf bis nach Aufseß. Neben dem schönen Schloss Unteraufseß und dem märchenhaften Hugoturm gilt es auf dem Weg zwei spannende Höhlenkomplexe zu entdecken. Die atemberaubenden Fuchslöcher und die Schweizerhaushöhle sind Ausnahme-Höhlenkomplexe, für deren Erkundung ihr einige Zeit einkalkulieren und auf jeden Fall an aufgeladene Taschenlampen denken solltet.

Highlights:

1. Schloss Unteraufseß
2. Die Schweizerhaushöhle
3. Aussichtspunkt Galleriefelsen
4. Lindenallee
5. Hugoturm
6. Felsenlabyrinth Wüstenburg
7. Burgstall Altes Haus
8. Himmelssteuberer
9. Fuchslöcher

Die Sage

Der Freischütz von Aufseß Einst begegnete ein Herr von Aufseß, der im Wald auf der Jagd war, ganz in der Nähe eines Kreuzweges, dem Teufel in Gestalt eines wilden Jägers. Gar grausig muss der Leibhaftige ausgesehen haben. Eine schaurige Fratze, die den edlen Herrn hämisch von einem zum anderen Ohr grinsend anstarrte. Die Augen tief in die Höhlen gegraben und gierig rot funkelnd. Die Haut rot-braun ledrig. Den pechschwarzen Schopf zu einem langen, mit kleinen Tierknochen verzierten Zopf geflochten, in dem es vor Unrat nur so wimmelte. Gehüllt war die Gestalt in einen schwarzen Umhang, dessen Saum rot schimmerte, wie die Glut eines Scheiterhaufens.

Der Herr von Aufseß ritt schnurstracks an der Erscheinung vorbei und versuchte, das Böse am Wegesrand zu ignorieren und möglichst mutig zu erscheinen. Doch heftete sich der Beelzebub schweigend, wie ein lautloser Schatten, an ihn und sein Pferd und folgte beiden tiefer in den Wald. Der tapfere Mann ließ sich jedoch nicht von seiner Jagd abhalten, denn er wollte keinesfalls seine Furcht zeigen. Der Teufel begann ebenfalls mit seiner Jagd, wenngleich wesentlich erfolgreicher. Schoss der Herr von Aufseß ein Rebhuhn, so schoss der Unheimliche zwei. Auf einen Hasen des Freischützen kamen zwei des anderen. Beim Reh, dem Wildschwein und dem Fuchs verhielt es sich ebenso. Am Ende der Jagd bot der Teufel dem Herrn an, ihm auf Lebenszeit genau dasselbe Jagdglück und ebenso viel Glück im Kampf zu verleihen, wenn er ihm dafür nach seinem Tode seine unsterbliche Seele überantworte. Der Jäger, der ruhmessüchtig und eitel war, ging auf den Handel ein. Eines Nachts trafen sich beide beim Teufelsholz im Wald und begannen gemeinsam, eingeschlossen in einem mit Asche markierten Kreis, Musketenkugeln zu gießen. Und es geschah, wie der Teufel versprochen hatte. Der Herr von Aufseß war fortan der erfolgreichste Jäger des Landes und jede seiner unheilig gegossenen Kugeln traf doppelt, ob Wild oder Feind. So lebte der Freischütz sein Leben berühmt und gefürchtet und genoss es in vollen Zügen.

Doch eines Tages schließlich klopfte der Teufel an das Tor der Burg Aufseß und verlangte, den Verfluchten zu sprechen. Dieser ließ sich vor lauter Furcht verleugnen und dem Teufel ausrichten, er möge am Abend wiederkommen. Dann werde ihm Einlass gewährt. Der Beelzebub wandte sich um und verschwand, höhnisch lachend, in einer aus dem Boden fahrenden Rauchwolke. Am Abend kehrte er zurück. Der Herr von Aufseß hatte in der Zwischenzeit ein fürstliches Abendmahl auftischen lassen. An dem Platz, der dem Teufel zugedacht war, stand eine große Karaffe mit köstlichem Wein, den er von seinem Magister mit einer großen Menge Schlafpulver hatte würzen lassen. Der Teufel wurde in den Speisesaal geführt und genoss, zusammen mit dem Jäger, das üppige Mahl.

Im Aufseßtal

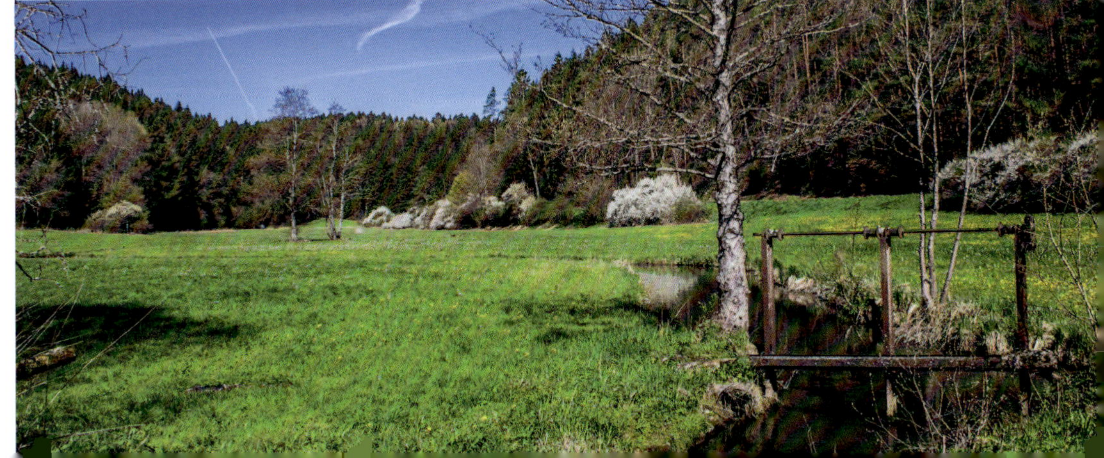

2

Als das Schlafpulver seine Wirkung tat, sank der Dämon zusammen und wurde von den Wachen der Burg ins Verlies geschleppt. Als er erwachte, tobte der Teufel vor Wut darüber, dass er sich von einem Sterblichen hatte überlisten lassen. Doch so sehr er sich anstrengte, es gelang ihm nicht, aus seiner Zelle zu entkommen. Er war in einem unterirdischen Verlies mit einer komplett abgedichteten Falltür gefangen. Die Wände waren über und über mit Kruzifixen bemalt, sodass der Teufel dadurch gebannt wurde. Von oben hörte er seinen Peiniger höhnisch fragen, ob er nun dazu bereit sei, von dem Vertrag zurückzutreten und ihm seine Seele zu lassen. Der Teufel weigerte sich zunächst. Erst nach einer Woche des Schmachtens gab er schließlich nach. Daraufhin wurde er von den Wachen unter Gelächter mit Stöcken zur Burg hinausgejagt. Der Freischütz von Aufseß selbst blieb daraufhin noch viele Jahre vom Teufel unbehelligt.

Doch eines Tages kehrte er nicht von der Jagd zurück. Seine Gefolgsleute suchten in den Wäldern rund um Aufseß mehrere Tage und Nächte nach ihrem vermissten Herren. Schließlich wurde er tot und mit grauenhaft entstelltem, in Todesangst erstarrtem Gesicht im Teufelsholz gefunden – genau an der Stelle, an der er einst mit Satan höchstpersönlich die verfluchten Musketenkugeln gegossen hatte.

Die Wegbeschreibung

Zum Schloss Unteraufseß Vom Wanderparkplatz Draisendorf Richtung Tal gehend, folgt ihr dem Wanderzeichen Gelber Ring über die Straße, wandert durch den Talgrund und überquert auf der anderen Seite die Aufseß über einen Holzsteg. Wunderschön, wie der Fluß durch das fruchtbare Tal mäandert. Hinter der Brücke biegt ihr mit eurem Wanderzeichen nach rechts Richtung Aufseß ab. Dieses Wanderzeichen wird euch bis Schloss Unteraufseß führen. Ihr wandert am Waldrand entlang durch das herrliche Aufseßtal. Nach einem guten Stück führt euch der Weg geradeaus in den Wald und leicht bergan. Bald erreicht ihr den wunderschön gelegenen Rastplatz Lämmlein's Ruh. Mit dem Gelben Ring geht es weiter durch den Wald, der mit teils knorrigen Bäumen und vielen Felsen am Wegesrand den Eindruck eines verträumten Märchenwalds vermittelt. Wenn ihr den Ortsrand von Aufseß erreicht, wandert

Schloss Unteraufseß

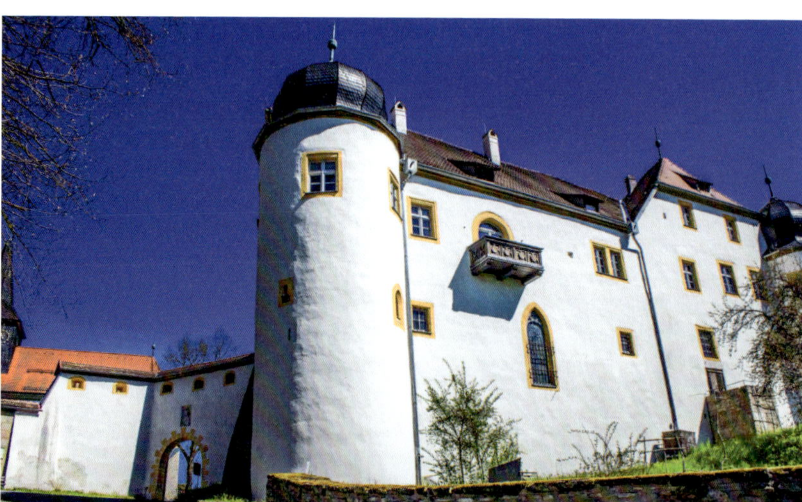

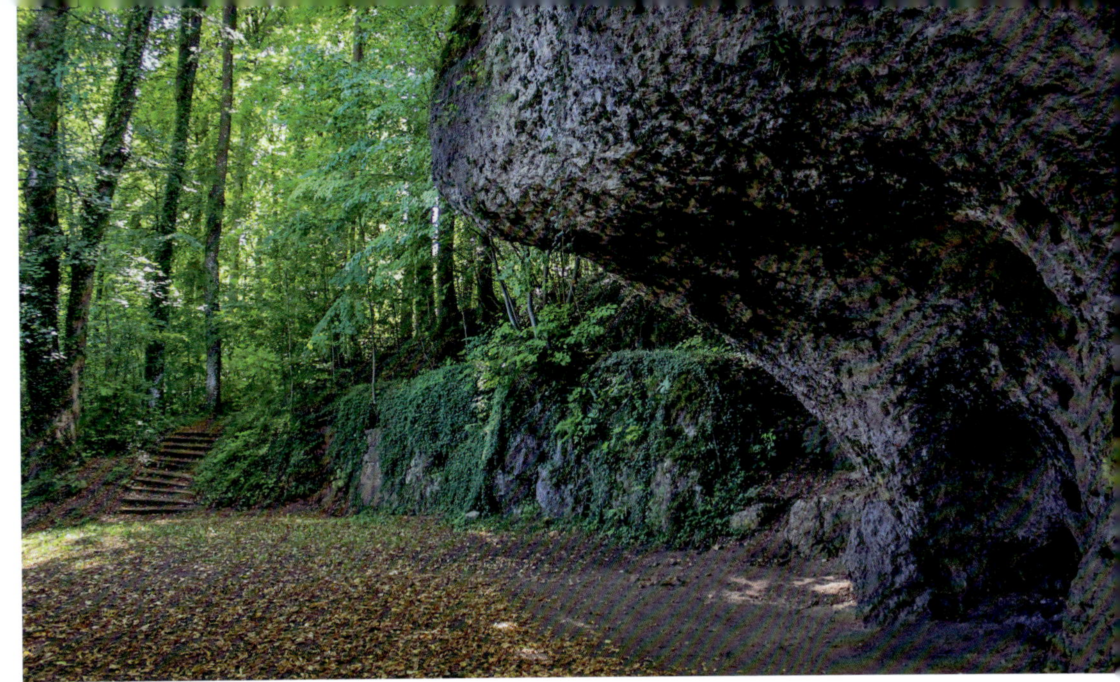

Das Massiv der Schweizerhaushöhle

ihr mit dem bekannten Wanderzeichen geradeaus, vorbei am großen Gelände einer Forellenzucht, in den Ort hinein. Vor euch erblickt ihr das stolze Schloss Unteraufseß. Über die Straße „Unterer Schlossberg" steigt ihr mit dem Gelben Ring geradewegs der Burganlage entgegen. Nachdem ihr ein Tor durchquert habt, biegt ihr links ab und folgt dem Verlauf der Schlossanlage zum beeindruckenden Haupttor. Das mehr als 900 Jahre alte Schloss Unteraufseß ist noch heute Stammsitz derer von Aufseß, dem ältesten Adelsgeschlecht der Fränkischen Schweiz. Die rote Rose in ihrem Wappen verdanken die Aufsesser übrigens dem Turniersieg eines ihrer Vorfahren, dem von einem Burgfräulein als Zeichen der Gunst eine rote Rose zugeworfen wurde.

Zur Schweizerhaushöhle Wenn ihr das Schloss Unteraufseß durch das Haupttor wieder verlasst, haltet ihr euch rechts und biegt, dem Verlauf der Schlossmauer folgend, bald mit eurem neuen Wanderzeichen, dem Fränkischen Gebirgsweg, nach rechts in den „Burggraben" ab. Der Fränkische Gebirgsweg führt euch hinunter, dann nach links ein gutes Stück durch den Ort Aufseß und schließlich über die Neuhauser Straße nach rechts aus dem Ort hinaus und in den Wald. An einer Weggabelung, kurz hinter dem Ortsende, verlasst ihr die nach rechts verlaufende Teerstraße und haltet euch mit dem Fränkischen Gebirgsweg links. Vorbei an einer Schranke wandert ihr weiter nach oben. Kurze Zeit später erreicht ihr einen gewaltigen Felsen, der die Schweizerhaushöhle beherbergt. Über eine Treppe gelangt ihr durch das geheimnisvolle Portal und einen stollenartigen Gang in den Hauptraum. Sobald sich die Augen an das Taschenlampenlicht gewöhnt haben, präsentiert sich die Schweizerhaushöhle als regelrechtes Höhlenlabyrinth. Vom Hauptraum führen drei spannende Gänge tiefer in den Fels und einer, nach einigen engen und niedrigen Windungen, sogar wieder aus dem Höhlenkomplex heraus.

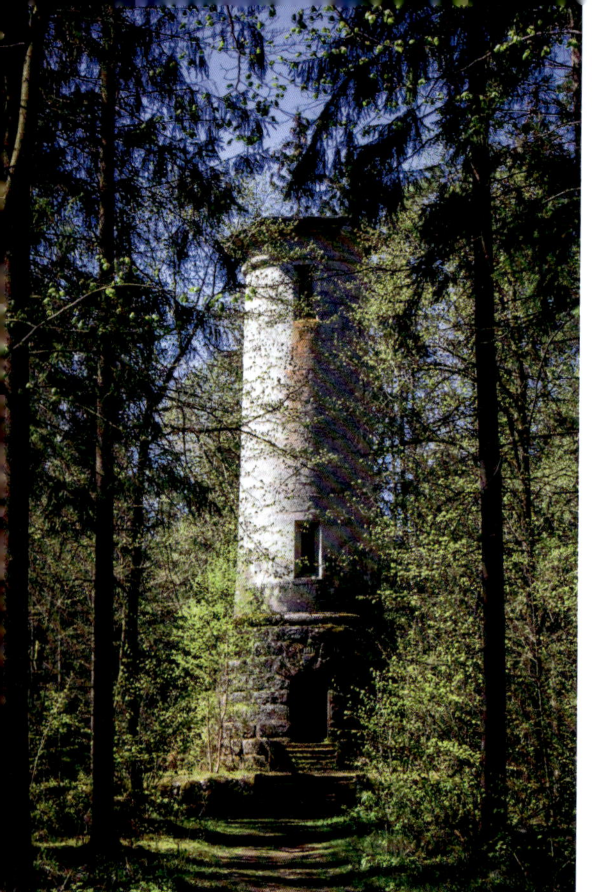

Der Hugoturm

Zum Aussichtspunkt Galleriefelsen

Von der Schweizerhaushöhle folgt ihr weiter dem Fränkischen Gebirgsweg. Schon nach ein paar Metern wird euch unterhalb des Galleriefelsens ein kurzes Stück spannender und gesicherter Felsensteig geboten. Ihr umrundet den Galleriefelsen und biegt kurz darauf mit dem Fränkischen Gebirgsweg und dem Roten Ring nach links oben ab. Dort zweigt vom Fränkischen Gebirgsweg ein mit Wurzeln durchwachsener Pfad nach links ab, der euch hinüber zum Aussichtspunkt des Galleriefelsens trägt, von dem aus ihr ins Tal und nach Aufseß blicken könnt.

Durch die Lindenallee zum Hugoturm

Vom Aussichtspunkt Galleriefelsen kommend, biegt ihr nach links wieder in den Fränkischen Gebirgsweg ein. Bevor ihr bei der nächsten Gelegenheit eurem Wanderzeichen nach rechts folgt, lohnt sich ein kurzer Abstecher zur Schlangenbrücke an der Schlangengrube. Sie ist wie der Galleriefelsen und die Schweizerhaushöhle Teil der einstigen Oberaufsesser Parkanlage. Von der Schlangenbrücke kehrt ihr zurück zum Fränkischen Gebirgsweg und folgt diesem noch ein Stück durch den Wald und danach aufs freie Feld. Vor euch könnt ihr schon die wundervolle Lindenallee des Schlosses Oberaufseß erkennen. Das Schloss selbst, das den Adeligen von Aufseß noch heute als Wohnschloss dient, liegt rechts von euch. An der Lindenallee angekommen verlasst ihr den Fränkischen Gebirgsweg und folgt nun dem Roten und Weißen Dreieck des IFS-Weges nach links sanft nach oben, zwischen den alten und erhabenen Bäumen hindurch. Am Ende der Allee gabelt sich der Weg. Ihr folgt dem IFS-Weg und der Beschilderung nach links zum nahen Hugoturm. Wie einem Märchenbuch entsprungen ragt dieser mitten auf einer Waldlichtung majestätisch empor. Aus Sicherheitsgründen kann er leider nicht mehr bestiegen werden. Bezaubernd schön ist er dennoch.

Zum Felsenlabyrinth der Wüstenburg Hinter dem Hugoturm folgt ihr noch ein Stück dem IFS-Weg zu einer Weggabelung. Hier biegt ihr mit dem Blauen Ring nach rechts Richtung Neuhaus ab. Dieses Wanderzeichen führt euch etwa 500 Meter bequem durch den Wald, vorbei an zwei Rechtsabzweigungen, die ihr ignoriert. Dann erreicht ihr eine Kreuzung. Hier biegt ihr ohne erkennbares Wanderzeichen nach rechts ab. Nach gut 400 Metern – rechts von euch an einem Baum erkennt ihr das Wanderzeichen Roter Ring – folgt ihr einer breiten Schneise nach rechts in den Wald hinüber zu dem nach wenigen Metern erkennbaren, gewaltigen Felsen der Wüstenburg. Grob und trotzig stehen die Steinriesen inmitten des dichten Grüns. Sie wirken viel roher und urtümlicher als andere Felsansammlungen. Mit ihren Überhängen erscheinen manche von ihnen wie gewaltige Bestien, die mit weit geöffnetem Maul danach trachten, alles und jeden zu verschlingen, der unvorsichtig genug ist, um sich ihnen zu nähern. Ein gewaltiger und kraftvoller Ort, an dem im siebten Jahrhundert eine fürchterliche Schlacht zwischen den Wenden, den heidnischen Bewohnern der Gegend, und den christlichen Franken, die von Westen ins Land einfielen, stattgefunden haben soll. Fast ist es, als vernehme man zwischen den eng stehenden Felsen noch das Widerhallen des Schlachtgetümmels.

Zum Burgstall Altes Haus und zum Himmelssteuberer Vom Felsenlabyrinth kehrt ihr zurück zum Roten Ring, dem ihr nach rechts folgt. Er führt euch nach knapp einem Kilometer an eine Straße, in die ihr nach rechts unten einbiegt. Weiter unten könnt ihr schon das Aufseßtal erkennen. Schließlich erreicht ihr auf der Straße den Ortsrand von Neuhaus. Hier biegt ihr an einem Wanderzeichenbaum mit dem Fränkischen Gebirgsweg nach links ab, vorbei an einem bunten Flurkreuz. Auf schmalem Pfad passiert ihr, unterhalb schöner Magerrasenhänge, den Ortsrand von Neuhaus. Auf der anderen Talseite seht ihr bereits den imposanten Neuhauser Felsengarten mit der hohen Felsnadel, dem Himmelssteuberer. Der schmale Pfad mündet in eine Straße und führt euch an eine Gabelung, in die ihr nach rechts einbiegt. Bei der nächsten Gabelung verlasst ihr den Fränkischen Gebirgsweg, der nach links abzweigt, und folgt der Straße nach rechts über eine Brücke an die Durchfahrtsstraße. Diese überquert ihr und geht hinüber zum Gasthaus Weiß. Links daneben führt euch ein schmaler Pfad ohne Wegzeichen in Kehren hinauf zum Neuhauser Friedhof. Ihr folgt der Friedhofsmauer nach rechts zum Parkplatz, überquert diesen nach links und folgt der Beschilderung hinauf Richtung Himmelssteuberer. An einer Bank biegt ihr ohne Markierung scharf links ab und erreicht kurz darauf den Felsengarten, auf dem einst sogar eine Burg thronte. Über eine Holzbrücke gelangt ihr weiter vor auf den Felsensporn und zu einer sehr exponierten Bank. Hier Brotzeit zu machen, ist nur Leuten ohne Höhenangst zu empfehlen.

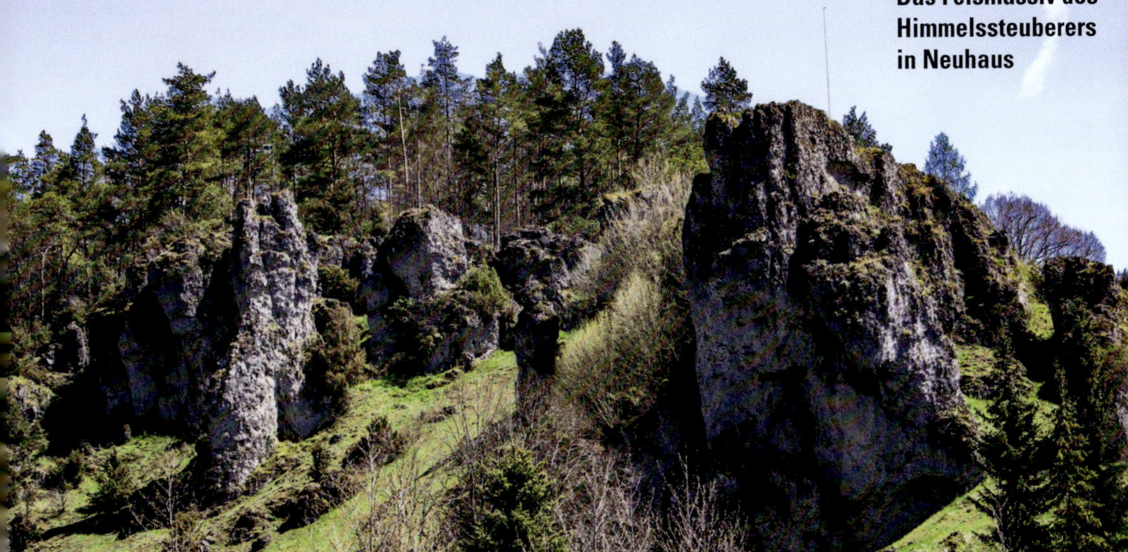

Das Felsmassiv des Himmelssteuberers in Neuhaus

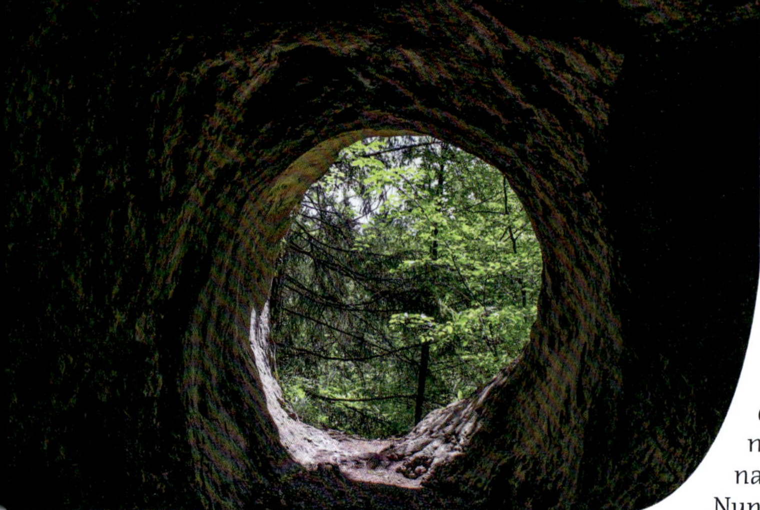

Im Fuchsloch

Zu den Fuchslöchern Vom Felsmassiv des Himmelssteuberers kehrt ihr nach unten zum Friedhof zurück und biegt dort in die Straße nach links oben ein. Ihr gelangt nach 500 Metern an eine Kreuzung mit einem Schuppen. Hier biegt ihr mit der Beschilderung, zunächst noch ohne Wanderzeichen, nach rechts Richtung Aufseß ab. Nun folgt ein langes Wegstück auf dem offenen Plateau, das nur von einigen kühlenden Waldpassagen unterbrochen wird. Nach 600 Metern auf dem Plateau, bei Erreichen des ersten Waldstücks, mündet von rechts kommend der Gelbe Ring in euren Weg, dem ihr weiter geradeaus über das Plateau folgt. Nach gut einem weiteren Kilometer gabelt sich der an dieser Stelle gepflasterte Weg. Ihr haltet euch ohne erkennbares Wanderzeichen links. Einige Hundert Meter weiter, links von euch befindet sich ein Sportplatz, führt ein Weg geradeaus zu einer Bank bei einem sehr stimmungsvollen, einzeln stehenden Baum. Hinter diesem Ensemble endet der Weg. Nun braucht ihr eine Alternative, um das dahinter liegende Feld zu umrunden. Ihr biegt an der Kreuzung vor der Bank ohne Wanderzeichen nach links zum Sportplatz hin ab, geht nach rechts am Sportplatz vorbei und passiert einen Sendemast. Dieser kurze Schwenk führt euch bald wieder zurück zum Gelben Ring, der für den Rest der Tour euer Wanderzeichen bleiben wird. Ein Stück weiter erwartet euch eine von großen Bäumen beschattete Sitzgruppe. Der nahe gelegene Hügel links von euch war einst der Galgenhügel und wurde von den Aufsesser Grundherren als Richtplatz genutzt. Noch heute sollen dort die Geister der Gehenkten umgehen. Vom Galgenhügel geht ihr weiter geradeaus und nach Heckenhof. Im Ort haltet ihr euch mit dem Gelben Ring immer links und verlasst Heckenhof schließlich Richtung Draisendorf. Direkt hinter Heckenhof führt euch euer Zeichen in den Wald und auf wundervollen, mit Wurzeln durchwachsenen und romantischen Pfaden immer weiter hinunter ins Hochstahler Tal. Schließlich gelangt ihr, nachdem ihr einen kleinen Steg überquert habt, an eine Weggabelung, hier biegt ihr mit dem Gelben Ring nach rechts ab. Nach gut 900 Metern, kurz vor einer weiteren Weggabelung, erreicht ihr das Felsmassiv der Fuchslöcher. Im Sommer verstecken sich die Felsen gerne ein wenig hinter dichtem Grün. Ein unbeschilderter Pfad führt, vorbei an einem Baum, an dem das Wegzeichen Gelber Ring angebracht ist, zwischen den Bäumen ein wenig hinauf zu einer eindrucksvollen Felswand. Nachdem ihr diese näher unter die Lupe genommen habt, geht ihr rechts daran vorbei und steigt dann nach links oben einer imposanten Klamm entgegen, die zu dem Höhlensytem der Fuchslöcher führt. Hier gibt es ganz viel zu entdecken: hohe und niedrige Höhlengänge, Kraxelfelsen und Felsenfenster. Schon nach wenigen Augenblicken ist jedem Besucher klar, weshalb die Fuchslöcher zu den schönsten und beeindruckendsten Naturdenkmälern der Fränkischen Schweiz gehören. Ein magischer Ort, zu dessen Füßen es sich noch einmal prima Brotzeiten lässt.

Der Rückweg Von den Fuchslöchern kehrt ihr zum Gelben Ring zurück und folgt diesem nach rechts. Ihr umrundet das Massiv der Fuchslöcher und erreicht schon nach wenigen Hundert Metern euren Wanderparkplatz.

Wissen für Angeber

Warum gibt es Schloss Unter- und Schloss Oberaufseß? Den Namen Aufseß verdankt die Burg wohl der Lage des großen Burgfrieds, der auf dem Felsen (Ufsaze) errichtet wurde. Später kamen weitere Gebäude hinzu und die Burg wurde zur sogenannten Fliehburg ausgebaut, die den Menschen der Umgebung bei Angriffen als Zuflucht diente. Später, im 17. Jahrhundert, entzweite sich das Geschlecht der Aufsesser über die Glaubensfrage. Die Familie trennte sich und es wurde weiter oben an der Aufseß ein weiteres Schloss, das Schloss Oberaufseß gebaut. So kamen beide Schlösser zu ihrem Namen: Unteraufseß, das früher nur Schloss Aufseß hieß, und Oberaufseß.

KOMPASS

Wann wandern?

Am besten im Frühling und Spätsommer, wenn die Höhlen nicht wegen des Fledermausschutzes gesperrt sind.

Was beachten?

Im Hochsommer wird es auf der Ebene zwischen Neuhaus und Heckenhof in der prallen Sonne sehr heiß. Im hinteren Teil der Schweizerhaushöhle kann es sehr rutschig werden.

Wo rasten?

Rastplatz Lämmleinsruh kurz vor Aufseß, Sitzgruppe am Burgstall Altes Haus, Sitzgruppe nahe dem Galgenhügel vor Heckenhof

Wo einkehren?

Kathi-Bräu Heckenhof,
Telefon 09198 277

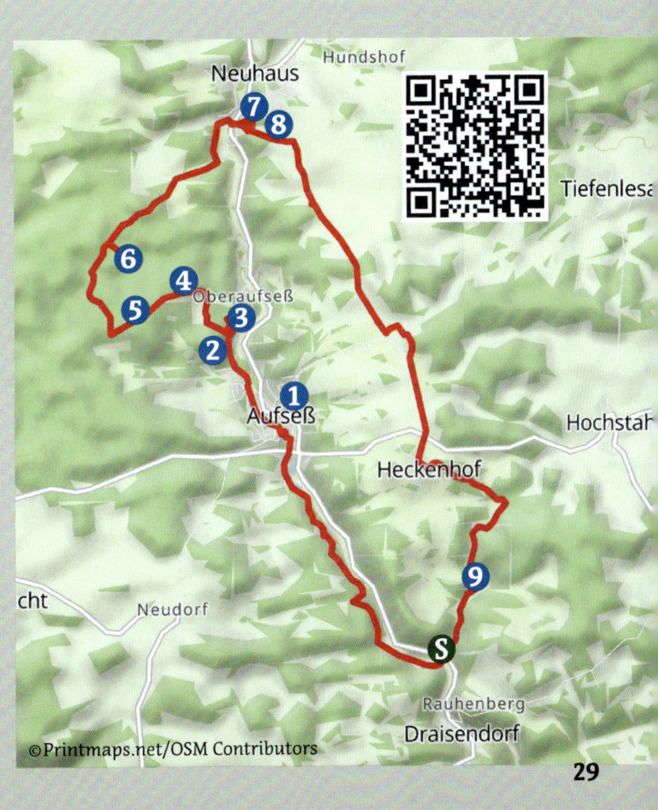

3

Durch das herrliche Leinleitertal zum erhabenen Kreuzstein

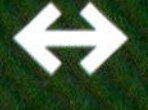
8,9 km

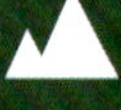
220 Hm

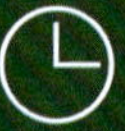
3 h

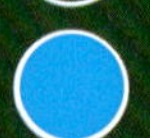
leicht

Eckdaten:

- **Sonne/Schatten: besonders im Leinleitertal ganz viel Sonne**
- **Start-/Endpunkt: Wanderparkplatz nördlich von Oberleinleiter, 91332 Heiligenstadt i. OFr.**
- **Parkplatzgröße: 10–15 Pkws**
- **Wechselkleidung und Handtuch: ja**
- **Buggy: ja, wenn geländegängig**

Es gibt Wege, die den Wanderer mit tiefster Zufriedenheit erfüllen. Die Natur bietet auf der einen Seite enorme Schauwerte und auf der anderen Seite beglücken bequeme und gefällige Wege durch reizvolle Landschaften. Da werden Bäume, Felsen und Wasserläufe ganz genau betrachtet. Gelassen steht der Besucher vor den jeweiligen Blickfängern und lässt sich ganz viel Zeit beim Bestaunen.

Highlights:

1. Heroldsmühle
2. Leinleitertal
3. Burgstall Heroldstein
4. Basaltbruch
5. Kreuzstein

Die Sage

Der Kreuzstein Vor langer Zeit wurden in der Fränkischen Schweiz noch die alten Götter verehrt. Auf steinernen Altären an heiligen Plätzen brachten die Druiden, so hießen die Priester, ihren Göttern Opfer dar. Sie verehrten zum Beispiel Wodan, den einäugigen Vater aller Götter und seine Gemahlin Freia sowie Donar, den mächtigen Donnergott.
Eines Tages jedoch begann eine neue Religion, das Christentum, den alten Götterglauben zu verdrängen. Christliche Missionare predigten gegen die rauen und oft grausamen Sitten des alten Glaubens. Friede und Eintracht brachten diese Prediger all jenen, die ihren Glauben annahmen. Solch ein christlicher Prediger ließ sich eines Tages in einer kleinen Höhle oberhalb des heutigen Oberleinleiters nieder. Tag für Tag stieg er von seiner Höhle hinab ins Leinleitertal und predigte den Menschen das Evangelium. Statt weiter alten und kriegerischen Göttern zu huldigen, suchten die Anhänger des Missionars nun Frieden und Harmonie. Den Druiden, die auf der anderen Seite des Tals lebten, war der neue Prediger mit seiner friedvollen Religion schnell ein Dorn im Auge. Durch seine Reden verloren sie an Einfluss. Noch wütender wurden sie, als der Missionar eines Tages die alten Götzenbilder umstieß und zerschlug.
Wutentbrannt stürmten sie ins Tal hinunter und verfluchten den christlichen Prediger. Die alten Götter würden sich grausam an ihm rächen. Doch die Rache der Götter blieb aus. Und so fielen immer mehr Bewohner

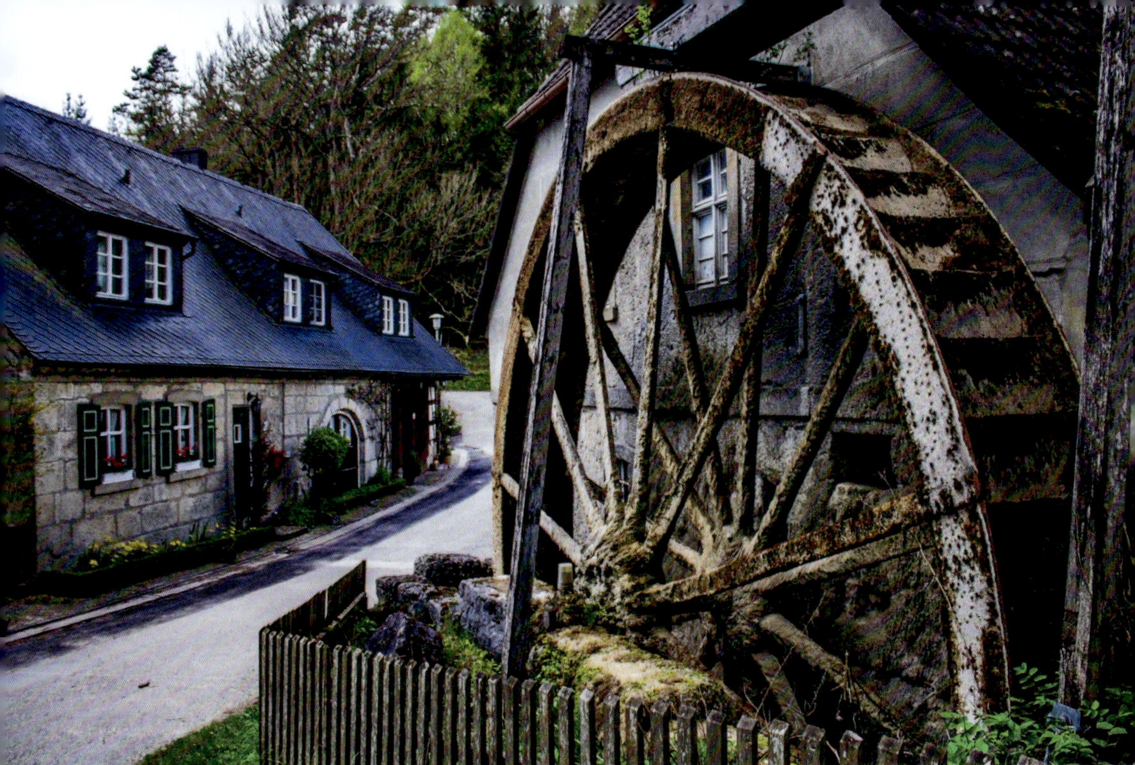

Die Heroldsmühle

des Tals vom alten Glauben ab und wandten sich der neuen Religion zu. Da fassten die Druiden einen grausamen Plan. Eines Nachts schlichen sie sich hinauf zur Klause des Missionars und zerrten ihn hinauf zum höchsten Felsen. Dort, wo alle es sehen konnten, pfählten sie den Armen und ließen ihn zum qualvollen Sterben zurück. Doch noch im Todeskampf sprach der Prediger zu Gott und bat ihn darum, den Heiden ein Zeichen zu senden, auf dass sie den wahren Glauben finden mögen und er nicht umsonst gestorben sei. Und da, in dem Moment, als der Gemarterte verschied, fuhr ein greller Blitz vom Himmel und spaltete den Felsen oberhalb der Klause des Predigers. Die Hitze verwandelte den Fels in die Form eines Kreuzes. Dieses Kreuz steht noch heute hoch oben über dem Ort Oberleinleiter und kündet von dem unerschütterlichen Glauben des Missionars.

Die Wegbeschreibung

Zur Heroldsmühle Vom Wanderparkplatz nördlich von Oberleinleiter folgt ihr dem Grünen Ring auf geteerter Straße bis zur Heroldsmühle. Die teilweise sehr schönen, alten Häuser des Ensembles und das gewaltige Mühlrad, das zu den größten Deutschlands gehört, versetzen den Besucher nahezu in eine andere Zeit. Dieser Eindruck wird sich im Lauf dieser Wanderung, dank der vielen abgeschieden wirkenden Orte und Wege, noch verstärken.

Ins Leinleitertal Links hinter der Heroldsmühle zweigt ein wunderschöner, schmaler Weg mit dem Grünen Ring in den Wald ab. An einer Weggabelung haltet ihr euch links, entlang des Leinleiterbachs und an

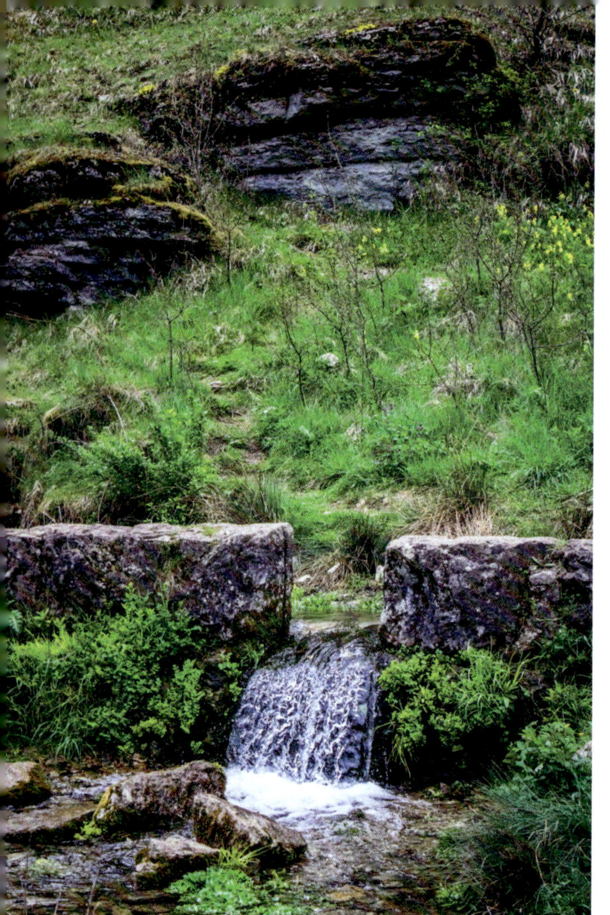

Die Leinleiterquelle

einigen Weihern vorbei, direkt hinein in das grandiose Leinleitertal, das sich bald in seiner ganzen Pracht vor euch öffnet. Gleich beim Betreten des Tals präsentiert sich euch linker Hand die ganzjährig schüttende Leinleiterquelle, die munter vor sich hin sprudelt. Das Wasser ist eiskalt und lädt zu einer kurzen Erfrischung ein. Das Tal mäandert in Schlangenlinien durch die Landschaft und man selbst gleitet förmlich mit den vom Wasser geformten Schwingungen hindurch. Rechts und links fliehen die Blicke entlang der teilweise felsigen Hänge nach oben zur Baumgrenze und von dort in den weiten Himmel. Was für ein faszinierender Ort. Bei einem Naturschutzgebietsschild zweigt der Weg ein paar Meter zum Hang ab, wo ihr den Großen Tummler findet, eine Besonderheit des Leinleitertals.

Zum Heroldstein Zurück auf dem Weg passiert ihr mit dem Grünen Ring auch noch den Kleinen Tummler. Dann laufen die Hänge beidseitig genauso schnell aus, wie sie sich beim Betreten des Tals aufgebaut haben, und ihr verlasst das Leinleitertal. Ihr folgt weiter eurem Wanderzeichen, das euch bei der nächsten Gelegenheit nach rechts oben in den Wald führt. Der Weg trägt euch sanft auf die Ebene bis zu einem großen Schuppen. Links davon am Wegesrand findet ihr einen Wanderbaum. Der Grüne Ring

Im Leinleitertal

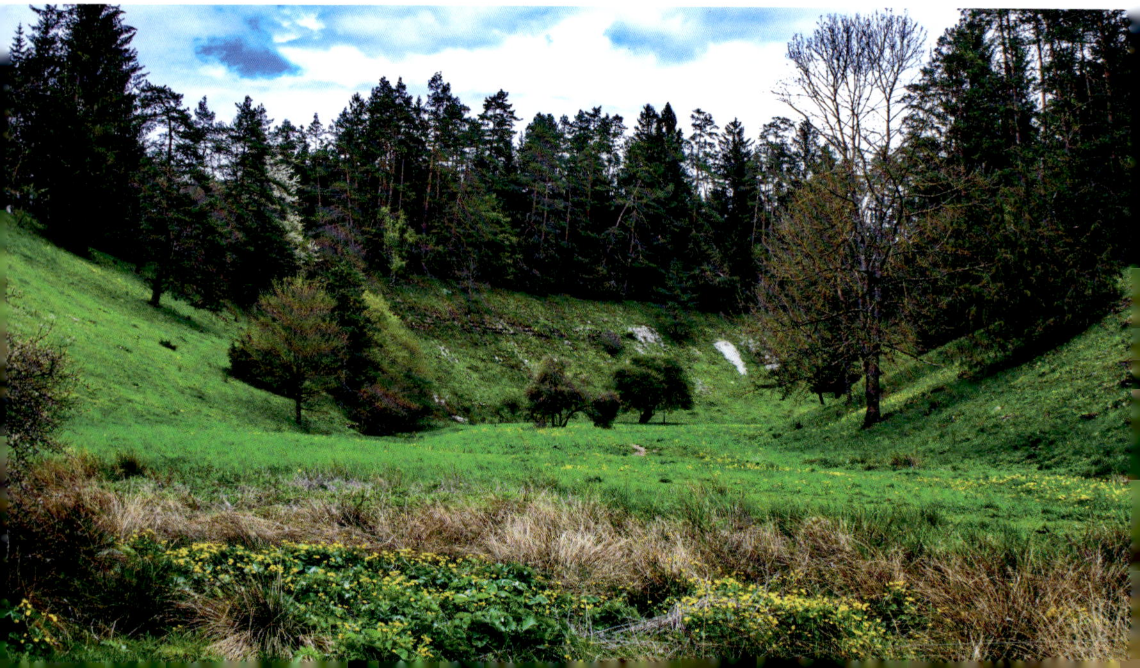

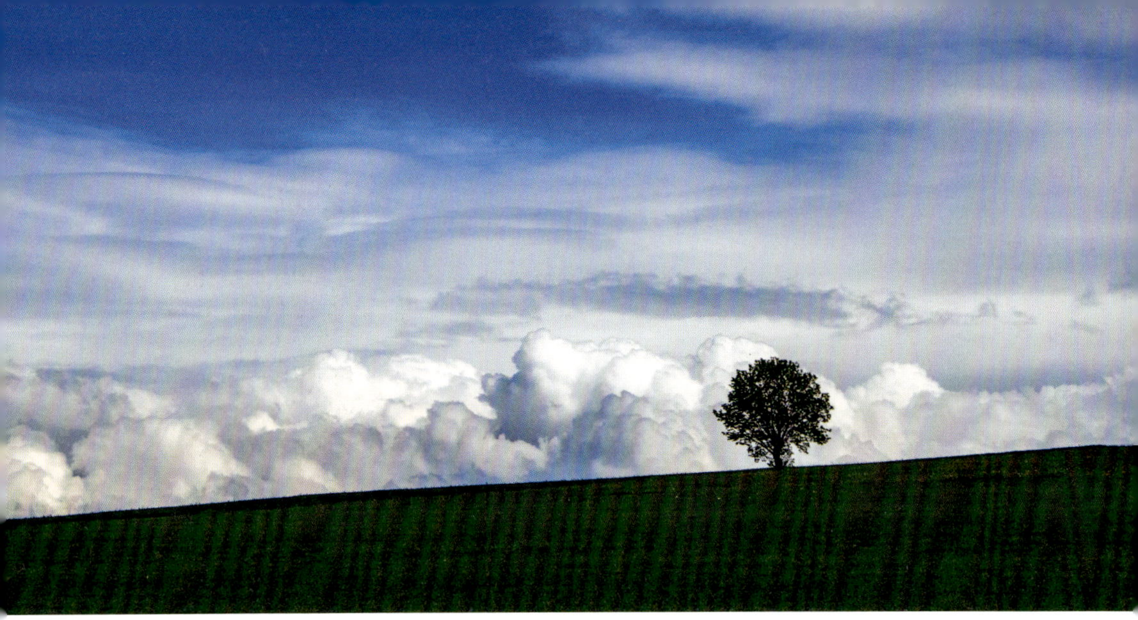

weist euch den Weg rechts vorbei an dem Schuppen nach oben Richtung Wald. Wenn ihr den Wald erreicht, sind es nur noch 200 Meter zum Burgstall des Heroldsteins. Ein Holzschild weist euch schließlich den Weg dorthin nach rechts an den Rand eines beeindruckenden Felsenriffs, von dem sich euch eine tolle Aussicht bietet. Eine Bank unter einem Baum lädt zum Verweilen und Entspannen ein.

Über das Basaltloch zum Kreuzstein Vom Heroldstein folgt ihr weiter dem Grünen Ring, der euch bald aus dem Wald hinaus aufs freie Feld und dort nach links am Waldrand entlang führt. Bei der nächsten Kreuzung biegt ihr nach rechts ab. Ihr erreicht eine Weggabelung, an der ihr rechts abzweigt und bald wieder in den Wald gelangt. Immer weiter führt euch euer Wanderzeichen. Schließlich erreicht ihr eine Straße, in die ihr mit dem Grünen Ring nach links oben einbiegt und schon nach 100 Metern nach rechts wieder verlasst. Hier sind auch die

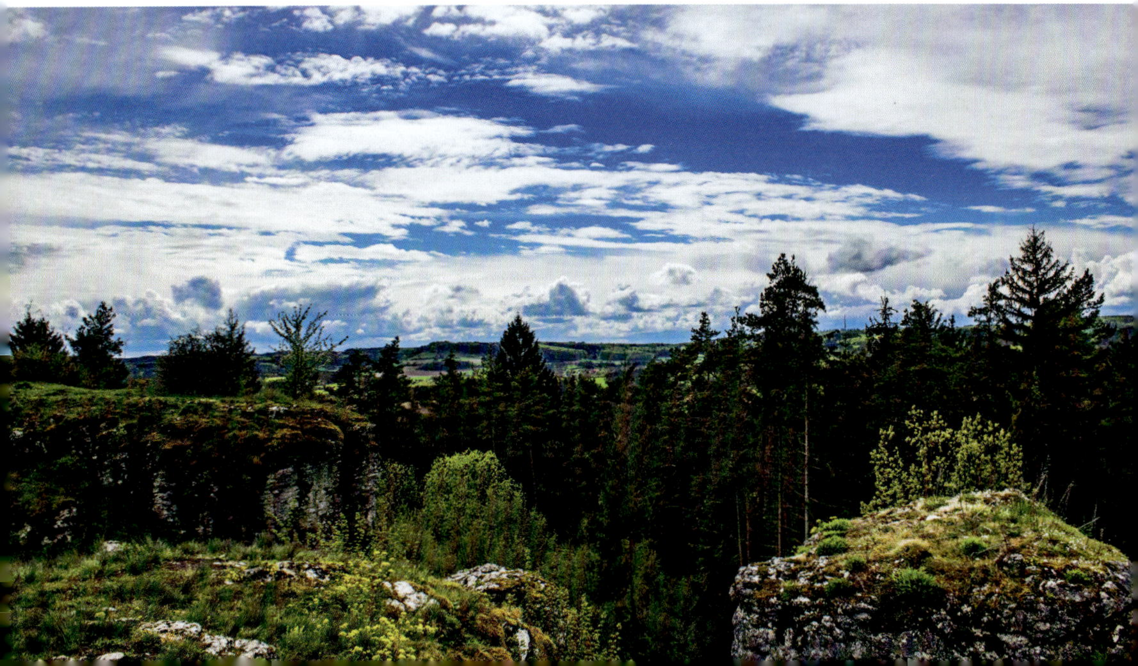

Die Ebene auf dem Weg zum Heroldstein

Auf dem Heroldstein

Basaltbrüche angeschrieben. Der Weg führt euch über die Ebene. Links von euch erhebt sich in der Ferne Schloss Greifenstein. Dann erreicht ihr den Waldrand, an dem ihr weiter entlangwandert. Bei der ersten Gelegenheit, nachdem ihr den Waldrand erreicht habt, macht ihr einen kleinen Abstecher nach links hinüber zum Basaltbruch. Optisch im ersten Moment recht unspektakulär und kaum mehr als eine steinige Grube, offenbart eine Infotafel das Geheimnis des Basaltbruches und den Grund dafür, dass er durchaus einen Moment eurer Aufmerksamkeit verdient. Und wenn ihr hineinsteigt und den Basalt näher in Augenschein nehmt, könnt ihr sogar seinen bläulichen Schimmer erkennen.

Zum Kreuzstein Vom Basaltbruch kehrt ihr zum Weg zurück und folgt dem Grünen Ring nach links. Wenn dieser schließlich nach links abbiegt, verlasst ihr euer Wanderzeichen und folgt der Beschilderung weiter geradeaus zum Kreuzstein, den ihr schon wenig später erreicht. Allen Mutigen und Schwindelfreien sei der Weg direkt zum Aussichtspunkt links auf dem Felsvorsprung neben dem Kreuzstein ans Herz gelegt. Von hier aus eröffnet sich euch ein wahrhaft traumhaftes Panorama. Eine Sitzgruppe nötigt den Besucher regelrecht dazu, Platz zu nehmen und die Erhabenheit und die Kraft dieses Ortes zu genießen.

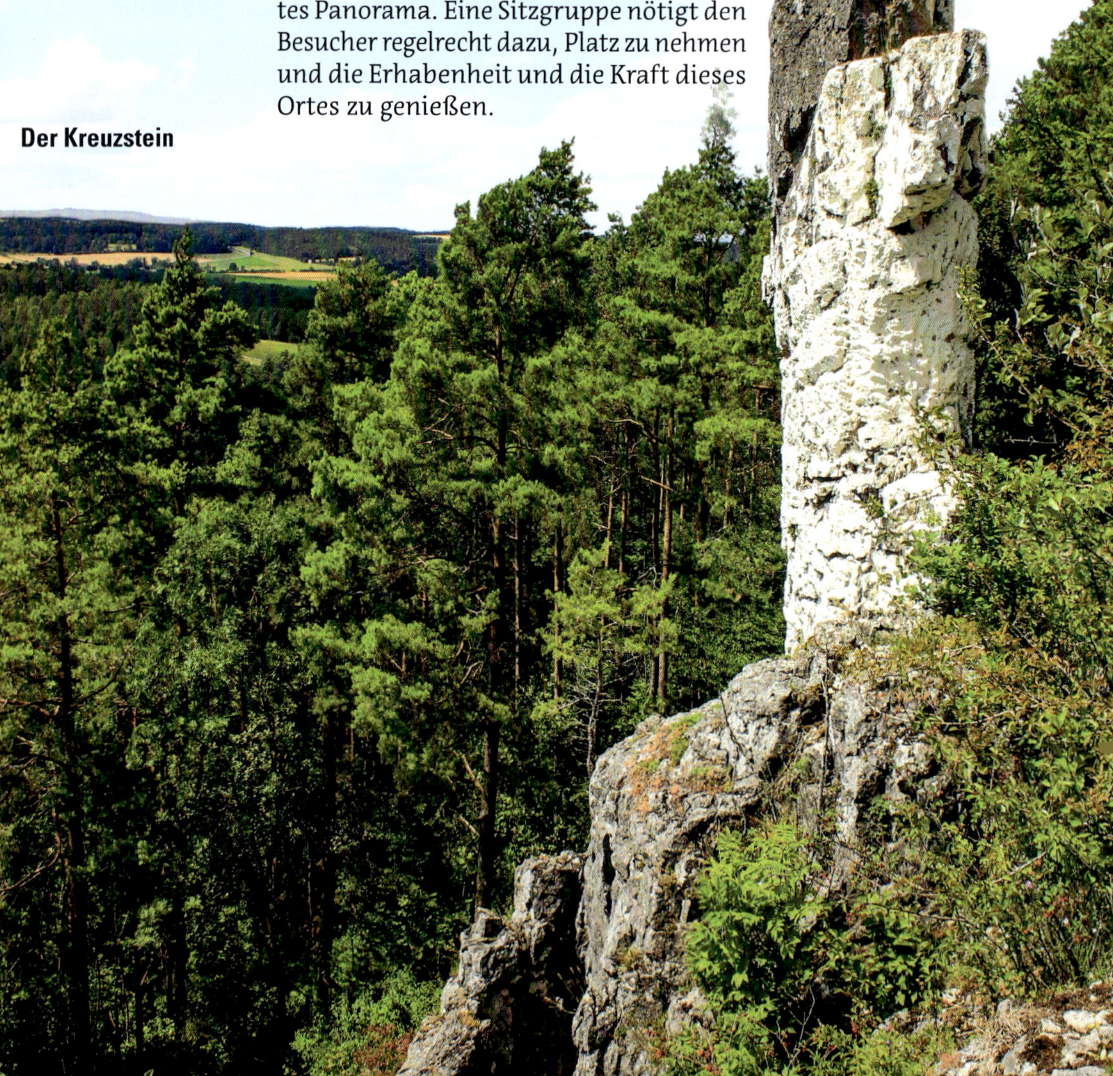

Der Kreuzstein

Der Rückweg Vom Kreuzstein und der Sitzgruppe kommend, biegt ihr mit dem Zeichen des Kreuzstein-Weges, dem Brauereiweg und der Beschilderung nach Oberleinleiter nach rechts unten ab. Ein schöner und schmaler Pfad trägt euch steil nach unten und in den Ort hinein. Dort angekommen biegt ihr mit der Beschilderung zur Heroldsmühle nach rechts ab. Ihr verlasst Oberleinleiter und biegt kurz hinter dem Ortsende mit dem Gelben Querstrich und dem Schild zur Heroldsmühle nach links unten ab. Bei der nächsten Weggabelung haltet ihr euch rechts. Nun wandert ihr noch ein gutes Stück an der Leinleiter entlang, die euch mit fröhlichem Gurgeln und Glucksen zu verabschieden scheint. Mit dem Gelben Querstrich erreicht ihr die Heroldsmühle und biegt dort mit dem Grünen Ring links zum Wanderparkplatz ab.

Wissen für Angeber

Was sind Tummler? Tummler sind periodisch stark schüttende Karstquellen. Ihren Namen verdanken sie dem Lärm, den sie verursachen. Besonders bekannt sind die Tummler im Leinleitertal, aus denen das Wasser im Frühjahr nach starken Regenfällen oder nach der Schneeschmelze schon mal in regelrechten Fontänen sprudeln kann. Tummler werden auch Hungerbrunnen genannt, vermutlich weil die Menschen früher glaubten, dass in Jahren, in denen die Quellen weniger schütteten, oft Missernten und Hungersnöte folgten.

KOMPASS

Wann wandern?
Im Frühjahr zur Tauzeit, wenn die Tummler (unterirdische Quellen) im Leinleitertal schütten, oder im Mai, wenn es im Tal munter blüht.

Was beachten?
Im Hochsommer staut sich im Leinleitertal die Hitze. Das kann für temperaturempfindliche Menschen sehr anstrengend werden. Die Bäche an der Leinleiterquelle laden zur gleichen Jahreszeit zum Waserwaten ein.

Wo rasten?
Auf dem Heroldstein und direkt am Kreuzstein.

Wo einkehren?
Brauerei Gasthof Ott in Oberleinleiter, Telefon 09198 271

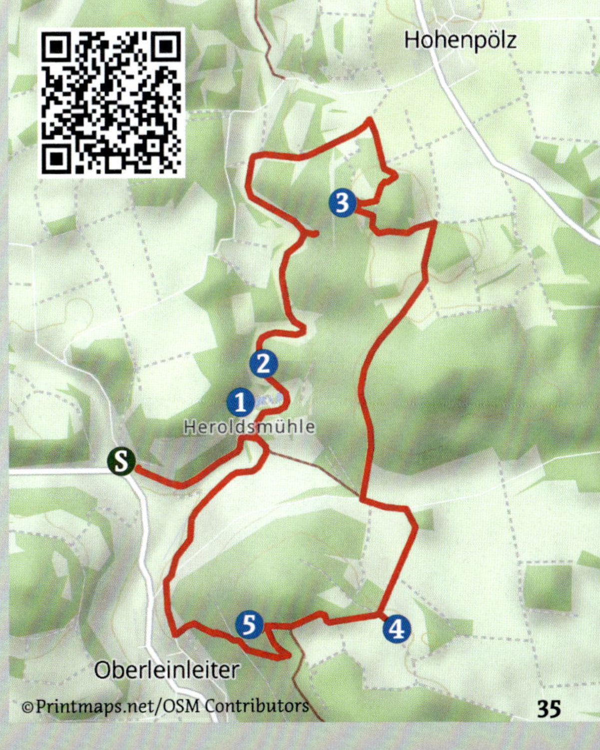

4

Mystische Orte zwischen Heiligenstadt und Burggrub

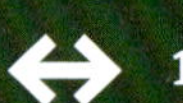 15,9 km

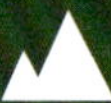 400 Hm

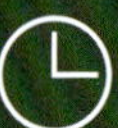 4–5 h

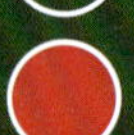 mittel

Eckdaten:

- **Sonne/Schatten: überwiegend schattige Waldwege**
- **Start-/Endpunkt: Hellmuth-Breckner-Parkplatz, 91332 Heiligenstadt i. OFr.**
- **Parkplatzgröße: großer Park- und Wohnmobilstellplatz (kostenlos)**
- **Taschenlampe: ja**
- **Buggy: nein**

Das oberfränkische Heiligenstadt bietet mit dem im Wald verborgenen Jüdischen Friedhof und dem märchenhaften Schloss Greifenstein schon genug Gründe, um diesem wundervollen Ort einen ausgedehnten Besuch abzustatten. Auf dieser Wanderung findet ihr noch mehr magische Orte, die es zu entdecken lohnt.

Highlights:

1. Jüdischer Friedhof
2. Schloss Greifenstein
3. Gotische Kapelle
4. Femehöhle
5. Burggruber Block mit Durchgangshöhle
6. Luisenwand mit kleiner Höhle
7. Burgstall Rothenstein
8. Felsenlabyrinth des Pfarrwald-Felsens

Die Sage

Die Raubritterburg auf dem Rothenstein Auf dem Rothenstein, dem gewaltigen Felsen am Hang des Altenbergs, stand vor langer Zeit die Rotenburg. Damals waren die Wälder an den Hängen noch viel lichter und der bizarre Felsgigant sowie die trutzige Burg zwischen seinen Steinen müssen schon von Weitem sichtbar und einschüchternd gewesen sein.

Dort oben lebte das Geschlecht der Rothensteiner. Diese hatten die Burg als Lehen von dem Adelsgeschlecht von Schlüsselberg erhalten, die auf der gegenüberliegenden Talseite auf dem Greifenstein lebten. Im Laufe der Jahre geriet das Geschlecht der Rothensteiner auf die schiefe Bahn und frönte dem Raubrittertum. Ob dies aus finanzieller Not geschah – resultierend aus Dürren und Missernten – oder aus nackter Gier, kann nur gemutmaßt werden. Die Raubritter trieben im gesamten Tal ihr Unwesen. Sie überfielen vorbeireisende Kaufleute und plünderten die Dörfer der Umgebung.

Eines Nachts machten sie sich über das am Fuß des Altenberges gelegene Örtchen Burggrub her. Nachdem sie die meisten Häuser aufgebrochen und die bedauernswerten Bewohner um ihr Hab und Gut gebracht hatten, wandten sie sich der Mühle zu. Doch der Müller dachte nicht daran, den Raubrittern sein teuer verdientes Geld und das mühsam

gemahlene Mehl zu überlassen. Er verbarrikadierte sich mit seiner Familie und seinen Müllerburschen in der Mühle. Die Unholde, bereits betrunken von geraubtem Bier und Wein, legten Feuer an die hölzerne Mühle, die binnen weniger Momente lichterloh brannte. Der Müller und die Seinen flüchteten hustend und keuchend vor dem dichten Rauch, der das Innere der Mühle erfüllte, nach außen und wurden dort von den Schergen der Raubritter in Empfang genommen. Die Frau wurde von ihnen weggezerrt und ermordet. Der Müller indes wurde halb zu Tode gepeitscht. Die beiden Söhne des Müllers jedoch nahmen die Raubritter mit hinauf zu ihrer Burg und mauerten sie als Blutzoll in der Burgmauer ein, auf dass diese durch das grausame Menschenopfer uneinnehmbar würde.
Als der Müller nach langer Genesungszeit wieder zu Kräften gekommen war, machte er sich zusammen mit seinen Müllerburschen daran, durch das Tal zu ziehen und das Volk gegen die Rothensteiner aufzuwiegeln. Angesichts des Elends, das die Raubritter über die Bewohner des Tals gebracht hatten, fielen seine Reden schnell auf fruchtbaren Boden. Innerhalb kürzester Zeit regten sich Wut und Widerstand in der Bevölkerung. Sogar die Schlüsselberger auf Schloss Greifenstein konnte der Müller schließlich für seine Rachepläne gewinnen. Und so geschah es, dass in mondloser Nacht ein mit Fackeln, Dreschflegeln und Forken bewaffnetes Bauernheer durch einen geheimen Gang, der vom Greifenstein bis hinüber zum Rothenstein reichte, über den Brunnenschacht in den Hof der Rotenburg gelangte. In der Zwischenzeit hatten die Greifensteiner Ritter die Burg von außen umzingelt, sodass keiner entkommen konnte. Die Raubritter und ihre Schergen feierten unterdessen im Festsaal den Erfolg ihres letzten Raubzugs. Viel zu betrunken, um Gegenwehr zu leisten, wurden sie von den wütenden Bauern Mann für Mann niedergemacht. Ebenso grausam wie die Räuber selbst wüteten nun die Bauern unter ihnen. Als das blutige Werk schließlich vollbracht war, steckten die Rächer die Rotenburg in Brand. Nachdem sie einen ganzen Tag und eine ganze Nacht gebrannt hatte, lag die einstige Raubritterburg am Ende in Schutt und Asche.

Schloss Greifenstein

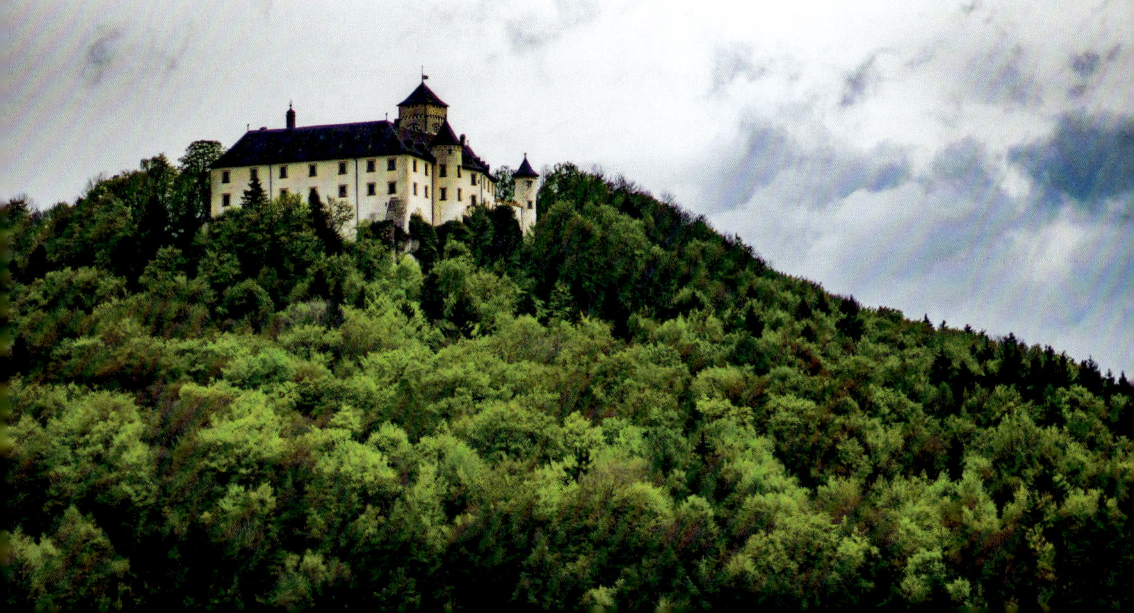

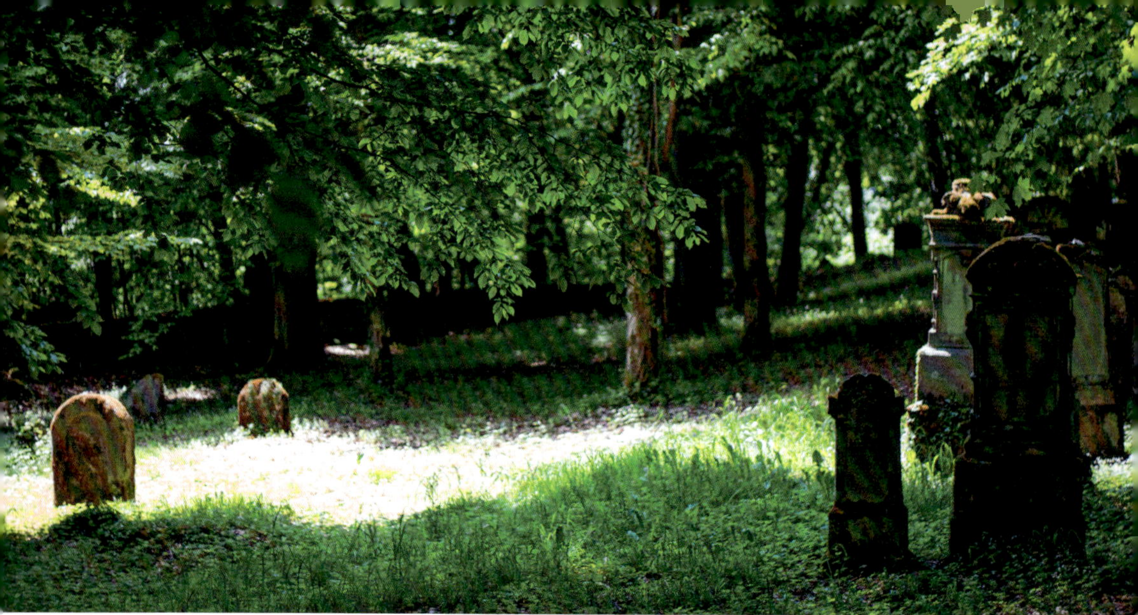

Die Wegbeschreibung

Zum Jüdischen Friedhof Vom Hellmuth-Breckner-Parkplatz geht ihr auf der Hauptstraße ein Stück nach rechts und biegt nach wenigen Metern an einem Wanderzeichenbaum mit eurem ersten Wanderzeichen, dem Roten Dreieck mit der Nr. 6, scharf nach links in die Greifensteinstraße ein. Euer erstes Ziel, der Jüdische Friedhof, ist hier mit dem Gelben Ring ebenfalls bereits ausgewiesen. Die Nr. 6, und der Gelbe Ring führen euch, vorbei an einer Kirche, ziemlich steil nach oben. Auf dem Weg hinauf rückt schon bald das erhabene Schloss Greifenstein in euer Blickfeld. Dank seines leuchtend hellen Anstriches ist es weithin sichtbar. Wenn die Greifensteinstraße nach links abbiegt, folgt ihr der Nr. 6 und dem Gelben Ring auf der Straße „Am Kulich" geradeaus. Weiter oben haltet ihr euch mit euren Wanderzeichen rechts. Ihr folgt der Straße aus dem Ort, wo sie in einen Feldweg mündet. Nun folgt ihr der Nr. 6 und dem Gelben Ring einfach hinauf zum Jüdischen Friedhof. Der Weg verläuft vorbei an einer großen Wiese, dann durch den Wald, mit Panoramablick am Waldrand entlang und schließlich auf einem wunderschönen Pfad durch den Wald nach oben und der Friedhofsmauer entgegen. Das Betreten des Friedhofs ist zwar nicht gestattet, doch dank der niedrigen Mauern gibt es trotzdem genug zu sehen. Eine besondere Stille und Ruhe wohnt diesem verlassenen Ort inne.

Zum Schloss Greifenstein Gegenüber der Friedhofsmauer folgt ihr der Nr. 6 und dem Gelben Ring auf schmalem Pfad, biegt an einer Kreuzung mit euren Wanderzeichen links ab, verlasst den Wald und wandert am Waldrand entlang zu einer Einmündung. Hier biegt ihr mit der Beschilderung zum Schloss Greifenstein, jetzt nur noch der Nr. 6 folgend, nach links ab. Dieser breite Waldweg führt euch an die Straße. Vor der Bushaltestelle seht ihr auf der anderen Straßenseite schon die Abzweigung nach links zum Schloss Greifenstein. Auf der geteerten Zufahrtsstraße zum Schloss wandert ihr durch den Wald, vorbei an einigen Pferdekoppeln und dem Roten Pavillon. Dahinter wandelt ihr im Schatten einer langen Allee mit jahrhundertealten Linden, vorbei an zwei Sandsteinsäulen mit schmiedeeisernem Bogen, hinauf zum beeindruckenden Schloss Greifenstein. Wie einem Märchen entsprungen präsentiert sich die majestätische Front der romantischen Burganlage. Zwei steinerne Löwen auf Säulen vor der steinernen Brücke, die über einen Graben hinüber zum Burgtor führt, heißen euch willkommen. Schloss Greifenstein beherbergt eine weltberühmte Waffensammlung, die im Rahmen einer Burgführung besichtigt werden kann.

Zur Gotischen Kapelle Vom Schloss Greifenstein geht ihr ein Stück zurück zu den zwei Sandsteinsäulen mit dem schmiedeeisernen Bogen und steigt zwischen ihnen hindurch auf schmalem Weg, vorbei an der Burgklause, nach unten. Dort gelangt ihr an eine Gabelung, an der ihr ohne Wegzeichen nach rechts abbiegt. Nach 200 Metern erreicht ihr die Pferderanch Greifenstein. Hier biegt ihr ohne Wegzeichen links ab und geht an der Ranch vorbei in den Wald. Hinter der Ranch biegt ihr ohne Wegzeichen nach links ab und folgt dem Weg, der bald eine Rechtskurve macht, bis zu einer Gabelung, an der ihr an einem Wanderzeichenbaum rechts abbiegt. Hier oben befand sich einst eine weitläufige Parkanlage mit prächtigen Bauwerken. Über die Jahre hat der natürliche Wald den Großteil des Parks zurückerobert und mit ihm die Bauten, die sich darin befinden. Etwa 300 Meter nach der letzten Gabelung biegt ihr – vor euch seht ihr einen steinernen Obelisken – ohne Wanderzeichen scharf nach links ab. Ihr haltet euch bei der kurz darauf folgenden Weggabelung links und wandert auf einem schmalen Pfad geradeaus ins dichte Grün. Schon nach 200 Metern erreicht ihr die Ruine der Gotischen Kapelle. Früher stand sie am Rand der alten Parkanlage des Schlosses. Doch heute wartet sie mitten im Wald geduldig auf Besucher, damit diese ihre Pracht andächtig bewundern können. Das Betreten der Ruine ist zwar nicht gestattet, doch auch von außen lässt sie sich zu einem Teil umrunden und bestaunen.

Der Rothenstein

Die Femehöhle

Die Gotische Kapelle

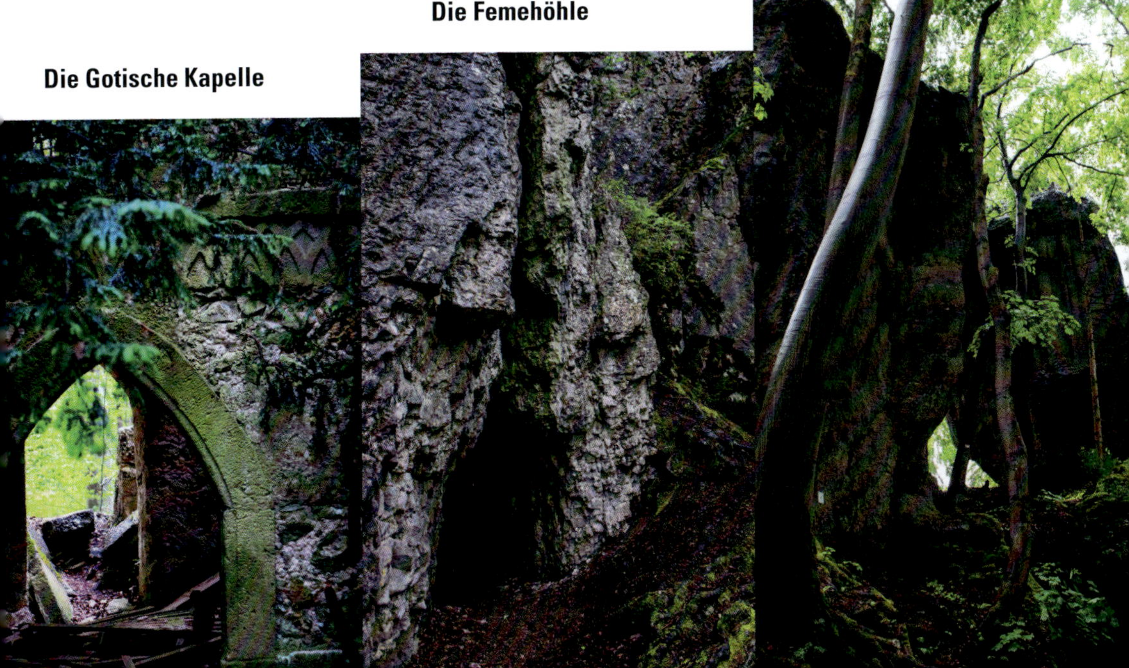

4

Zur Femehöhle Direkt vor der Gotischen Kapelle stoßt ihr auf euer neues Wanderzeichen, das Rote und das Weiße Dreieck des IFS-Weges. Dieses führt euch, vorbei an einem steinernen Bildstock, durch den Wald zum Felsmassiv des Ulrichsteins, das in alter Zeit als Wehranlage genutzt wurde. Mitten im Fels klafft das Portal der sich durch den Fels windenden Femehöhle. Durch diese führt auch der IFS-Weg. Zwischen diesen Höhlenwänden sollen einst geheime Gerichtsprozesse abgehalten worden sein. Die Femehöhle verströmt vom ersten Moment an eine geheimnisvolle Atmosphäre. Vom Eingangsbereich verläuft ein immer schmaler werdender Gang nach rechts durch den Fels.

Zum Rothenstein Aus der Femehöhle tretend, trägt euch der Weg nach links oben an eine Gabelung. Hier biegt ihr mit dem IFS-Weg nach rechts ab. Schon wenige Meter später verlasst ihr den Pfad an einer Weggabelung und wandert mit dem Roten Längsstrich unterhalb des Schlosses Greifenstein steil hinab. Immer weiter steigt ihr nach unten, bis ihr den Ortsrand von Neumühle erreicht. Ihr biegt ohne Wegzeichen nach rechts in den Ort ein und erreicht schon bald geradeaus die Bushaltestelle. An dieser geht ihr links vorbei, überquert ein Brücklein und geht dann, die Vorfahrtsstraße verlassend, leicht rechts den Hang hinauf. Hier ist euer nächstes Ziel, der Ort Burggrub, bereits angeschrieben. Ihr wandert nun über die Ebene hinüber nach Burggrub. Dreht euch auf dem Weg immer wieder mal um, denn das Schloss Greifenstein verabschiedet euch mit wundervollen Ansichten. Immer weiter wandert ihr geradeaus. Gut 1,4 Kilometer nachdem ihr Neumühle verlassen habt, zweigt vom Schotterweg ein Pfad leicht links in ein kleines Waldstück ab. Dieser romantische, von alten Bäumen gesäumte Pfad führt euch mit dem Grünen Dreieck direkt nach Burggrub. Ihr erreicht den Ort und trefft auf eure neuen Wanderzeichen, den Roten Ring und das Rote und Weiße Dreieck des IFS-Wegs. Diese führen euch nach rechts in den Ort und über eine Brücke. Hinter der Brücke folgt ihr euren Wanderzeichen und der Beschilderung Richtung Schwedenfelsen nach links und bald mit einem langen und steilen Anstieg den Hang nach oben aus Burggrub hinaus und geradeaus hinauf auf den Altenberg. Immer weiter hinauf geht es, nun auf einem Waldweg, der, nachdem ihr mit den beiden Wanderzeichen eine Kreuzung leicht nach rechts überquert habt, zum fantastischen und märchenhaften Pfad wird. Dieser trägt euch durch

Die Luisenwand

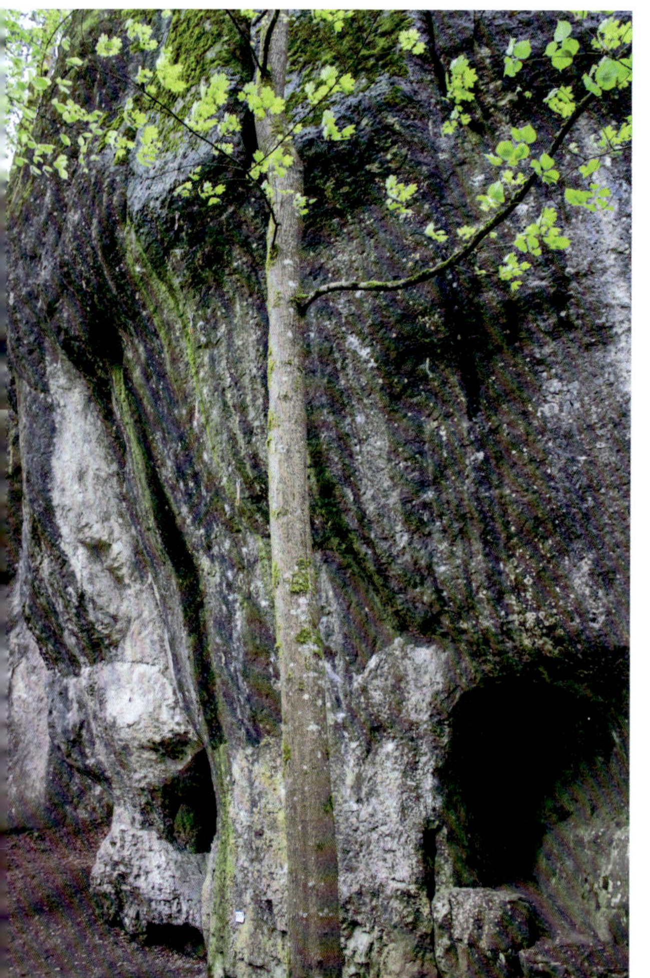

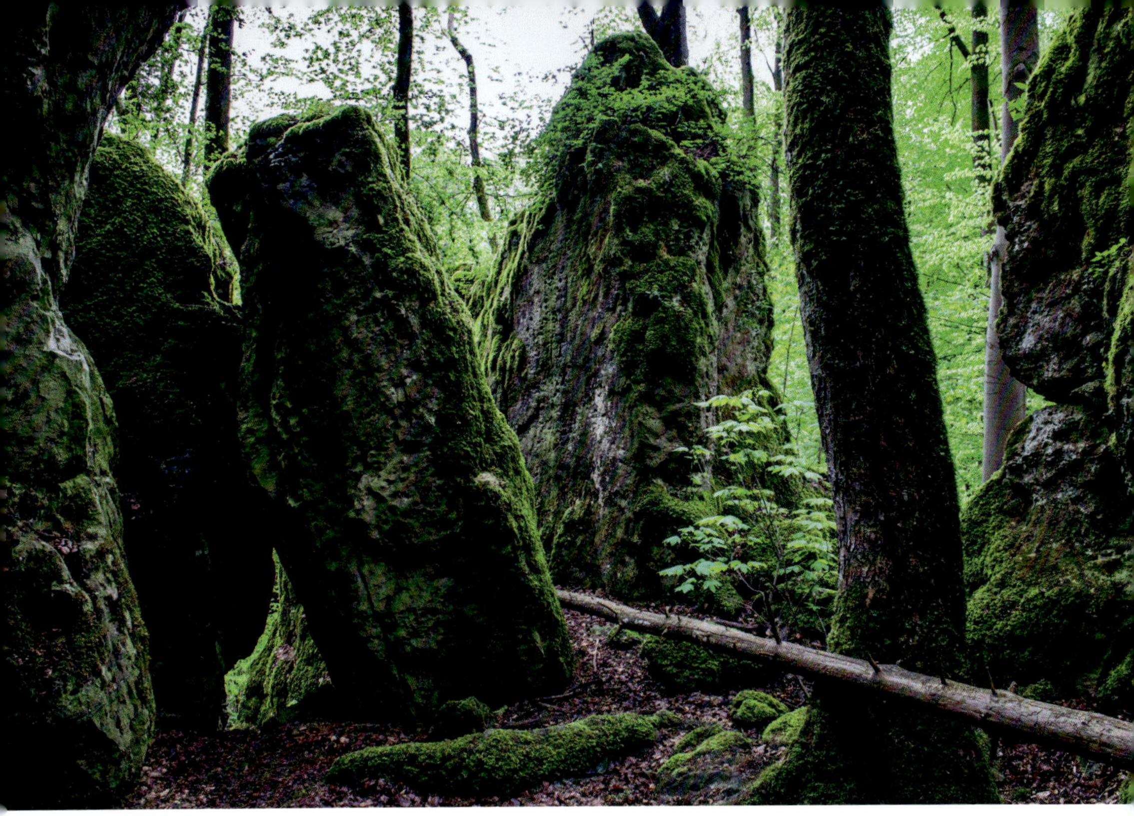

Im Felsenlabyrinth des Pfarrwald-Felsens

das satte Grün nach oben an eine Weggabelung. Dort biegt ihr mit dem Roten Ring und dem IFS-Weg nach rechts in den Fahrweg ab. Nach etwa 200 Metern biegt ihr mit den beiden Wanderzeichen zuerst nach links oben und gleich wieder, jetzt jedoch nur noch mit dem IFS-Weg, mit schmalem Pfad durch dichtes Buschwerk nach rechts ab. Über euch erkennt ihr die gewaltigen Felswände der Luisenwand und des Burggruber Blocks. Bald habt ihr die Möglichkeit, ohne Wegzeichen scharf links einen Abstecher zu diesen beeindruckenden Felsen zu machen. Achtet einfach auf die Schneisen im Gebüsch links von euch. Dann findet ihr einen Weg. Bemerkenswert sind die Durchgangshöhlen im Burggruber Block und in der dahinter liegenden, noch beeindruckenderen Luisenwand. In der zweiten Höhle findet ihr sogar einen kleinen, gemütlichen und felsigen Rastplatz. Dann kehrt ihr zum IFS-Weg zurück und folgt diesem nach links hinauf zum grandiosen Felsmassiv des Rothensteins. Es ist gigantisch, wie sich die Felstürme in den Himmel schieben. Der IFS-Weg führt euch direkt in den Hof der Felsenburg.

Zum Pfarrwald-Felsen Vom Rothenstein kehrt ihr nach unten, vorbei am Burggruber Block und der Luisenwand, zur Weggabelung zurück, an der ihr den Roten Ring das letzte Mal gesehen habt. Nun folgt ihr dem Roten Ring nach rechts oben. Ihr wandert mit dem Zeichen ein Stück hinauf und folgt diesem dann für gut 2,1 Kilometer nach links auf einem traumhaften Waldweg. Erst wenn der Rote Ring nach links unten abbiegt, wechselt ihr auf den Roten Punkt und wandert mit diesem geradeaus Richtung Forchheim. Nach 400 Metern gelangt ihr an eine Kreuzung, an der ihr erneut das Wanderzeichen wechselt und mit dem Grünen Schaf nach links abbiegt. Nach 500 Metern tut sich links

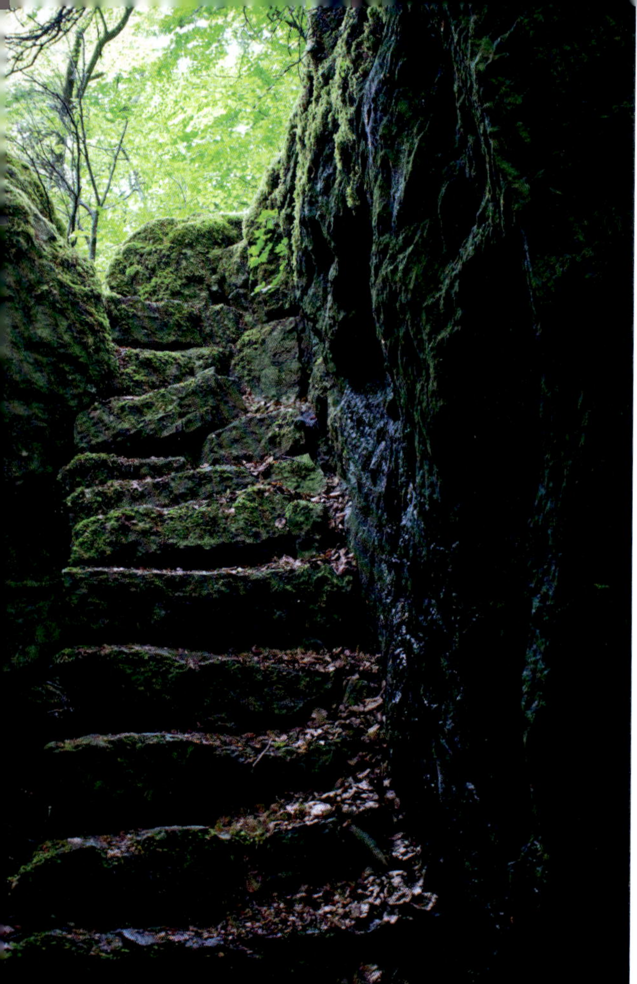

Steinerne Treppe im Felsenlabyrinth

von euch im Dickicht des Waldes eine schmale Schneise auf. Ein Schild daneben informiert euch darüber, dass es durch diese Schneise zum Pfarrwald-Felsen geht. Ein enger Pfad führt euch hinüber zu diesem faszinierenden Felsenlabyrinth, für dessen Erkundung ihr euch Zeit nehmen solltet. Enge Klammen, Durchgangshöhlen, Felsentore und eine steinerne Treppe, die ins Nichts zu führen scheint – ein wirklich magischer Ort.

Der Rückweg Vom Pfarrwald-Felsen kehrt ihr zum „Schafweg" zurück, dem ihr nach links an die Straße folgt. In diese biegt ihr nach links unten ein und verlasst sie schon nach 300 Metern ohne Wanderzeichen scharf nach links. Vorbei an einer alten Schranke kehrt ihr zurück in den Wald. Nach 200 Metern biegt ihr, erneut ohne Wanderzeichen, scharf nach rechts unten ab. Dieser Pfad führt euch steil und nach Regen durchaus etwas rutschig durch den Wald hinunter und am Waldrand auf eine Kreuzung. Hier stoßt ihr wieder auf den Roten Ring, dem ihr bequem nach rechts zurück nach Heiligenstadt folgt. An der Kirche St. Veit und St. Michael verlasst ihr den Roten Ring und schreitet nach links durch das Portal der Kirchenmauer und an der Kirche vorbei hinab zur Mühlengasse, die euch nach links zur alten Mühle führt. Das große Mühlrad wirkt fast hypnotisierend. Man möchte einfach eine Weile zusehen, wie das munter plätschernde Wasser das Rad am Laufen hält.

Auf der Mühlgasse stoßt ihr auf das Wanderzeichen des Frankenwegs. Diesem folgt ihr nach rechts unten, über den Leinleiterbach und links am Bach entlang zurück zum Hellmuth-Breckner-Parkplatz.

Wissen für Angeber

Hitlers Attentäter **Seit dem Ende des 17. Jahrhunderts verwaltete das Geschlecht der Schenken von Stauffenberg Schloss Greifenstein, bevor es mit dem Ende des Hochstifts Bamberg in deren Besitz überging. Der couragierte Oberst Claus Schenk Graf von Stauffenberg, der 1944 das Sprengstoffattentat auf Adolf Hitler im Führerhauptquartier Wolfsschanze verübte, stammt aus eben jenem Uradelsgeschlecht. Nach dem missglückten Attentat sollte das Schloss Greifenstein zur Vergeltung niedergebrannt werden. Aufgrund der Intervention des Nürnberger Polizeichefs und Leiters der Gestapo wurde die Zerstörung verhindert und das wunderschöne Schloss für nachfolgende Generationen bewahrt.**

KOMPASS

Wann wandern?
Ganzjährig reizvoll: Im Winter erkennt ihr die herrlichen Felsen besser, im Sommer spenden die vielen, dicht bewachsenen Waldwege angenehm kühlenden Schatten.

Was beachten?
Die Ruine der Gotischen Kapelle darf nicht betreten werden. Doch auch von außen gibt sie ein paar ihrer Geheimnisse preis.

Wo rasten?
Rund um das Schloss Greifenstein gibt es immer wieder Bänke. Besonders naturnah könnt ihr in einer kleinen Durchgangshöhle an der Luisenwand vespern.

Wo einkehren?
Hotel-Restaurant Heiligenstadter Hof, Telefon 09198 781

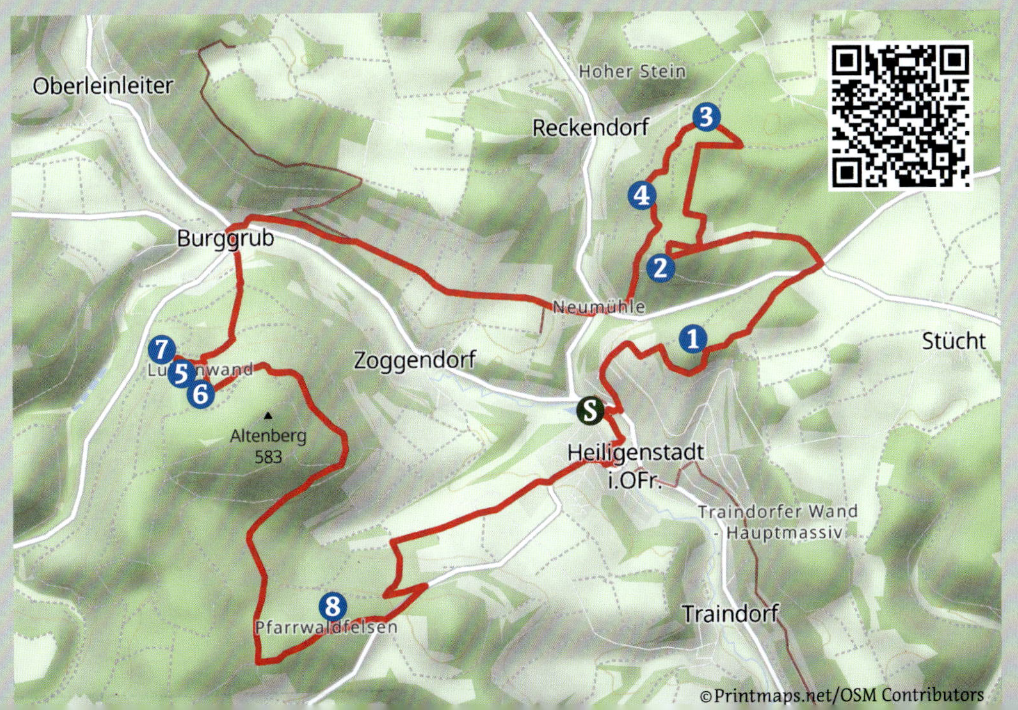

©Printmaps.net/OSM Contributors

5

Riesenburg, Zwergenschloss und König-Ludwig-Steig bei Burg Rabeneck

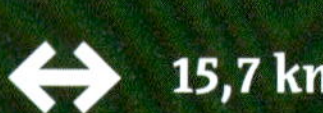

15,7 km

590 Hm

5–6 h

schwer

Eckdaten:

- **Sonne/Schatten: großteils schattige Waldwege**
- **Start-/Endpunkt: Panorama-Parkplatz an der Abzweigung zur Burg Rabeneck an der Straße zwischen Eichenbirkig und Köttweinsdorf, 91344 Waischenfeld**
- **Parkplatzgröße: 5–8 Pkw (kostenlos)**
- **Taschenlampe: ja**
- **Buggy: nein**

Die Burg Rabeneck und die grandiose Versturzhöhle der Riesenburg sind so manchem Wanderer wohl bekannt. Doch es gibt auch noch die verborgenen Wunder des Wiesenttals. Diese findet ihr abseits der markierten Wege. Auf dieser Wanderung erwarten euch unter anderem das gewaltige, überhängende Portal des Zwergenlochs, die Lichtspiele in der Schottersmühlenhöhle sowie die schwindelerregenden Höhen des König-Ludwig-Steigs.

Highlights:

1. Burg Rabeneck mit Rabenecker Felsensteig
2. Saugendorfer Höhle
3. Kühloch
4. Zwergenschloss (Silbergoldsteinhöhle)
5. Felsental „Alter Rabenecker Graben“
6. Berglerturm
7. Riesenburg
8. Schottersmühlenhöhle
9. König-Ludwig-Steig

Die Sage

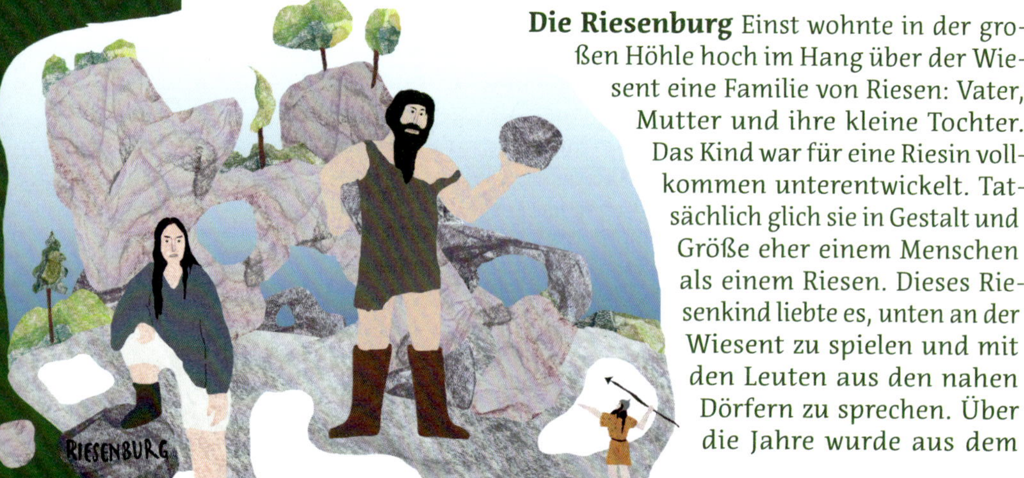

Die Riesenburg Einst wohnte in der großen Höhle hoch im Hang über der Wiesent eine Familie von Riesen: Vater, Mutter und ihre kleine Tochter. Das Kind war für eine Riesin vollkommen unterentwickelt. Tatsächlich glich sie in Gestalt und Größe eher einem Menschen als einem Riesen. Dieses Riesenkind liebte es, unten an der Wiesent zu spielen und mit den Leuten aus den nahen Dörfern zu sprechen. Über die Jahre wurde aus dem

Mädchen eine schöne junge Frau. Ihr freundliches Wesen und ihre Schönheit begeisterten die Menschen so sehr, dass man in der ganzen Umgebung von ihr sprach. Bis nach Böhmen gelangte die Kunde von der schönen Riesin, die anscheinend gar keine echte Riesin war. Ein böhmischer Graf reiste, nachdem er vom Liebreiz der Schönen gehört hatte, nach Franken und suchte die Stelle, an der sie den Erzählungen nach jeden Tag ihre freie Zeit verbrachte. Er folgte dem Lauf der Wiesent und hatte tatsächlich Glück. Er fand die Schöne und verliebte sich auf der Stelle in sie. Dem Mädchen ging es ebenso. Und so fassten die beiden sich ein Herz und stiegen hinauf zur Riesenhöhle, damit der böhmische Graf die Rieseneltern um die Hand ihrer Tochter bitten konnte. Die Eltern waren hocherfreut über das offensichtlich ehrliche und herzliche Anliegen des Freiers.

Doch das Glück währte nicht lange, denn plötzlich stießen die Soldaten des Grafen unten im Tal in ihre Hörner. Feindliche ungarische Reiter, die seit einiger Zeit die Gegend unsicher machten, attackierten die Höhle der Riesen. Die Eltern des Mädchens griffen die Felsen, die in der Höhle umherlagen und schleuderten sie hinab auf die Angreifer. Als ihnen die großen Steine ausgingen, rissen sie einen Felsblock nach dem anderen aus der Höhlendecke und begruben einen um den anderen Ungarn darunter. Die übrigen Angreifer schleuderten ihre Speere und schossen ihre Pfeile nach den Riesen. Schließlich gelang es den Giganten, die Unholde in die Flucht zu schlagen. Doch waren sie von den Geschossen der Ungarn so schwer getroffen, dass sie sterbend zusammensanken. Mit letzter Kraft legte der Riesenvater die Hand seiner Tochter in die des Grafen und gab den beiden so seinen Segen. Der Graf und die Riesin heirateten und siedelten sich im Tal an, wo sie glücklich bis zu ihrem Ende lebten. Die Höhle der Riesen, mit ihren durch die ungeheure Kraft der Riesen entstandenen, gewaltigen Löchern in der Decke, kennen wir heute als Riesenburg.

Burg Rabeneck im Winter

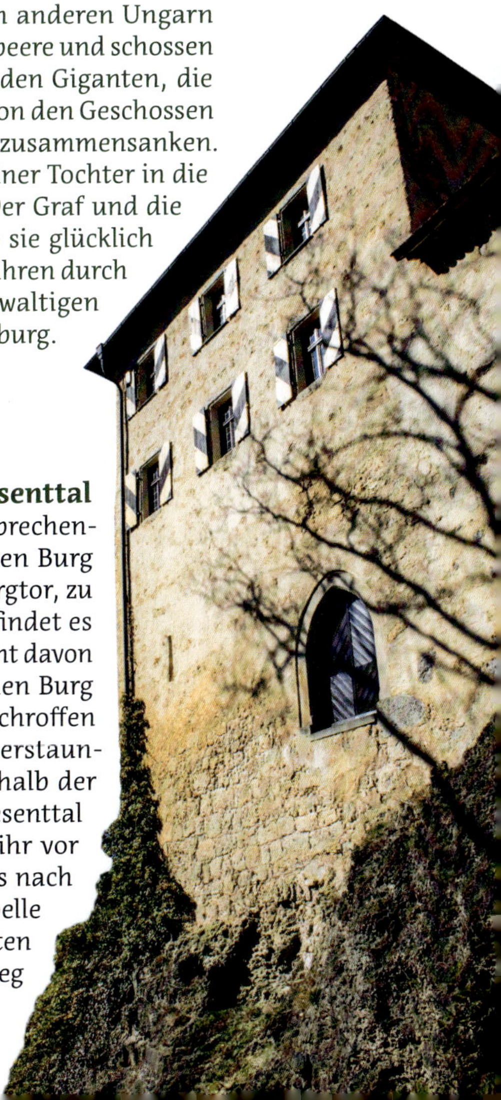

Die Wegbeschreibung

Burg Rabeneck und der Felsensteig ins Wiesenttal

Vom Parkplatz führt euch ein Schotterweg mit entsprechender Beschilderung scharf links der wunderschönen Burg Rabeneck entgegen. Bemerkenswert ist das alte Burgtor, zu dem früher eine Zugbrücke führte, denn heute befindet es sich etwas verloren inmitten der Burgmauer. Man geht davon aus, dass Burg Rabeneck als Tochterburg der nahen Burg Rabenstein erbaut wurde. Wie kühn sie auf den schroffen Felsen hoch über dem Tal thront, begeistert den erstaunten Besucher spätestens beim Begehen des unterhalb der Burg gelegenen Felsensteigs, der euch hinab ins Wiesenttal tragen wird. Diesen Steig beschreitet ihr, indem ihr vor der Burgbrücke der Beschilderung des Felsensteigs nach rechts unten folgt. Ihr geht vorbei an der Burgkapelle und folgt dem Steig in Kehren hinunter. In alten Zeiten glaubten die Leute im Wiesenttal, dass ein Aufstieg

5

hinauf zu dieser Kapelle Zahnschmerzen lindern und heilen könne. Unterhalb der Burgkapelle erreicht ihr eine Weggabelung. Hier haltet ihr euch links und steigt am Fuß des gewaltigen Burgfelsens über eine Treppe einer faszinierenden Durchgangshöhle entgegen. Was für ein großartiger Ort dieser Felsensteig auch im weiteren Verlauf doch ist! Er überrascht euch nahezu hinter jeder Ecke mit einer neuen und bezaubernden Ansicht. Wie in einem Märchengarten fühlt man sich auf dem Weg hinunter ins Wiesenttal.

Zur Saugendorfer Höhle Schließlich erreicht ihr das Wiesenttal. Ihr folgt der Beschilderung Richtung Waischenfeld nach rechts und erreicht nach wenigen Metern die Rabenecker Mühle. Hier trefft ihr auf euer erstes Wanderzeichen, den Roten Ring. Er führt euch von der Rabenecker Mühle nach links auf einer Brücke über die Wiesent. Hier, unterhalb der Burg Rabeneck auf der Burgwiese, sollen einst die zwei einzigen Söhne des Burgherren beim Zweikampf um die Hand einer Frau ins Wasser der Wiesent geraten und ertrunken sein.
Hinter der Brücke überquert ihr an einer Bushaltestelle die Straße schräg nach rechts und trefft dort erneut auf den Roten Ring, der euch scharf nach links hinauf Richtung Saugendorf in ein verzaubertes Felsental geleitet. Ein Stück weiter oben öffnet sich links von euch der Eingang der Saugendorfer Höhle. Diese reicht zwar nicht weit ins Felsinnere hinein, doch das Felsenpanorama, in dem sich die Höhle befindet, weiß zu begeistern.

Zum Kühloch Auf Höhe der Saugendorfer Höhle gabelt sich der Weg. Ihr wandert mit dem Wanderzeichen Roter Ring nach rechts weiter hinauf. An einem Wendeplatz wird der Waldweg zum Schotterweg. Ihr folgt weiter geradeaus dem Roten Ring Richtung Saugendorf. Am Ortsrand angekommen, biegt ihr mit eurem Wanderzeichen nach links in den Ort ein und durchquert diesen auf der Durchfahrtsstraße. Am Ortsende, direkt hinter dem Ortsschild, verlasst ihr den Roten Ring und folgt der Beschilderung Richtung Gösseldorf nach links in einen

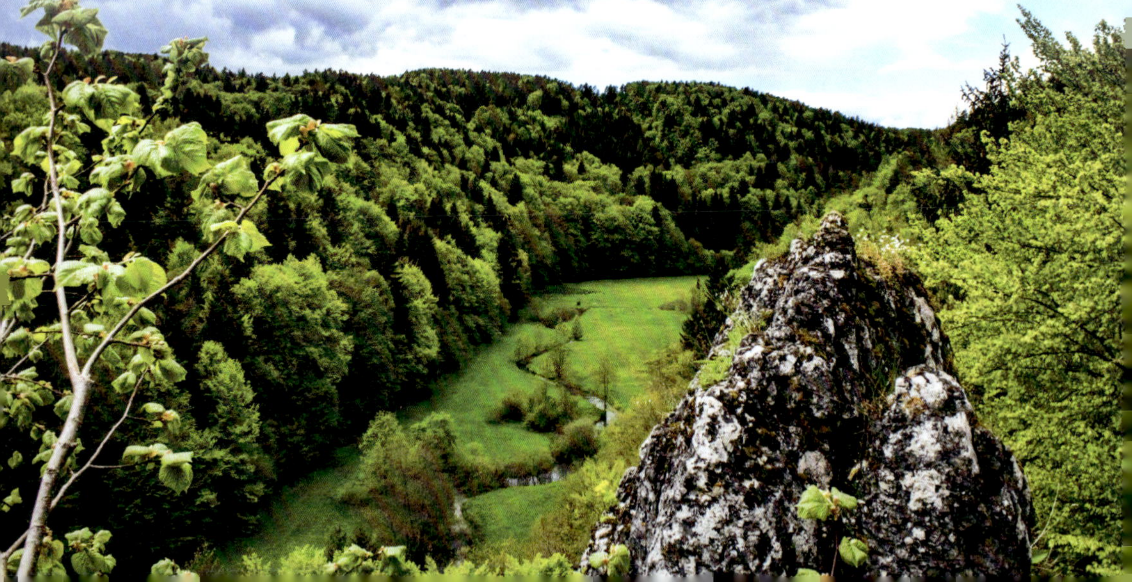

Blick vom Berglerturm ins Aufseßtal

Schotterweg. Nun folgt ein langes Wegstück ohne Wanderzeichen. Bald gabelt sich der Weg. Ihr haltet euch ohne Wanderzeichen rechts und folgt dem Weg, der im weiteren Verlauf vom Schotterweg zur Teerstraße wird, bis kurz vor Gösseldorf. Etwa hundert Meter bevor ihr das direkt vor euch liegende Gösseldorf erreicht, biegt ihr hinter einer langen Hecke scharf links in einen Fahrweg ab, der euch vorbei an einem Schuppen nach unten in den Wald trägt. Dort erwarten euch auf dem Weg hinunter in das Felsental des Alten Rabenecker Grabens zwei Weggabelungen. An der ersten haltet ihr euch links nach unten, an der zweiten rechts nach unten. Dann öffnet sich vor euch der Alte Rabenecker Graben mit seinen imposanten Felswänden. Noch ist das Tal breit und die Felswände stehen einander in gebührendem Abstand gegenüber. Je weiter ihr durch das Tal nach unten steigt, desto enger rücken die Wände zusammen. Es dauert nicht lange, dann erreicht ihr rechter Hand das Felsmassiv des Kühlochs mit seinem geheimnisvollen Höhlenportal. Für die ausgiebige Erkundung des Innenraums benötigt ihr eure Taschenlampen. Besonders bemerkenswert ist der dichte Pflanzenteppich vor dem Kühloch, der den gesamten Ort in magisch grünes Licht zu tauchen scheint.

Zum Zwergenschloss Das Kühloch verlassend gabelt sich der Weg. Ihr haltet euch links und steigt sanft immer tiefer in den Alten Rabenecker Graben hinab. Immer beeindruckender werden die Felswände, die euch flankieren. Rechts von euch, im ehemaligen Bachbett, könnt ihr einige stattliche Felsen und deren vom steten Fluss des Wassers erzeugte Auswaschungen bewundern. Dann gabelt sich der Weg erneut. Geradeaus wird aus dem Weg binnen weniger Meter ein sehr schmaler Pfad, der weiter nach unten in den Alten Graben führt. Hierher werdet ihr nach eurem Besuch des Zwergenschlosses zurückkehren. Doch zuerst führt euch der linke Pfad nach oben. Nach wenigen Metern biegt ihr scharf links auf einen wurzelbewährten Steig ab und gelangt auf diesem steil nach oben direkt an den Fuß des gewaltigen Überhangs des Felsmassives des Zwergenschlosses. Schon gigantisch, wie sich das riesige Höhlenportal in den Stein windet. Und dazu die vielen anderen faszinierenden Stellen, die es an diesem märchenhaften Ort zu entdecken gibt. Überall sind Stellen, die zum Herumklettern einladen. Rechts vom Zwergenschloss lockt ein Felsenturm mit einer weiteren kleinen Höhle.

Durch den Alten Rabenecker Graben Wenn ihr eure Erkundungstour rund um das Zwergenschloss beendet habt, kehrt ihr über den Steig wieder nach unten zu der bereits erwähnten Gabelung zurück und biegt nun nach links in den schmalen Pfad ein. Dieser führt euch durch den Grund des Alten Rabenecker Grabens abenteuerlich immer weiter nach unten, bis ihr ins Wiesenttal gelangt. Der Weg ist felsig und stellenweise recht rutschig. Allerlei aus dem Erdreich herausragende Wurzeln bieten euch beim Hinuntersteigen zusätzlichen Halt. Das verleiht diesem Wegstück ein ganz besonderes Flair. Wie ein Keil läuft das Tal zu und unten wird es immer dunkler. Zum Ende hin verabschieden euch die gewaltigen Felswände in das, im Vergleich zu den Lichtverhältnissen hier unten, gleißend helle Wiesenttal.

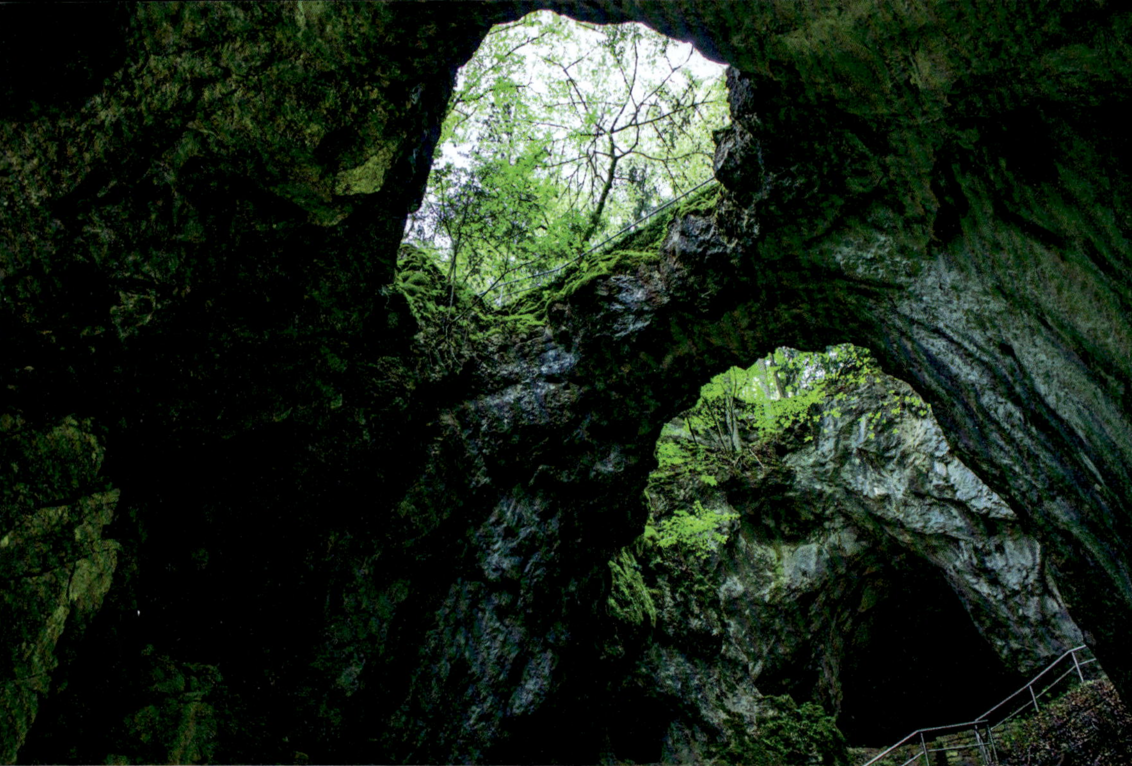

Zum Berglerturm Über einen Parkplatz und über die Straße gelangt ihr auf einen geteerten Wander- und Fahrradweg, in den ihr ohne Wegzeichen nach rechts einbiegt und parallel zur Straße wandert. Schon einige Hundert Meter weiter verlasst ihr an einem Steinschlagschild den geteerten Weg und biegt über die Straße scharf rechts in den Wald ein. Ein weiterer geteerter Weg führt euch hinauf und vorbei am trotzig auf einem Felssockel thronenden Sommerschlösschen Herrenfels. Hier wird der Teer- zum geschotterten Fahrweg und biegt nach links oben ab. Er führt euch geradewegs hinauf auf die Ebene. Dort angekommen tretet ihr aus dem Wald und passiert linker Hand einen Geräteschuppen. Ihr geht weiter geradeaus, vorbei an einer großen Wiese und bald mit wunderbarer Fernsicht in den kleinen Ort Gösseldorf hinein. In der Ortsmitte findet ihr neben der Kapelle einen Wegweiser, der euch den Weg Richtung Doos nach links weist. Ihr folgt dieser Beschilderung vorbei an der liebevoll gestalteten Bushaltestelle am Feuerwehrhaus und einer überdachten Sitzgruppe hinaus aus dem Ort und wandert auf freiem Feld nach unten. Wenn die Blicke über die Ebene schweifen, bieten sich euch herrliche Ansichten. Ihr erreicht eine Weggabelung, an der ihr euch Richtung Doos links haltet. Kurz darauf folgt die nächste Weggabelung, dieses Mal ohne Beschilderung. Hier haltet ihr euch wieder links und wandert weiter hinunter und dem Wald entgegen. Dort angekommen, weist euch die Beschilderung am Waldrand den Weg Richtung Doos nach rechts unten. Bald erreicht ihr den mit jeder Menge Felsen dekorierten Wald und wandert weiter bequem nach unten. Plötzlich erhebt sich vor euch der 15 Meter hohe Berglerturm, ein gewaltiger Felskoloss, an dem ihr rechts vorbei zu einem Aussichtspunkt mit grandiosem Blick hinab in das unter euch liegende Aufseßtal gelangt.

Zur Riesenburg Vom Berglerturm kehrt ihr zum Weg zurück, dem ihr weiter nach rechts folgt. Unterhalb beeindruckender Felswände wandert ihr auf dem nach unten hin immer schmaler werdenden Weg hinunter Richtung Doos. An einem Trafohäuschen verlasst ihr den Wald und biegt nach links, vorbei am Café im Aufseßtal, zur Straße hin ab. Hier trefft ihr an einem Wanderzeichenbaum auf euer neues Wanderzeichen, den Gelben Ring. Dieser wird euch direkt zur Riesenburg führen. Zuerst einmal überquert ihr die Straße und dahinter, auf einer eisernen Brücke, die Wiesent. Der Blick von der Brücke zur Wiesent und der „berauschende" Zusammenfluss von Aufseß und Wiesent sind ein wahrer Augen- und Ohrenschmaus. Hinter der Brücke wandert ihr mit dem Gelben Ring Richtung Riesenburg nach rechts und gelangt kurz darauf an eine Weggabelung. Hier folgt ihr dem Wanderzeichen weiter geradeaus. Der Weg wird zum schmalen, wurzeligen Steig und führt euch zielstrebig der Riesenburg entgegen. Hoch über euch ragen immer wieder gewaltige Felsen in den Himmel. Das ein oder andere Monument ist sogar recht leicht zu erreichen. Und so gut wie jeder Aufstieg dort hinauf lohnt sich. Dann erreicht ihr wieder einen Wanderzeichenbaum. Hier weist euch der Gelbe Ring den Weg nach rechts über ein paar Stufen hinunter und auf einer Brücke über die Wiesent. Dieser Abstecher führt euch zur anderen Talseite, wo euch die Riesenburg erwartet. Nachdem ihr die Wiesent überquert habt, geht ihr nach links hinüber zu einer Sitzgruppe und überquert dann die Straße schräg nach links zum liebevoll gestalteten Holzschild der Riesenburg. Über viele Stufen steigt ihr hinauf zur einmalig schönen Versturzhöhle der Riesenburg. Letztere gehört zu den bekanntesten Sehenswürdigkeiten der Fränkischen Schweiz – und das vollkommen zu Recht. Nur wenige Versturzhöhlen bieten ein so gewaltiges und faszinierendes Panorama. Und wenn man oben auf dem Verbindungsbogen steht und hinunter zur Wiesent blickt, wird einem regelrecht feierlich zumute.

Zur Schottersmühlenhöhle Wenn ihr die Versturzhöhle ausgiebig besichtigt habt, kehrt ihr wieder zur Brücke und über diese auf die andere Seite der Wiesent und zu dem Wanderzeichenbaum zurück. Nun biegt ihr mit dem Frankenweg nach rechts ab und wandert immer weiter entlang der unter euch mal sanft, mal ungestüm dahinfließenden Wiesent. Vielleicht fallen euch ja am Wegesrand auch die vielen einzelnen, am Hang verstreuten Felsen auf. Mag sein, dass das noch die Felsbrocken sind, welche die Riesen von der Riesenburg einst den feindlichen Ungarn entgegengeschleudert haben. Im Frühling findet ihr an dieser Stelle übrigens jede Menge

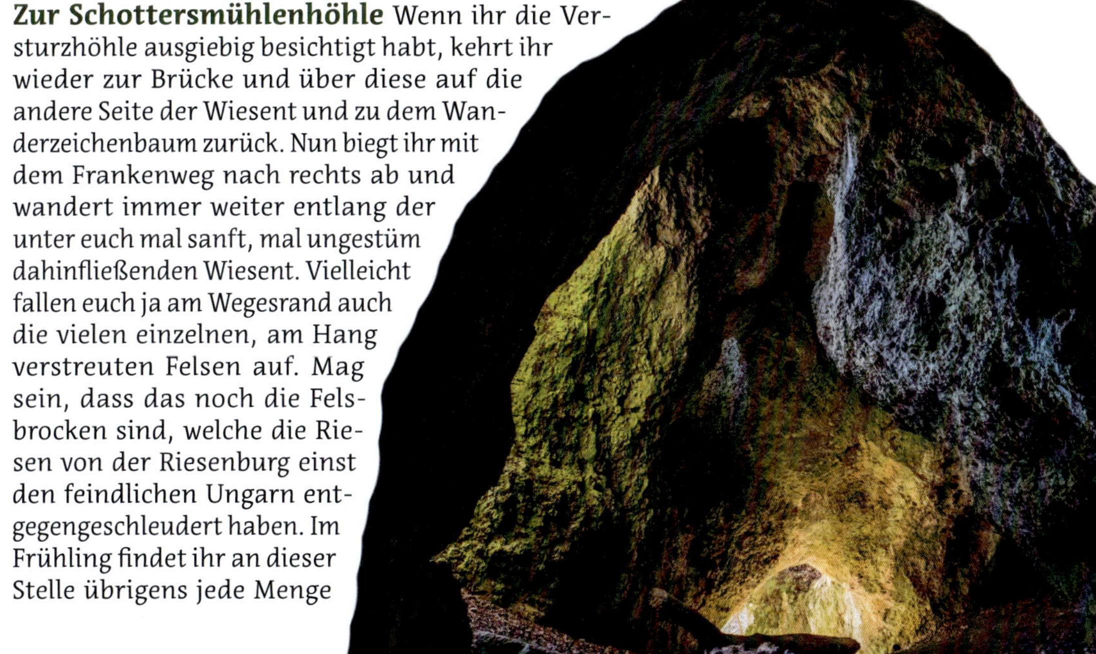

In der Schottersmühlenhöhle

bezaubernder Märzenbecherkolonien. Nach einer Weile passiert ihr auf dem Frankenweg rechter Hand die Schottersmühle. Dann, etwa 120 Meter weiter geradeaus, heißt es erneut aufpassen. Links am Wegesrand befindet sich das Portal eines alten Kellers. Etwa zehn Meter dahinter zweigt ein schmaler Trampelpfad ohne Wegzeichen nach links oben ab. Er führt euch äußerst steil hinauf zur Schottersmühlenhöhle. Zuerst geht es in Kehren über Wurzeln hinauf. Dann unterhalb einer Felswand nach links und durch eine kurze, schmale Felsenklamm, bevor ihr rechts über euch das imposante Portal der Schottersmühlenhöhle erkennen könnt. Mehrere Eingänge tauchen den Innenraum in wundervoll schimmerndes Licht, das diesem Ort eine einzigartige Magie verleiht.

Auf dem König-Ludwig-Steig zurück zur Burg Rabeneck Von der Schottersmühlenhöhle steigt ihr vorsichtig wieder hinab zum Frankenweg und biegt in diesen nach rechts ein. Ihr wandert zurück Richtung Schottersmühle. Gegenüber der zur Mühle führenden Brücke zweigt vom Frankenweg das Wanderzeichen Gelbe Raute nach rechts oben Richtung Köttweinsdorf ab. Auf schmalem Pfad führt euch euer Wanderzeichen abenteuerlich geschwungen durch ein fantastisch wildes Felsental voller gewaltiger Steinkolosse und umgestürzter Bäume. Weiter oben wird der Pfad dank der dichten Büsche am Wegesrand zum regelrechten Dschungelweg. Dann geht ihr mit der Gelben Raute an einer Einzäunung entlang und gelangt schließlich auf die offene Ebene. Ihr folgt der Gelben Raute, bis diese in Richtung Weiße Marter nach rechts abbiegt. Hier verlasst ihr das Wanderzeichen und haltet stattdessen ohne Markierung weiter geradeaus, dem bereits sichtbaren Köttweinsdorf entgegen. Im Ort angekommen, biegt ihr bei der ersten Gelegenheit nach rechts unten ab. Dort erreicht ihr die Ortsdurchfahrt, in die ihr ohne Wanderzeichen nach links einbiegt. Die Straße trägt euch vorbei an der Bushaltestelle und der Kapelle geradewegs aus dem Ort hinaus. Nachdem ihr Köttweinsdorf verlassen habt, wandert ihr noch etwa 200 Meter an der schwach befahrenen Straße Richtung Eichenbirkig entlang, bis ihr mit der Beschilderung Richtung Rabeneck nach links unten abbiegt. An der Gabelung, die ihr ein paar Meter weiter erreicht, haltet ihr euch ohne Wegzeichen rechts und wandert weiter nach unten und bald in den dichten Wald hinein. Ihr erreicht eine Kreuzung. Hier biegt ihr ohne Wegzeichen nach rechts ab. Nun geht ihr immer geradeaus auf dem Hangweg dem König-Ludwig-Steig entgegen. Rechts von euch erscheinen bald Felsen, deren massige Gestalt mehr und mehr anwächst. Immer höher schieben sie sich im Verlauf des Hangweges empor, bis sie zu Schatten werfenden Wänden werden, die euren schmalen Weg beschirmen. Ihr erreicht den Spalt des Frankenländer Schachts. Rechts daneben windet sich eine alte steinerne Treppe über schiefe Stufen hinauf auf ein Plateau, das ihr nach links erkunden und die Aussicht ins Wiesenttal und hinüber zur Burg Rabeneck genießen könnt. Wenn ihr euch sattgesehen habt, geht ihr ein Stück zurück und steigt scharf links, erneut mit einer steilen Treppe nach unten, deren schmale Stufen zum vorsichtigen Schräggehen nötigen. Nicht erschrecken! Direkt am Ende der Treppe blickt ihr plötzlich über die Felskante steil hinab. Der Pfad geht nach rechts und schlängelt sich eng zwischen Abgrund und Fels entlang bis zu einem stattlichen Felsentor. Kurz dahinter zweigt vom Steig ein schmaler Pfad nach links über einige Stufen nach oben ab. Dieser führt euch auf einen wenige Meter langen Felsensteig mit alpinem Flair zu einem fantastischen Aussichtspunkt. Nachdem ihr hier oben die Eindrücke dieser Wanderung noch einmal Revue passieren lassen habt, kehrt ihr zum König-Ludwig-Steig zurück und folgt diesem nach links zur Burg Rabeneck. Von dort geht es nach rechts zurück zum Wanderparkplatz.

Wissen für Angeber

Der Wunderheiler von Rabeneck Der Wirt des Rabenecker Wirtshauses direkt unterhalb der Burg Rabeneck war in der Mitte des letzten Jahrhunderts in der Gegend um Rabeneck als Wunderheiler bekannt. Bis zu seinem Tod in den 60er Jahren wurde er zum Beispiel von Bauern um Hilfe gebeten, wenn ihre Kühe krank wurden. Die meisten seiner Heilrezepte basierten auf dem großzügigen Gebrauch von Weihwasser, wodurch er zum Glück auch nicht mit der Kirche oder den streng katholischen Bewohnern des Wiesenttals in Konflikt kam. Einigen Bewohnern der Region ist er auch heute noch durch sein Wirken bekannt.

KOMPASS

Wann wandern?
Am besten, wenn es trocken und weder glatt noch matschig ist. Für die Kraxeleien braucht ihr einen sicheren Tritt.

Was beachten?
Das Zwergenschloss ist ein beliebtes Ziel für Kletterer. Unter Umständen kann es dort am Wochenende etwas voller werden. Der König-Ludwig-Steig hält einige alpine Momente für euch bereit. Für Leute mit Höhenangst kann das durchaus zur Herausforderung werden. Weite Teile dieser Wanderung verlaufen ohne Wanderzeichen.

Wo rasten?
Richtig gemütlich sitzen kann man in Gösseldorf an der überdachten Sitzgruppe neben der Feuerwehr.

Wo einkehren?
Gasthaus Maihof in Köttweinsdorf, Telefon 09202 353

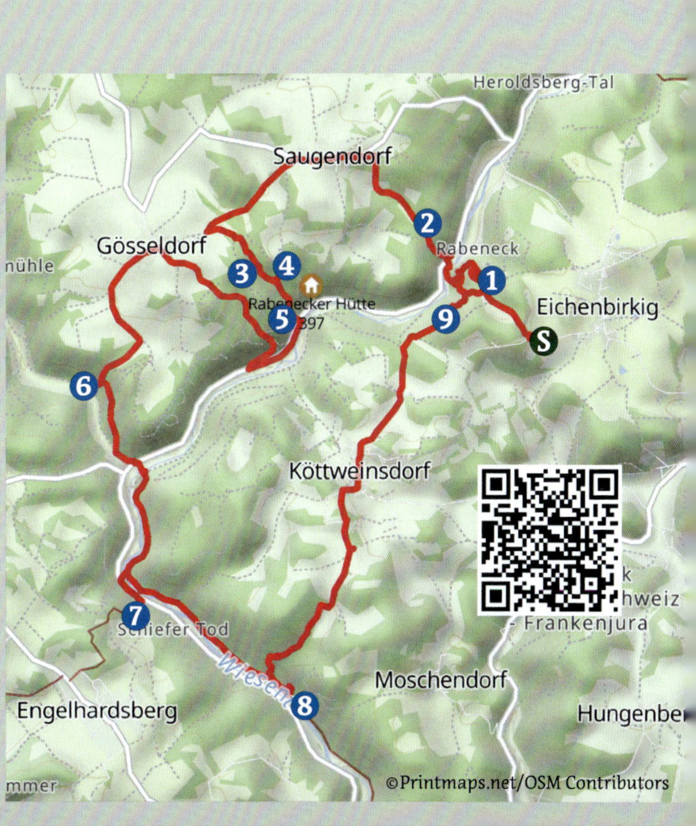

6

Höhlen- und Burgenzauber im Ahorntal

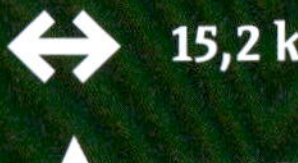

15,2 km

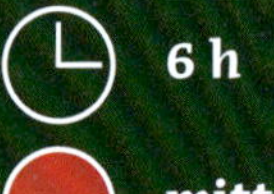

430 Hm

6 h

mittel

Eckdaten:

- **Schatten/Sonne:** ausgeglichenes Verhältnis zwischen Wald- und Feldwegen
- **Start/Endpunkt:** Wanderparkplatz am nördlichen Ortsende von 91278 Tüchersfeld
- **Parkplatzgröße:** Platz für jede Menge Pkw (kostenlos)
- **Trittsicherheit:** ja
- **Schwindelfreiheit:** ja

Das Ahorntal bietet mit seinen beeindruckenden Felswänden, den reizvollen Höhlen und den märchenhaften Waldwegen die perfekte Kulisse für eine wildromantische Wanderung in der Fränkischen Schweiz.

Highlights:

1. Aussichtspunkt Burgstall Obertüchersfeld
2. Kühloch
3. Pferdsloch
4. Aussichtspunkt Burg Rabenstein Blick
5. Panoramaweg mit Schneiderloch und Ludwigshöhle
6. Sophienhöhle
7. Burg Rabenstein mit Felsensteig
8. Schlupflochfels
9. Alte Veste

Die Sage

Die Rache des Teufels Der Raubritter Udo von Witzenstein besaß eine Burg auf dem Zeckenstein hoch über Tüchersfeld. Von dort aus überzog er die Fränkische Schweiz, vor allem das geplagte Pottenstein, mit wagemutigen Raubzügen und Schelmenstücken. Einst verkaufte er einem Pottensteiner Bauern sogar dessen eigene Kühe, die er tags zuvor geraubt hatte. Als der Bauer den Betrug bemerkte, rief er sogleich den Vogt zu Hilfe, der mit seinem Gefolge den Raubritter bis zum Portal der Teufelshöhle verfolgte. Dort ging es dem Volksglauben nach nicht mit rechten Dingen zu. Der Teufel sollte dort, tief im Fels, mit Monstern und Dämonen hausen. Und während die Verfolger einen Augenblick zögerten, dem Raubritter in den gewaltigen Schlund der Höhle zu folgen, stieß dieser im Innenraum der Höhle tatsächlich auf den Leibhaftigen höchstpersönlich. Dieser bot Udo einen Handel an: Er würde ihn vor seinen Verfolgern retten und ihm zudem bei all seinen zukünftigen Gaunerstücken zur Seite stehen, wenn er ihm im Gegenzug dafür nach seinem Tode seine Seele überlassen wollte. Udo, der keinen anderen Ausweg sah, überlegte nicht lange und ging auf den unseligen Handel ein. Sogleich unterschrieb er den Vertrag, den der Teufel ihm reichte. So rettete der Teufel den Ritter, indem er ihn auf einem geheimen Weg durch die Höhle hinüber ins Klumpertal führte. Dort konnte er vor seinen Verfolgern zurück nach Tüchersfeld fliehen. Von diesem Tag an stand der Teufel Udo, wie versprochen, bei jeder seiner Schandtaten zur Seite. Von diesem unheilvollen Schutz zusätzlich angestachelt, wurden seine Taten sogar noch dreister und unverschämter.

Doch in all der Zeit gab es einen Menschen, der trotzdem noch immer an das Gute in Udo glaubte. Es war das edle Burgfräulein zu Rabenstein. Schon seit frühester Kindheit war sie Udo in inniger Liebe zugetan. Tagein, tagaus sann sie darüber nach, wie es ihr gelänge, den Geliebten zurück auf den Weg der Tugend zu führen. Dann, eines Nachts, verriet ihr ein Traumbild, wie sie die Seele des Ritters retten könne.
Und so ging sie am nächsten Tag hinüber zur unheimlichen Teufelshöhle. Dort traf sie, nachdem sie in allerlei Gängen gesucht hatte, auf den Gehörnten. Dieser saß auf einem gewaltigen Fels inmitten raubtierzahnartiger Tropfsteine und las gerade in dem mit Udo von Witzenstein geschlossenen Vertrag. Als er die tugendhafte Rabensteinerin erblickte, erschrak der Teufel so sehr, dass er das Papier fallen ließ und eilig in den Tiefen der Höhle verschwand. Das Mädchen nahm den Vertrag an sich und stieg damit hinauf zur Burg Tüchersfeld. Dort sprach sie bei Udo von Witzenstein vor, gestand ihm ihre Liebe und erklärte ihm, dass sie über all die Jahre an das Gute in ihm geglaubt habe. Zum Beweis zerriss sie den verfluchten Vertrag direkt vor seinen Augen, sodass der Wind die Schnipsel hinab ins Püttlachtal wehte. Der Ritter, ergriffen von tiefer Dankbarkeit, fiel vor ihr nieder, versprach sie zur Frau zu nehmen und von nun an kein Unrecht mehr zu begehen. Nun könnte die Geschichte enden.
Doch einer der Schnipsel des Papiers wurde vom Wind hinüber zur Teufelshöhle und dort dem betrogenen Teufel in die Hand geweht. Dieser änderte auf dem Papierschnipsel den Namen Witzenstein in Wichsenstein und verdammte den geläuterten Udo so zu einem Namen, der ihn von diesem Moment an der Lächerlichkeit preisgab. Aus dem gefürchteten Raubritter Udo wurde so ein braver und verspotteter Burgherr. Noch viele Jahre lang sangen die Straßenjungen: Der Wichsenstein von Tüchersfeld, der ist ein kühner Rittersheld. Er wichst die Schuh und Stiefel blank, macht alles, was sein Weib verlangt.

Die Wegbeschreibung

Zum Aussichtspunkt Burgstall Obertüchersfeld

Direkt am Tüchersfelder Wanderparkplatz erkennt ihr zwischen den Felsen im Gebüsch eine Schneise, in der eine Treppe nach oben führt. Über diese Treppe gelangt ihr auf einen schmalen Pfad, der euch zum Burgstall Obertüchersfeld auf den Zeckenstein hinauftragen wird. Über viele Stufen auf und ab, vorbei an malerischen Felsmassiven, schlängelt sich euer Weg Stück für Stück empor. Dann erreicht ihr eine Treppe, die euch durch eine Durchgangshöhle weiter nach oben führt. Die

Auf dem Aussichtspunkt Burgstall Obertüchersfeld

eisernen Stufen wurden erst vor ein paar Jahren angebracht. Früher ging es hier an einem Handlauf über die noch heute vorhandenen Steinstufen deutlich abenteuerlicher nach oben. Dahinter sind es nur noch ein paar Meter, bis ihr die Aussichtsplattform des Burgstalls Obertüchersfeld erreicht. Oben angekommen, empfangen euch eine grandiose Aussicht hinunter ins Tal und auf den Ort sowie eine Bank, die zu einer kurzen Rast einlädt. Der Burgstall Obertüchersfeld wurde Mitte des 13. Jahrhunderts erbaut und im Hussitenkrieg 1430 zerstört. Bis heute umgibt den stolzen Fels eine geheimnisvolle und spannende Atmosphäre. Nicht umsonst gehört er, zusammen mit dem unter euch gelegenen Fachwerk-Ensemble der ehemaligen Burg Untertüchersfeld, zu den Wahrzeichen der Fränkischen Schweiz.

Zum Kühloch Vom Burgstall Obertüchersfeld kehrt ihr auf demselben Weg zurück zum Tüchersfelder Wanderparkplatz. Den alpinen Steig verlassend geht ihr nach rechts zu einem Wanderzeichenbaum an der Straße. Hier biegt ihr nach links Richtung Rackersberg/Kleinlesau auf die Straße ab. Nach einem kurzen Stück entlang der Straße verlasst ihr diese beim Spielplatz mit dem Roten Ring nach links Richtung Wald. Ihr folgt dem Wanderzeichen geradeaus, vorbei an einer Abzweigung. An einer Weggabelung mit Überhangfelsen und einer Infotafel des Geotopwegs Pottenstein zweigt euer Weg mit dem Roten Ring zunächst nach links oben zum Kühloch ab. Nach einem kurzen und steilen Aufstieg erreicht ihr das kleinere der beiden Höhlenportale, das euch in die große Vorhalle des Kühlochs führt. Im Kühloch gibt es neben der wundervoll platzierten Bank im zweiten, deutlich größeren Höhlenportal die Möglichkeit, mit der Taschenlampe auf Entdeckungstour zu gehen. Nach hinten verjüngt sich das anfangs große Portal zunehmend, bis man, sofern dazu bereit, auf allen vieren vorankriecht. An den Wänden findet ihr einige schöne Höhlenformen.

Durch das Pferdsloch

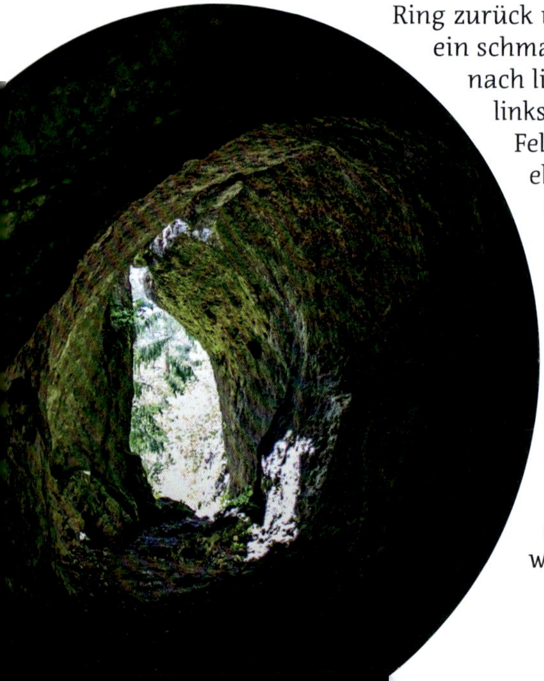

Zum Pferdsloch Vom Kühloch kehrt ihr zum Wanderzeichen Roter Ring zurück und folgt diesem nach links. Schon bald zweigt ein schmaler Pfad mit der Beschilderung zum Pferdsloch nach links oben ab. Nach wenigen Metern passiert ihr links am Hang eine Höhle, die nur wenige Meter in den Fels reicht. Kurz dahinter öffnet sich vor euch die elegant in den Fels gewundene Durchgangshöhle mit dem klingenden Namen Pferdsloch. Deren geschwungene Eleganz offenbart sich erst nach der vollständigen Durchquerung.

In die Felsenwildnis Hinter dem Pferdsloch läuft der Weg hinab zum Roten Ring, dem ihr weiter nach links folgt. Schon nach etwa hundert Metern verlasst ihr den Roten Ring und biegt an einer Kreuzung ohne Wanderzeichen scharf nach links oben ab. Auf breitem Waldweg gelangt ihr an eine Einmündung. Hier biegt ihr, weiterhin ohne Wegzeichen, nach rechts ab, passiert kurz darauf den Campingplatz Jurahöhe und das kleine Gasthaus Jägersruh und gelangt an eine Straße. Hier biegt ihr mit dem Gelben Ring Richtung Kleinlesau nach links in die Straße ein. Bei der nächsten Gelegenheit, nur ein paar Meter weiter, gegenüber dem Spielplatz des Campingplatzes Jurahöhe, biegt ihr rechts hinüber nach Kleinlesau ab. In Kleinlesau biegt ihr hinter der Dorfkapelle links ab und dahinter gleich wieder links in einen Schotterweg. Ihr geht vorbei an Wohnhäusern und verlasst Kleinlesau an einem Trafohäuschen nach rechts hinaus aufs freie Feld. Hier auf der Ebene bieten sich euch herrliche Panoramablicke. Nach einem langen, geraden Stück schlängelt sich der breite Schotterweg elegant und sanft durch die Landschaft nach unten an eine Weggabelung, bei der ihr mit dem Grünen Kreuz nach links Richtung Pfaffenberg abbiegt. Der Weg führt euch zur Straße, der ihr mit dem Grünen Kreuz nach rechts oben und nach Pfaffenberg folgt. Im Ort angekommen, verlasst ihr die nach rechts verlaufende Durchfahrtsstraße an einem Wanderzeichenbaum mit dem Grünen Kreuz nach links Richtung Oberailsfeld. Schon zehn Meter weiter, an einem nächsten Wanderzeichenbaum, verlasst ihr den markierten Wanderweg und biegt ohne Wegzeichen nach rechts in einen Fahrweg ab. Ihr passiert einen Bolzplatz und geht bergan eine Kuppe hinauf. Hinter der Kuppe folgt ihr dem Weg bergab in den Wald. An der ersten Weggabelung im Wald haltet ihr euch links und geht weiter hinunter in einen wildromantischen Zauberwald. Richtig urtümlich und ein bisschen unheimlich wirkt dieser Wald. Ihr folgt dem Weg weiter unten nach links und wandert weiter hinab in die Schlucht. Bei der nächsten Gelegenheit, ihr habt inzwischen den Grund der Schlucht erreicht, zweigt ihr an einem großen Felsblock – weiterhin ohne Wanderzeichen – auf schmalem Pfad nach rechts oben in eine urtümliche Felsenwildnis ab. Dahinter schlängelt sich der Pfad elegant durch einen dicht bewachsenen Märchenwald und trägt euch dann hinauf nach Zauppenberg.

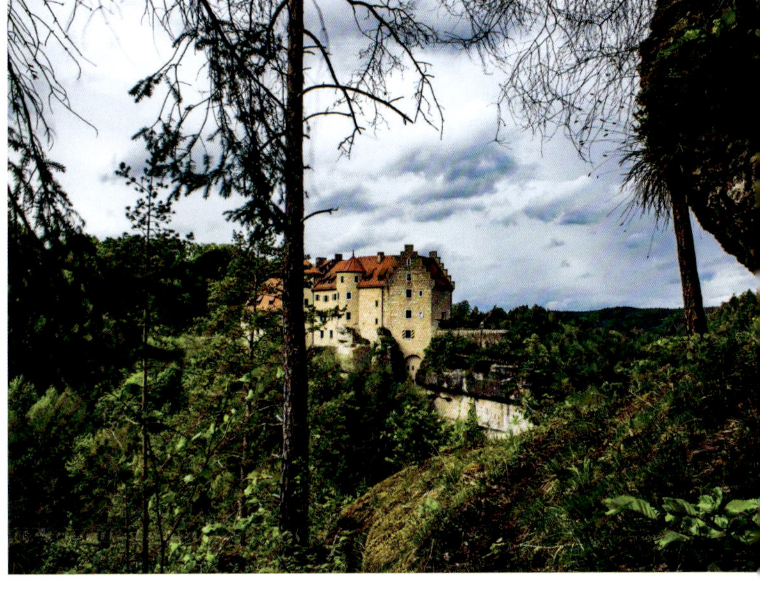

Aussicht vom Felsensteig unterhalb des Aussichtspunkts Burg-Rabenstein-Blick

Zum Aussichtspunkt Burg-Rabenstein-Blick Am Ortsrand von Zauppenberg angelangt, biegt ihr an einem Haus mit Brunnen, dem Grünen Punkt Richtung Schneiderloch folgend, nach links in die Straße ein. Die Straße wird bald zum Schotterweg und führt euch an einigen Schuppen vorbei. An einem dieser Schuppen biegt der Grüne Punkt nach rechts ab. Ihr folgt jedoch der Beschilderung zum Aussichtspunkt

6

geradeaus über das Feld und dann nach rechts in den Wald. Dort haltet ihr euch links und gelangt zum Aussichtspunkt mit herrlichem Blick hinüber zur Burg Rabenstein.

Zum Schneiderloch und zur Ludwigshöhle Direkt links neben dem Aussichtspunkt windet sich ein unmarkierter Pfad nach unten und wird nach wenigen Metern zum ungesicherten, alpin anmutenden Steig, der euch steil nach unten ins Ahorntal führt. Unten angekommen folgt ihr der langen Treppe nach rechts hinauf zum Felsmassiv des Schneiderlochs, einer geräumigen Durchgangshöhle. Seinen Namen verdankt diese Höhle einem gewitzten Schneider, der unterhalb der Felsen am Ailsbach einst den Teufel überlistet haben soll. Seine ganze beeindruckende Wirkung entfaltet das Schneiderloch, wenn ihr es durchquert habt und euch nach einigen Metern noch einmal umdreht. Vom Schneiderloch folgt ihr dem Promenadenweg mit einer Schachfigur als Wegzeichen. Dieser Weg ist schlicht und einfach grandios. Wurzeldurchzogen, flankiert von fantastischen Felsen und kleinen Höhlen am Wegesrand und fantastischen Ausblicken zur anderen Talseite und zur Burg Rabenstein windet er sich den Hang entlang. An einer Weggabelung mit zwei Wanderbäumen nehmt ihr die rechte Abzweigung und bleibt auf dem Promenadenweg. Euer nächstes Ziel, die Ludwigshöhle, ist hier bereits mit dem Blauen Ring angeschrieben. Ihr folgt immer weiter der Beschilderung zur Ludwigshöhle. Bald gesellt sich auch der Hinweis zur Sophienhöhle dazu, ein weiteres Ziel auf dieser Wanderung. Über eine lange Treppe steigt ihr hinab ins Ahorntal bis zu einer Einmündung und folgt hier der Beschilderung nach links zur Ludwigshöhle. Wenn sich die Treppe teilt, nehmt ihr die linke Seite und steigt nach oben zum Seiteneingang der Ludwigshöhle. Es empfängt euch eine riesige Höhlenhalle, in der schon König Ludwig I. von Bayern dinierte. Gewaltig – das ist das einzige Wort, das diese ausladende Halle mit ihrem weit geöffneten Torbogen treffend beschreibt. Von hier unten

Blick aus der Ludwigshöhle hinauf zur Klaussteinkapelle

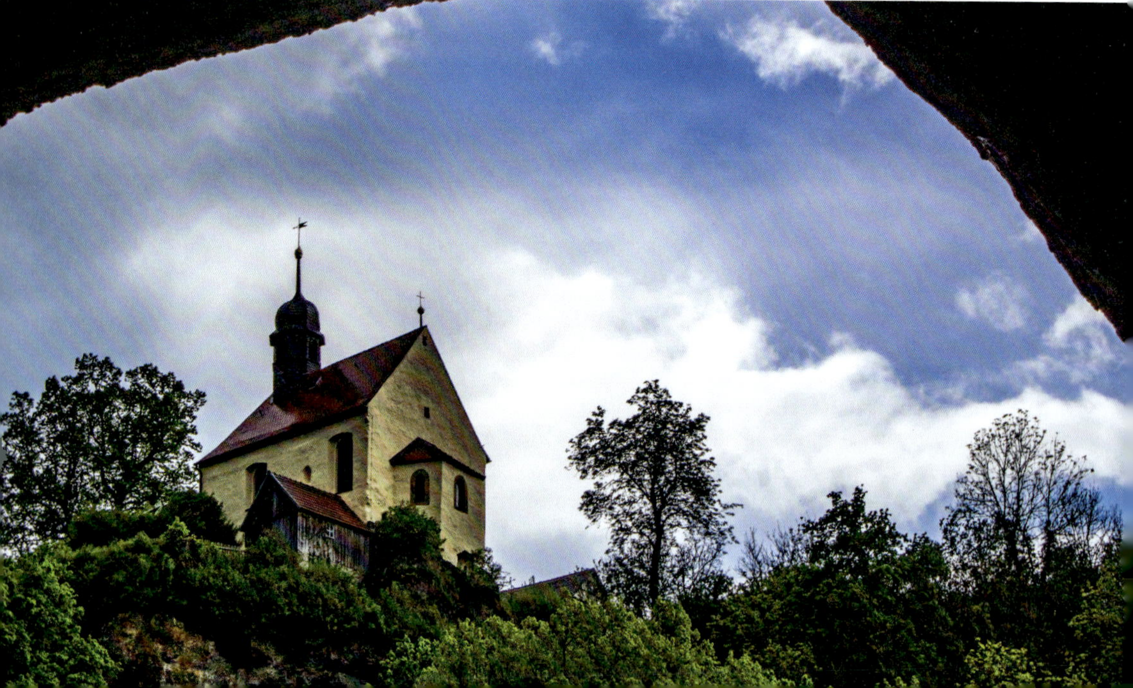

bietet sich euch ein wundervoller Blick hinauf zur Klaussteinkapelle. Deren Kreuz soll viele Jahre lang verbogen gewesen sein. Der Teufel höchstpersönlich habe, aufgrund eines unseligen Paktes mit einem abgewiesenen Mädchen, den vergeblich Angebeteten entführt und durch die Luft getragen. In seiner Verzweiflung hielt sich der Entführte an dem Kreuz der Klaussteinkapelle fest. Der Teufel jedoch versuchte mit aller Kraft, den jungen Mann vom Kreuz wegzureisen und mit ihm weiterzufliegen. Dank der göttlichen Macht und der Gottesanrufung des von dem Lärm geweckten, neben der Kirche lebenden Einsiedlers wurde der Teufel in die Flucht geschlagen. Das Kirchenkreuz jedoch blieb noch jahrelang verbogen.

Zur Sophienhöhle Durch das große Höhlenportal verlasst ihr diesen magischen Ort über die Treppe nach links unten ohne Wegzeichen. Unten gelangt ihr an einen Wanderzeichenbaum und folgt nun der Beschilderung zur Sophienhöhle nach links über eine wunderschöne Holzbrücke, dann über den Parkplatz der Sophienhöhle und über die Straße auf die andere Talseite mit der Beschilderung nach rechts hinauf. Ihr erreicht eine Weggabelung mit zwei Wanderzeichenbäumen und haltet euch mit dem neuen Wanderzeichen des Fränkischen Gebirgswegs und der Beschilderung zur Sophienhöhle links. Auf einer Steintreppe gelangt ihr in den großen Felsenvorhof der Sophienhöhle. Diese wundervolle Schauhöhle kann im Rahmen einer spannenden, illuminierten und mit Musik untermalten Führung besichtigt werden. In der Sophienhöhle soll einst der Zwergenkönig mit seinem Gefolge inmitten gewaltiger Schätze gelebt haben. Noch heute will der eine oder andere Höhlenbesucher in den Ecken leises Wispern oder sogar einen vorbeihuschenden Schatten gesehen haben.

Auf den Rabensteiner Felsensteig Mit dem Fränkischen Gebirgsweg verlasst ihr den Felsenvorhof der Sophienhöhle vom Höhlenportal kommend nach rechts durch ein Felsentor. Ihr wandert auf märchenhaftem Pfad zum Aussichtsfelsen Parasol, der euch einen tollen Blick zur Burg Rabenstein bietet, und von dort mit dem Fränkischen Gebirgsweg nach rechts hinunter zu einer Einmündung, an der ihr mit eurem Wanderzeichen nach links in den breiten Weg einbiegt. Dieser führt euch wieder bergauf. Oben angekommen folgt ihr dem Fränkischen Gebirgsweg auf einem Pfad nach links und findet euch bald in einem magisch anmutenden Waldstück wieder. Besonders anziehend wirkt eine riesige alte Eiche, deren lange Äste den Weg schützend beschirmen. Ihr folgt dem Fränkischen Gebirgsweg geradeaus über eine Lichtung und gelangt auf den Rabensteiner Felsensteig, einen schmalen Pfad oberhalb steil abfallender Felswände, der sich zwischen Felsen hindurch und an kleinen Höhlen vorbeischlängelt. Ein herrlicher Weg, der euch viele wundervolle und romantische Eindrücke vermittelt. Am Ende des Felsensteigs steigt ihr über eine Treppe unterhalb der Burgbrücke hinauf zum Vorplatz der Burg Rabenstein. Diese im 12. Jahrhundert erbaute Burg wurde im Lauf der Zeit mehrfach zerstört und wieder aufgebaut. Ihr heutiges Aussehen verdankt sie der Umgestaltung für den Königsbesuch von Ludwig I. von Bayern im Jahr 1829, dem auch die

Ludwigshöhle ihren Namen verdankt. In der Burg werden Führungen angeboten, der wunderschöne Biergarten lädt zum Schlemmen und Verweilen ein. Und wenn ihr noch Zeit findet, lohnt es sich, der Greifvogelvorführung beizuwohnen.

Über das Schlupfloch und die Alte Veste nach Oberailsfeld

Von der Burg Rabenstein kommend folgt ihr eurem neuen Wanderzeichen, dem Blauen Kreuz des Markgrafenwegs, nach links Richtung „Oberailsfeld über Alte Veste". Nach einem sanften Beginn auf breitem Weg wird dieser zum schmalen und abenteuerlichen Felsenpfad. Zuletzt steigt ihr auf einem steilen, teilweise mit einem hölzernen Geländer gesicherten Weg hinunter ins Ahorntal. Dort erreicht ihr eine Straße, in die ihr mit dem Blauen Kreuz nach rechts einbiegt. Ihr überquert die Brücke und an dem folgenden Parkplatz könnt ihr den bunten Rennerfels bestaunen. Vom Parkplatz führt euch das Blaue Kreuz erneut über die Straße, dann auf einer kleinen Brücke über den Ailsbach und nach links den Hang hinauf, direkt zur Durchgangshöhle des mächtigen Schlupflochfelsens. Auch diese Durchgangshöhle ist besonders beeindruckend, wenn ihr euch einige Meter nach deren Durchquerung umdreht. Hinter dem Schlupfloch führt euch der Weg einen Hang hinauf zur Alten Veste. So unspektakulär ihre Geschichte ist – im Jahr 1400 erbaut und schon sechs Jahre später vermutlich aufgrund einer fehlenden Baugenehmigung zerstört – so grandios ist es, sich auf dem ehemaligen Burgareal auf Entdeckungstour zu begeben. Sowohl eine spannende Durchgangshöhle auf dem Plateau als auch ein regelrechter Felsengarten auf der Rückseite verleihen diesem verlassenen Ort eine geheimnisvolle Aura. Von der Alten Veste folgt ihr dem Blauen Kreuz immer weiter, bis es euch direkt nach Oberailsfeld führt.

Der Rückweg In Oberailsfeld biegt ihr bei der ersten Gelegenheit gegenüber dem Gasthaus Held-Bräu mit dem Blauen Kreuz nach links in die Straße ein und geht ein paar Meter hinüber zur Landstraße.

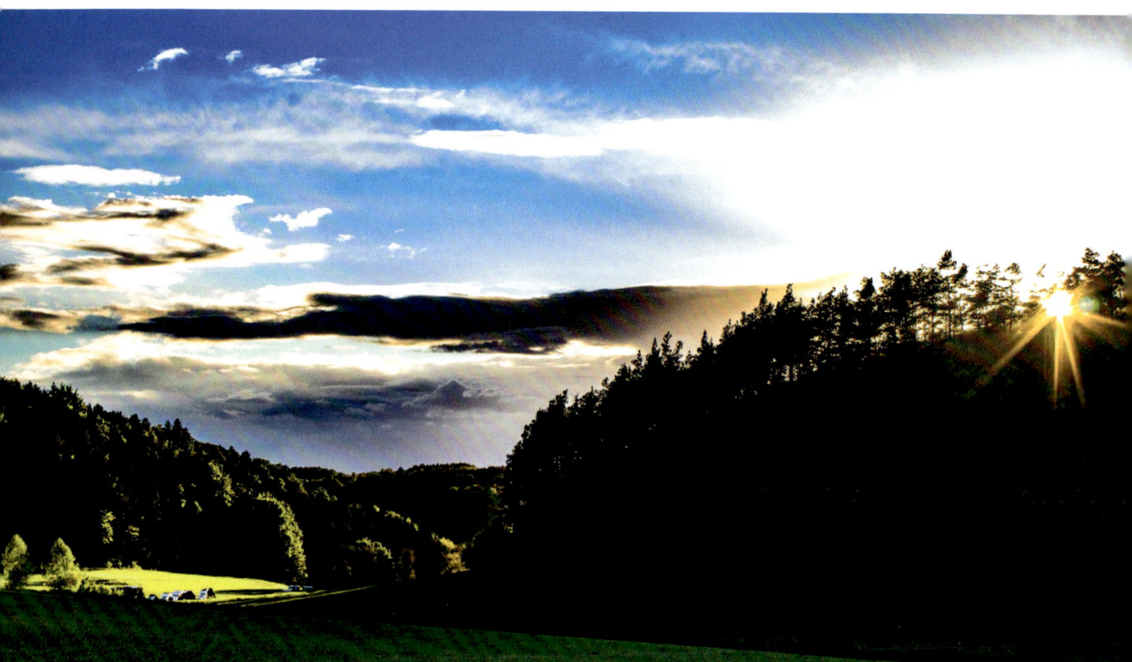

Die Goldene Stunde, gesehen von der Alten Handelsstraße zwischen Oberailsfeld und Tüchersfeld

Diese überquert ihr mit dem Blaukreuz und geht auf dem Schotterweg zwischen den Leitplanken hindurch über eine Brücke zu einem Wanderzeichenbaum. Dort findet ihr bereits die Beschilderung zurück nach Tüchersfeld. Ihr folgt der Beschilderung auf dem linken Weg, vorbei an der Brauerei Held nach oben entlang des Felsmassivs mit der Fahrradfahrerfigur. Ihr befindet euch nun auf der alten Handelsstraße nach Tüchersfeld. Wenn ihr die Anhöhe erklommen habt, wandert ihr an einem Flurkreuz vorbei aufs freie Feld. Zwischen Wiesen und Feldern windet sich der Weg hinunter in eine Senke und mit der Beschilderung nach Tüchersfeld auf einem Grasweg wieder hinauf zur Straße. In diese biegt ihr nach links ein und wandert bequem hinunter dem Wanderparkplatz Tüchersfeld entgegen.

Wissen für Angeber

Der Fahrradfahrer von Oberailsfeld Dieses Standbild auf dem Felsmassiv hoch über dem Ort Oberailsfeld trägt den Namen Claudius. Seit mehr als hundert Jahren steht er dort oben. Erlanger Studenten sollen ihn kurz nach dem Ersten Weltkrieg aufgestellt haben. Doch nicht als Studentenstreich. Die Erlanger Studenten fuhren mit ihren Fahrrädern gerne zur Neumühle im Ailsbachtal, um dort die schönen Seiten der Fränkischen Schweiz zu genießen. Der Fahrradfahrer Claudius diente ihnen dabei als Wegweiser.

KOMPASS

Wann wandern?
Am besten im Frühling und Sommer, wenn die Höhlen nicht wegen des Fledermausschutzes gesperrt sind.

Was beachten?
Es gilt auf dieser Wanderung unterhalb des Aussichtspunktes „Burg Rabenstein Blick" einen ungesicherten Felsensteig mit alpinem Flair zu bewältigen. Trittsicherheit und Schwindelfreiheit sind hier Pflicht.

Wo rasten?
Besonders gut rasten lässt es sich auf dem Aussichtsfelsen des Burgstalls Obertüchersfeld, auf der Bank im Kühloch und bei den Aussichtspunkten „Burg Rabenstein Blick" und „Parasol".

Wo einkehren?
Gasthaus Held Bräu in Oberailsfeld, Telefon 09242 295

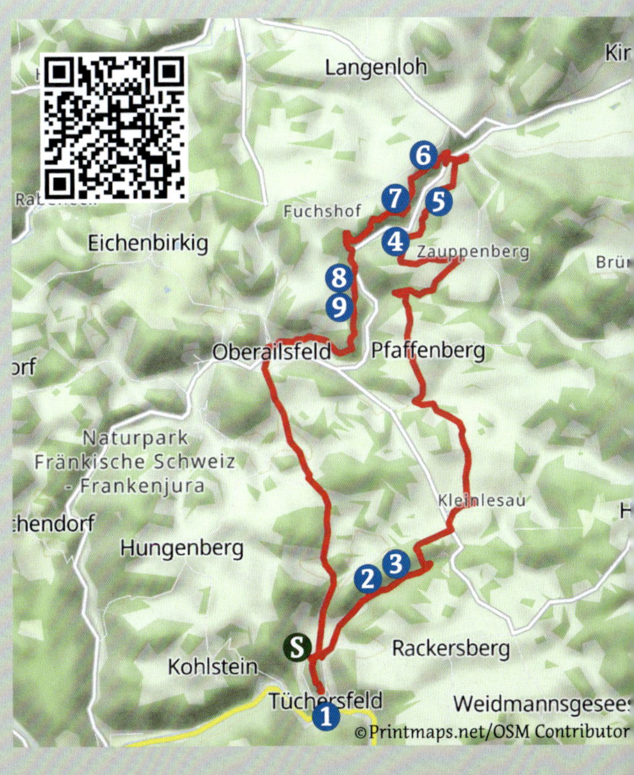

7

Burgen, Höhlen und wilde Wasser rings um Streitberg

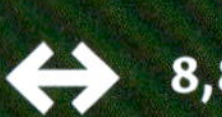 8,8 km

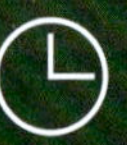 300 Hm

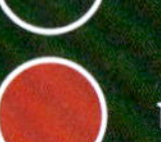 4 h

mittel

Eckdaten:

- Sonne/Schatten: überwiegend schattige Waldwege
- Start-/Endpunkt: Wanderparkplatz am Freibad, 91346 Streitberg
- Parkplatzgröße: Platz für viele Pkw (kostenlos)
- Taschenlampe: ja
- Handtuch: ja
- Buggy: nein

Die Burgruine Neideck ist das Wahrzeichen der Fränkischen Schweiz. Ihr gegenüber thront die Burgruine Streitburg über dem Ort Streitberg. Auf dieser Wanderung entdeckt ihr jedoch noch vieles mehr. Euch erwarten wundervolle Höhlen und einer der schönsten Wasserfälle der Fränkischen Schweiz.

Highlights:

1. Neideckgrotten
2. Burgruine Neideck
3. Schneiderloch und Muschelquelle
4. Burgruine Streitburg
5. Wedenbach-Wasserfall und Sinterstufen
6. Binghöhle
7. Prinz-Rupprecht-Pavillon
8. Aussichtspunkt Schönblick
9. Felsentor

Die Sage

Wie die Burgen Neideck und Streitburg zu ihren Namen kamen

Viele Jahrhunderte ist es her, da lebten in den zwei, sich direkt gegenüberliegenden Burgen hoch über dem Wiesenttal keine Menschen, sondern raffgierige und niederträchtige Riesen. Welche Namen diese Unholde ihren Burgen einst gaben, ist heute nicht mehr bekannt. Doch der Grund dafür, dass die eine Burg von den Bewohnern des Wiesenttals später Neideck und die andere Streitburg genannt wurde, wurde uns überliefert. Die Riesen der beiden Burgen hassten alles und jeden, nur nicht einander. Sie unterstützten sich gegenseitig nach Leibeskräften bei all ihren Untaten. Gemeinsam zogen sie durch die Dörfer des Wiesenttals, quälten und verspotteten die bedauernswerten Einwohner. Sie nahmen ihnen einen Großteil ihrer hart erarbeiteten Ernte und schlachteten auch noch das letzte Stück Vieh, dessen sie auf ihren Raubzügen habhaft werden konnten. Und immer teilten die Riesen ihre Beute gerecht untereinander auf.

Zwar hatten die Menschen schon mehrfach versucht, die beiden Burgen zu belagern und einzunehmen. Doch immer, wenn sich eine bewaffnete Menschenmenge auf den Weg hinauf zu einer der Burgen gemacht hatte, schleuderten die Riesen der gegenüberliegenden Burg Fels-

brocken auf die Belagerer, sodass keiner überhaupt die Mauern der belagerten Burg erreichte.
So ging das Plündern und Quälen der Riesen über viele Jahre. Schließlich rührte das Leid der Menschen, die so lange Zeit von den Riesen gepeinigt wurden, sogar die tief im Fels lebenden Berggeister. Sie entschieden, dem wüsten Treiben der Riesen ein Ende zu setzen. Und so traf sich der Rat der Berggeister in einer klaren Vollmondnacht und ersann eine List, um Uneinigkeit und Zwietracht unter den Riesen der beiden Burgen zu säen. Nur gegenseitig konnten die Schurken einander auslöschen. Sonst war dies keinem Wesen möglich. Zu stark und mächtig waren die Riesen. Die Berggeister erschufen herrlich funkelnde und glänzende Zauberedelsteine, packten diese in Säcke und karrten sie, als menschliche Händler verkleidet, durch das Wiesenttal.
Es dauerte nicht lange, da wurden die Riesen auf ihren Burgen der vermeintlichen Händler gewahr, gaben einander Rauchzeichen und stürmten mit viel Getöse hinunter ins Tal. Die Berggeister flüchteten, sobald sie die Riesen heranstürmen sahen, und diese machten sich über die Säcke auf dem Karren her. Schnell teilten sie die Säcke untereinander auf, ohne vorher hineinzusehen, und eine jede Gruppe machte sich auf den Heimweg hinauf zu ihrer Burg. Als sie dort die Säcke öffneten und die herrlich funkelnden Edelsteine darin erblickten, waren sie im ersten Moment regelrecht verzückt. Doch diese Begeisterung wich schnell der Enttäuschung. Denn die Berggeister hatten die Edelsteine so verzaubert, dass sie verschwanden, sobald sie berührt wurden. Die Riesen verstanden den Zauber natürlich nicht und wurden immer unzufriedener, neidischer und wütender. Übers Wiesenttal hinweg brüllten sie einander entgegen, dass sie vom jeweils anderen betrogen worden seien. Immer wüster wurden die Beleidigungen und Beschimpfungen, sodass die Riesen schließlich hinunter ins Tal stürmten und sich gegenseitig in einer grauenvollen Schlacht töteten. Nicht einer der Riesen blieb übrig. Und so war das Leid der Menschen im Wiesenttal beendet. Niemals wieder sollten sie von den Riesen unterdrückt werden. Die beiden Burgen erhielten jedoch die entsprechenden Namen Neideck und Streitburg, die den Neid und den Streit der Riesen widerspiegeln.

Burgruine Neideck

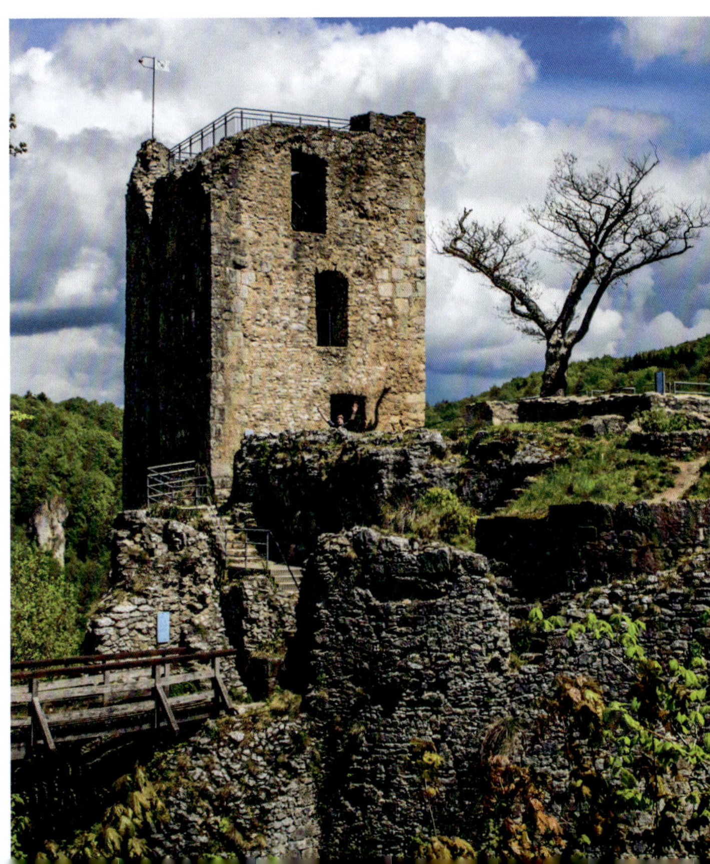

7

Die Wegbeschreibung

Zu den Neideckgrotten Vom Streitberger Parkplatz geht ihr rechts am Freibad entlang bis zum Badcafé. Direkt gegenüber öffnet sich der Wald und gibt den Blick auf den mit mehreren Wanderzeichen beschilderten Wanderweg hinauf zur Ruine Neideck frei. Das Wanderzeichen, das euch direkt hinaufführt und am häufigsten am Wegesrand vertreten ist, ist der Wiesenttal-Trail (ein geschwungenes grünes W mit dem blauen Schweif der Wiesent und dem Turm der Burgruine Neideck). Dieser Weg geht nach einem bequemen und sanften ersten Teil mit dem Wiesenttal-Trail nach links und in Kehren steil bergauf. Wenn ihr oben angekommen seid, biegt ihr mit dem Wiesenttal-Trail nach links ab. Nur ein paar Meter weiter stehen zwei Bänke und ein Wanderzeichenbaum. Da euch vor dem Besuch der Ruine Neideck noch ein Abstecher zu den faszinierenden Neideckgrotten erwartet, biegt ihr an dem Wanderzeichenbaum erst einmal mit dem Wiesenttal-Trail nach rechts ab. Schon nach 30 Metern weist euch bereits ein Schild den Weg rechts hinauf zu den Neideckgrotten. Der Pfad führt euch an massiven Felsen entlang und über alte Stufen nach oben. Und wenn sich dann über euch die Portale der Neideckgrotten öffnen, schlägt das Herz des Wanderers endgültig höher. Wie sehr hat sich doch der durchaus fordernde Aufstieg gelohnt. Im Winter bilden sich während längerer Kälteperioden herrliche Eiszapfen in den gewaltigen Portalbögen. Man kann sich gar nicht sattsehen an all der Pracht. In der rechten Grotte findet ihr weiter hinten sogar einige schönen Versinterungen. Ein besonderes Highlight ist der umwerfende Blick hinüber zur Burgruine Neideck. Direkt neben dem Aussichtspunkt erkennt ihr am Felsen einen Handlauf. Dieser führt euch auf einem sehr schmalen und steilen Steig direkt am Abhang

Blick von der Ruine Neideck ins Wiesenttal

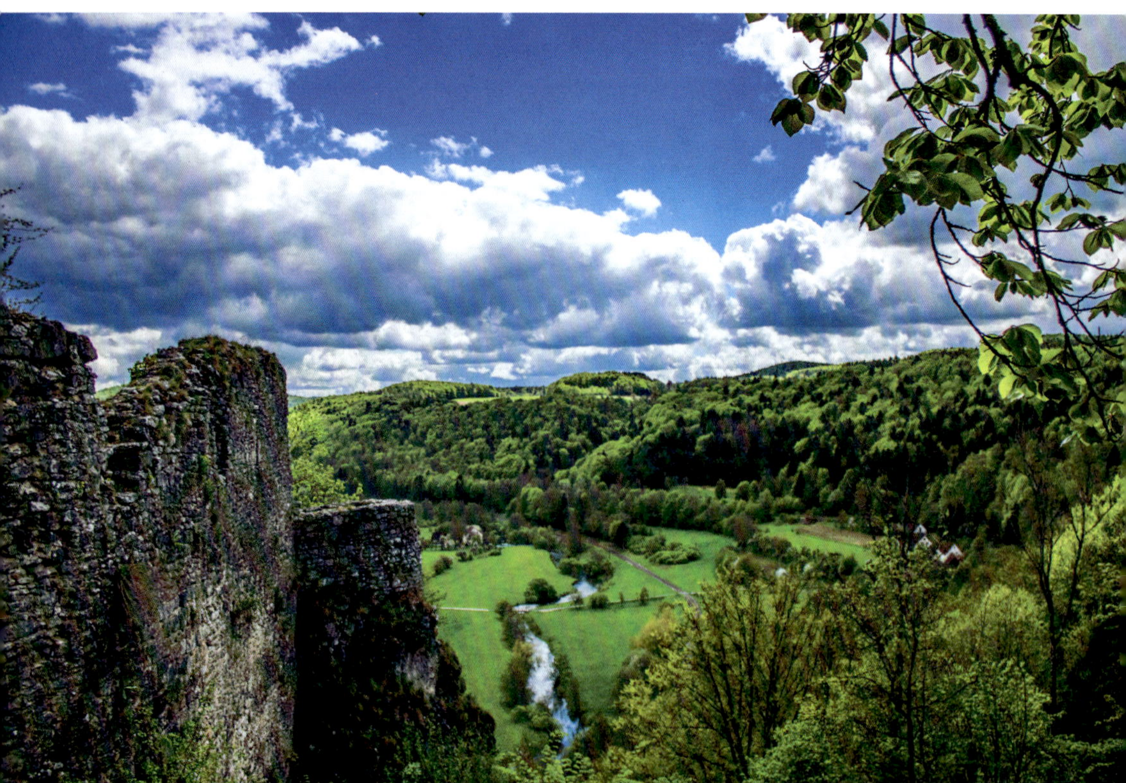

entlang und noch einer weiteren kleinen Grotte entgegen. Spannender als diese Grotte selbst ist der mit Wurzeln durchzogene Felsensteig. Für alle, die das Abenteuer lieben, ein herrlicher kurzer Nervenkitzel.

Zur Burgruine Neideck Von den Neideckgrotten kehrt ihr über den Felsenweg zurück zu den zwei Bänken und biegt nach rechts zur Burgruine Neideck ab. Schon nach kaum hundert Metern erreicht ihr linker Hand das Areal der wundervoll restaurierten Burgruine. 2008 wurde hier oben der Archäologische Park Neideck eröffnet. Es gibt einen Pavillon mit Geschichtstafeln. Das Fundament der Burg wurde gesichert und sogar der große Hauptturm ist nun geöffnet. Die Burg Neideck wurde im 12. Jahrhundert erbaut und im Zweiten Markgrafenkrieg 1553 zerstört und niedergebrannt. Sie wurde nie wieder aufgebaut. Stattdessen diente sie der Bevölkerung schon ab der zweiten Hälfte des 16. Jahrhunderts als Steinbruch. Hier oben gibt es viel zu entdecken, alles ist großartig beschildert. Und die Aussicht vom Hauptturm ins Wiesenttal ist atemberaubend. Aber Vorsicht, da oben kann es ganz schön winden.

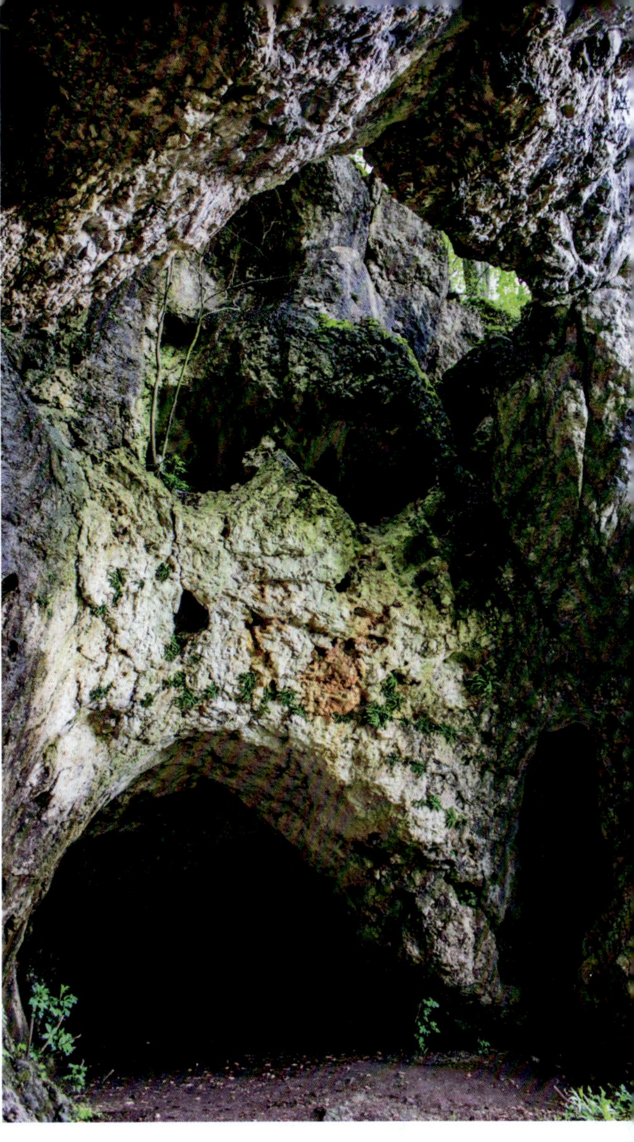

In den Neideckgrotten

Zum Schneiderloch und zur Muschelquelle Vom Eingangsbereich der Neideck wandert ihr mit dem Wanderzeichen Rotes Kreuz nach rechts hinunter ins Wiesenttal. Unten, kurz hinter einer Schranke, überquert ihr eine Kreuzung und geht mit der Beschilderung zum Haager Brunnen auf schmalem Pfad auf die Dächer des Gehöftes Haag zu. Von dort folgt ihr einfach der geteerten Straße über die Wiesent bis zur B 470 und überquert diese mit der Beschilderung Richtung Streitberg. Hinter der Straße geht ihr nach links den Hang hinauf und stoßt nach etwa 50 Metern auf euer neues Wanderzeichen. Das Grüne Kreuz wird euch nach links bis kurz vor das Schneiderloch und die Muschelquelle begleiten. Auf dem Talweg, auf dem ihr nun wandert, bieten sich euch immer wieder schöne Ansichten hinüber zur Burgruine Neideck. Ihr überquert mit dem Wanderzeichen ein Bächlein, steigt eine Treppe hinauf und folgt dem Grünen Kreuz nach links auf geschottertem Weg bis kurz vor einen Wanderparkplatz. Dann zweigt das Grüne Kreuz mit der Beschilderung Richtung Streitberg und Muschelquelle nach rechts in den Wald und den Hang hinauf ab. Auf malerischem Pfad gelangt ihr

7

an den Fuß einer gewaltigen Felswand. Hier biegt ihr mit dem Grünen Kreuz, dem Wegweiser zur Muschelquelle und Richtung Streitberg nach links ab. Nun wandert ihr immer geradeaus. Auch wenn der Grüne Punkt nach etwa 400 Metern an der Abzweigung zur Amselruh verschwindet, folgt ihr weiter dem Talweg und erreicht schließlich ein enges Felsental. Dominiert wird dieses von einer gewaltigen Kletterwand, an deren Fuß sich, umrahmt von langen Efeuranken, das geheimnisvolle Schneiderloch öffnet. In dem Tal findet ihr außerdem die von einem Quellhaus eingerahmte Muschelquelle, einen kleinen Spielplatz und ein Kneippbecken zum Erfrischen. Das wirklich Besondere an der Muschelquelle ist, wie das Wasser austritt. In dem sandigen Boden sprudelt es an einigen Stellen sanft nach oben. So sanft, dass man nur den Sand sieht, der sich immer wieder hebt und senkt. Ein einmaliger Anblick.

Zur Burgruine Streitburg Von der Muschelquelle folgt ihr dem Wanderzeichen des Frankenwegs und der Beschilderung zur Streitburg mit leichtem Anstieg ein Stück bis zur Straße. Diese überquert ihr nach links und folgt dann dem Frankenweg über eine Treppe den Hang hinauf. Oben angekommen führt euch der Frankenweg nach links bis zu einer Weggabelung mit Bank. Hier haltet ihr euch links und erreicht schon kurz darauf das eindrucksvolle Tor der Streitburg. Daneben empfängt euch das finstere, außerhalb der Fledermausschutzzeit geöffnete Lochgefängnis der Streitburg. Ganz schön unheimlich, wenn man sich vorstellt, wie Gefangene früher durch die enge Öffnung im Boden, das „Angstloch", in die kalte und nasse Grube im Fels abgeseilt wurden. Jede Menge Infotafeln verraten euch die dunklen Geheimnisse der Justiz im Mittelalter. Die Streitburg war einst eine große Burganlage, bevor sie im 19. Jahrhundert mangels finanzieller Mittel verlassen und als Steinbruch genutzt wurde. Besonders schön ist hier oben der erhöhte, über eine hölzerne Brücke erreichbare Aussichtspunkt am anderen Ende der Anlage. Wenn ihr ihn erklommen habt, genießt ihr einen wundervollen Blick ins Wiesenttal und hinüber zur Burgruine Neideck. Für ganz Mutige geht es nach dem mit einem Geländer gesicherten Aussichtspunkt noch hinüber auf ein Felsenplateau gegenüber dem Streitberger Schild, einem Respekt einflößenden Kletterfelsen.

Der Wedenbach-Wasserfall bei Tauwetter

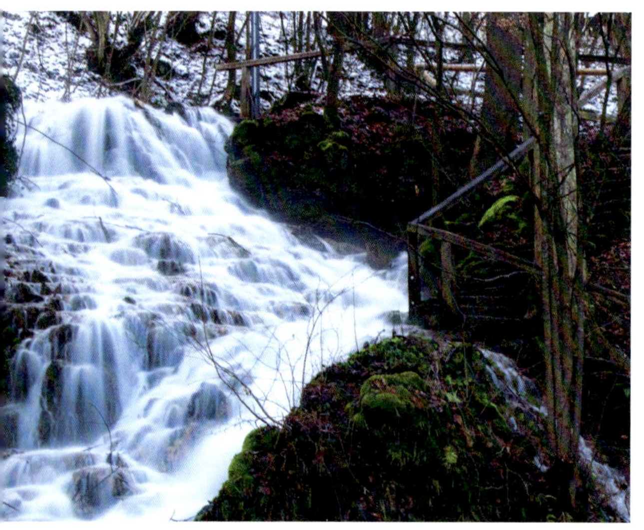

Abstecher zum Wedenbach-Wasserfall Von der Burgruine Streitburg kommend, folgt ihr dem Wanderzeichen des Frankenwegs und der Beschilderung zur Binghöhle auf geteerter Straße hinunter ins Schauertal. Unten geht es mit dem Frankenweg noch ein paar Meter auf der Straße nach rechts. Dann biegt ihr dem Rauschen und der Beschilderung der Sinterstufen und des Wasserfalls folgend nach links ab. Das

Rauschen und Plätschern wird lauter und intensiver. Schon nach wenigen Metern steht ihr an der oberen Kante des Wedenbach-Wasserfalls mit seinen bezaubernden Sinterstufen. Im Winter, wenn der Schnee auf der Höhe langsam taut, wird der kleine zum großen Wasserfall und fasziniert mit seinen vielen Kaskaden. Hier bahnt sich der Bach seinen Weg über scheinbar unzählige kleine Terrassen. Es fließt und spratzelt, es gurgelt und strömt. Der Bach fließt munter weiter und passiert, immer vom Weg begleitet, das dicht bewachsene Wasserrad der ehemaligen Wedenmühle.

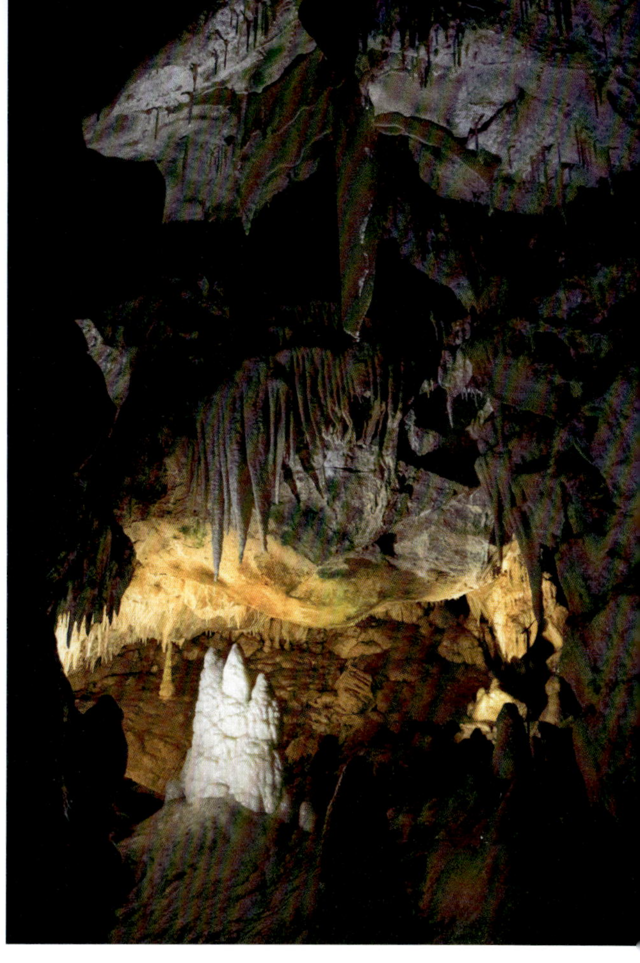

Die Kristallgrotte in der Binghöhle

Über die Binghöhle zum Prinz-Rupprecht-Pavillon Wenn ihr die Sinterterrassen des Wedenbachs und seinen Wasserfall ausgiebig genossen habt, kehrt ihr nach oben ins Schauertal zurück und folgt der Beschilderung über den unteren Höhlen-Parkplatz nach links oben zur Binghöhle. Euer Wanderzeichen ist nun der Schwarze Ring. Ihr überquert nach links den oberen Parkplatz der Binghöhle und wandert mit dem schwarzen Ring auf geteertem Hangweg, vorbei am Höhlenausgang und am imposanten Langenstein, durch den Wald hinüber zum Eingangsbereich der Binghöhle. Auf dem Weg bietet sich euch ein toller Blick hinüber zur Ruine der Streitburg und zum Streitberger Schild. Dann erreicht ihr den Eingang der Binghöhle, einer der schönsten Schauhöhlen der Fränkischen Schweiz. Besonders die atemberaubend schönen Tropfstein-Galerien mit ihren vielfältigen Erscheinungsbildern begeistern die staunenden Besucher. Mehr zu den Öffnungszeiten und Preisen erfahrt ihr unter www.binghoehle.de. Von der Binghöhle folgt ihr weiter der Beschilderung Richtung Pavillon. Ihr wandert nach unten und gelangt an eine Weggabelung. Hier wandert ihr mit der Beschilderung zum Pavillon und mit dem Grünen Ring geradeaus nach oben und durchquert bald eine fantastische Felsenschlucht. Dahinter folgt ihr dem Grünen Ring nach rechts in Kehren auf einem wundervollen Steig nach oben zum Prinz-Rupprecht-Pavillon, der einen wundervollen Blick hinüber zur Burgruine Neideck bietet und zum Verweilen einlädt.

Zum Felsentor Hinter dem Prinz-Rupprecht-Pavillon folgt ihr dem Frankenweg nach links bis zu einer Weggabelung. Hier biegt ihr mit dem Grünen Ring und der Beschilderung „Streitberg ü. Schönblick-Felsentor“ nach links ab. Es geht vorbei an einer Sitzgruppe und dann mit dem

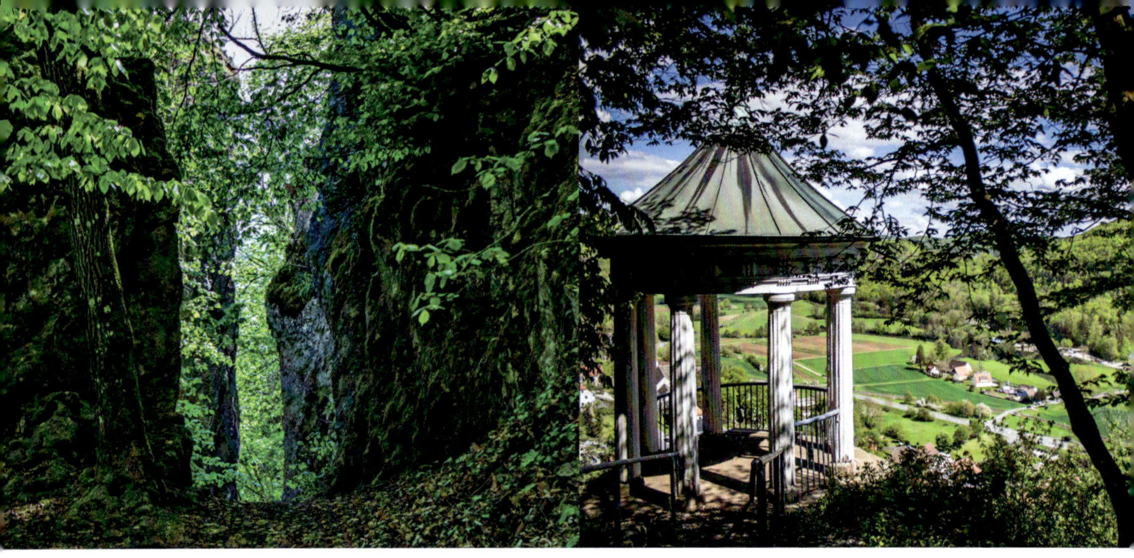

Felsenschlucht auf dem Weg zum Prinz-Rupprecht-Pavillon

Grünen Ring und der Beschilderung „Schönblick-Felsentor“ scharf nach links unten. Erneut befindet ihr euch auf einem traumhaft schönen, schmalen Pfad, der euch nach unten zum Aussichtspunkt Schönblick führt. Von dort könnt ihr bei klarer Sicht weit über das Walberla hinaus ins Land schauen. Linker Hand seht ihr bereits die gewaltigen Türme des Felsentors. Zu diesem sind es vom Schönblick kommend mit dem Grünen Ring nach rechts nur noch 200 Meter. Einfach gewaltig, wie sich die zwei Felsgiganten, zwischen denen der Weg über eine steile und mit Geländer gesicherte Treppe nach unten führt, in den Himmel erheben.

Das Felsentor

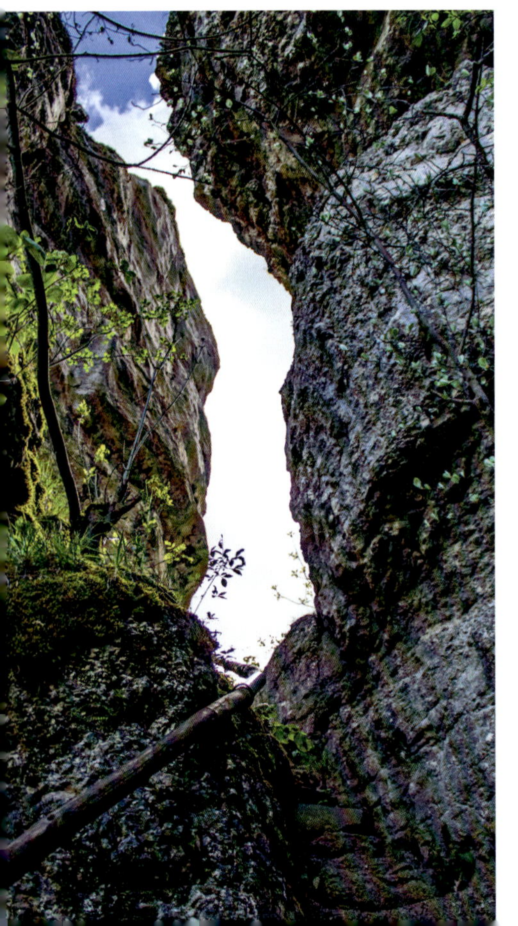

Der Rückweg Hinter dem Felsentor führt euch der Grüne Ring noch ein Stück an beeindruckenden Felswänden entlang und dann hinunter an den Ortsrand von Streitberg. Ihr folgt dem Grünen Ring und dem Frankenweg geradeaus und dann nach rechts auf dem Höhlenweg in den Ort. Dort gelangt ihr auf den Dorfplatz, in den ihr nach rechts einbiegt. Geradeaus gelangt ihr nach unten zur B 470, die ihr an der Ampel überquert. Auf der Dorfstraße passiert ihr die Wiesent. Von der Brücke aus bietet sich euch links noch einmal das herrliche Panorama mit der auf dem Felsen thronenden Burgruine Neideck, im Hintergrund die gegenüberliegenden Felswände des Wiesenttals, und am Fuß der Hänge die mäandernde Wiesent, die wild und ungebremst über ein Wehr strömt. Einfach wunderschön. Bei der nächsten Gelegenheit biegt ihr nach links in die Straße „Am Freibad“ ein und kehrt zum Parkplatz zurück.

Wissen für Angeber

Streitberger Höhlenlehm **Wenn ihr vom Wedenbach-Wasserfall Richtung Binghöhle wandert, führt nach ein paar Metern Aufstieg rechts am Hang ein schmaler Trampelpfad durchs Gebüsch und etwa 50 Meter hinüber an den Fuß der gewaltigen Schauertalfelsen. Dort empfängt euch das Portal der sehr lehmigen Fangohöhle. Ihren Namen verdankt sie der Tatsache, dass der darin gefundene Lehm in den 30er und 40er Jahren des 20. Jahrhunderts abgebaut und als sogenannter Höhlenfango verkauft wurde. Dem Streitberger Heil-Höhlen-Fango wurden nahezu unbegrenzte heilende Eigenschaften zugeschrieben. Mit Beginn des Zweiten Weltkriegs wurde der recht erfolgreiche Vertrieb des Streitberger Heil-Höhlen-Fangos eingestellt.**

KOMPASS

Wann wandern?

Ganzjährig. Im Winter entfaltet die Landschaft einen besonderen Zauber. Dafür könnt ihr im Sommer die Höhlen begehen.

Was beachten?

Besonders im Winter kann es auf dem Steig hinauf zu den Neideckgrotten sehr glatt und rutschig werden. Während der Fledermausschutzzeit vom 1.10. bis 31.03. dürfen die Höhlen in den Neideckgrotten und das Schneiderloch nicht betreten werden. Doch das ist nicht so schlimm. Schließlich sind die weit geöffneten Höhlenportale der Neideckgrotte die eigentliche Sensation.

Wo rasten?

Rastgelegenheiten findet ihr in den Neideckgrotten, auf der Burgruine Neideck, bei der Muschelquelle, auf der Burgruine Streitburg und beim Prinz-Rupprecht-Pavillon.

Wo einkehren?

Streitberger Imbiss, Telefon 0173 9278267

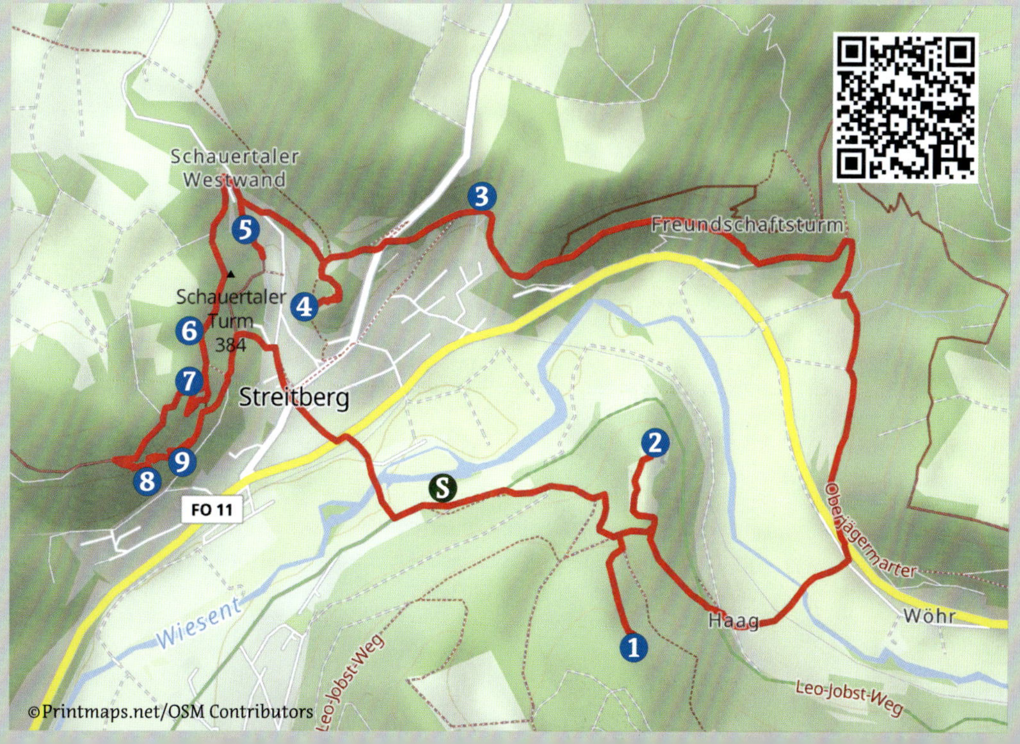

8

Zu den Tropfsteinhöhlen zwischen Muggendorf und Streitberg

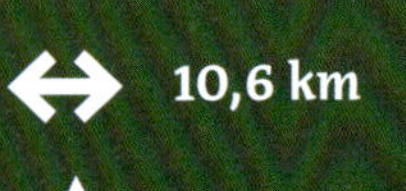
10,6 km

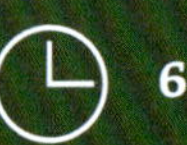
530 Hm

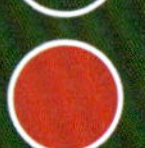
6–7 h*

mittel

Eckdaten:

- **Sonne/Schatten: größtenteils schattige Waldwege**
- **Start-/Endpunkt: Parkplatz am Bahnhof, 91346 Muggendorf**
- **Parkplatzgebühren: kostenlos**
- **Festes Schuhwerk: ja**
- **Taschen-/Stirnlampe: ja**
- **Helm: Für die sichere Befahrung der Schönsteinhöhle mehr als empfehlenswert**
- **Handtuch: ja, für die Kneipp-Anlage, die euch am Ende der Wanderung erwartet**

*** Zeitangabe inkl. ausgiebiger Besichtigung der Höhlen**

Die Hänge des Wiesenttals bieten einige der schönsten Naturschauspiele der Frankenalb. Diese Wanderung zwischen den Orten Muggendorf und Streitberg führt euch zu einigen ganz besonders faszinierenden Orten.

Highlights:

1. Rosenmüllerhöhle
2. Aussichtspunkt Brunhildenstein
3. Aussichtspunkt Burgblick
4. Brunnsteinhöhle
5. Schönsteinhöhle
6. Schwingbogen
7. Aussichtspunkt Klararuh
8. Felsenschlucht

Die Sage

Die Müllerstochter und der Räuberhauptmann Im Wiesenttal bei Muggendorf stand vor vielen Jahren eine kleine Mühle. Dort lebte und arbeitete ein Müller mit seiner Familie. Er hatte drei Töchter, von denen eine lieblicher war als die andere.

Besonders wertvoll war dem Müller seine jüngste Tochter, ein Mädchen, dessen Anmut und Schönheit weit über das Wiesenttal hinaus bekannt waren. Weil er das Mädchen so sehr liebte, verbot er ihm, im nahen Wald Beeren und Pilze zu sammeln. Nun muss man wissen, dass der Wald zu dieser Zeit bei Weitem noch nicht so bequem zu durchwandern war, wie er es heute ist. Er war damals vielmehr ein undurchdringlicher und unwirtlicher Urwald, der demjenigen, der ihn betrat, nichts als Anstrengung und Gefahr zu bieten hatte. Neben

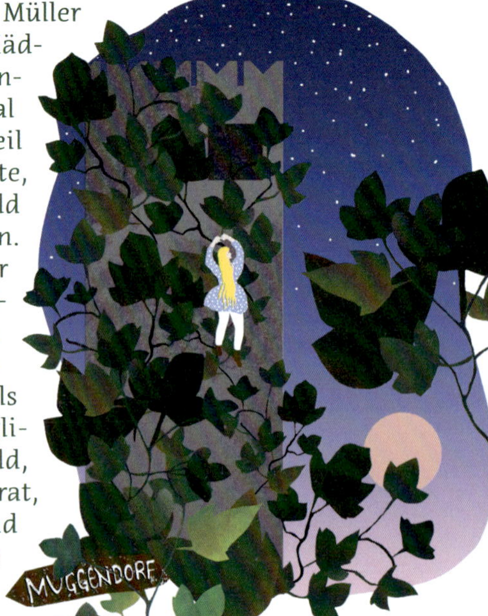

wilden Tieren wie Wölfen und Bären lebte im tiefen und dunklen Wald allerlei Diebesgesindel. Immer wieder ermahnte der Müller seine jüngste Tochter, dem dichten Grün möglichst fernzubleiben. Doch sie folgte ihm nicht.
Und so geschah es, dass sich das Töchterlein eines Tages, als der Müller bis über beide Ohren in Arbeit steckte und abgelenkt war, heimlich in den Wald schlich und auf Entdeckungsreise ging. Sie bemerkte gar nicht, dass sie sich tatsächlich bald im Wald verlaufen hatte. Angst packte sie und in ihrer Panik rannte sie in der aufziehenden Dunkelheit immer tiefer in den Wald.
Da sah sie zwischen den Bäumen ein Licht glimmen, auf das sie zuhielt. Bald stand sie vor einem mit dichten Efeuranken umwucherten Schloss mitten auf einer Lichtung im Wald. Erschöpft und hungrig trat sie durch das weit geöffnete Schlosstor in den leeren Innenhof. Sie ging weiter und gelangte in einen hell erleuchteten, menschenleeren Speisesaal. Auf der Tafel standen allerlei frisch zubereitete Speisen. Hungrig und durstig, wie sie war, setzte sie sich sogleich und begann gar fürstlich zu speisen. Nachdem sie sich satt gegessen hatte, legte sie sich auf eines der Sofas in dem großen Saal und schlief ein. Doch ihr Schlaf währte nicht lange. Schon kurz nachdem sie sich zur Ruhe gebettet hatte, wurden die Türen des Saales aufgestoßen und herein trat eine ganze Horde finster dreinblickender Gesellen. Ihnen voran jedoch schritt ein gut aussehender junger Mann. Dieser ging geradewegs auf das vom Lärm erwachte und vor Angst zitternde Mädchen zu. Mit galantem Schwung lüftete er den breiten Hut, der mit allerlei bunten Federn geschmückt war, und stellte sich als Räuberhauptmann vor. Von Panik ergriffen schlug die Müllerstochter nach dem Jüngling und kratzte ihm dabei mit ihren Fingernägeln tief in die Wange. Noch bevor sie aufspringen und flüchten konnte, wurde sie von kräftigen Händen gepackt, fortgezogen und in ein kleines Zimmer ganz oben in einen der Schlosstürme gesperrt. Dort weinte sie bitterlich und beklagte ihr Schicksal. Doch schon bald wichen die Angst und die Trauer der Wut und dem unbändigen Willen nach Freiheit. Und so fasste sie sich schließlich ein Herz und stieg todesmutig an den dichten Efeuranken, die auch den Turm, in dem sie gefangen war, umschlossen, hinab. Der Morgen graute bereits und so gelang es ihr schließlich, den Weg aus dem Wald und zurück zur väterlichen Mühle zu finden. Dort angekommen berichtete sie sogleich von dem Erlebten. Der Müller war überglücklich, dass seine Tochter der Räuberbande entwischt war, waren es doch diese Räuber, die die Gegend rund um Muggendorf schon seit Monaten unsicher machten. Doch zuerst einmal sollte sich die Tochter ausruhen, bevor die Familien hinüber nach Muggendorf fahren und die Neuigkeiten dem dortigen Vogt melden wollte.
Später am Tag, das Mädchen schlief noch, klopfte es an die Tür der Mühle. Der Müller öffnete, und ein vornehm gekleideter Jüngling stand davor. Er erzählte, er hätte von der Schönheit der Müllerstochter gehört und sei von weit her angereist, um sie zu freien. Das Mädchen – durch das Gespräch erwacht – erkannte den Jüngling anhand der tiefen Wunde auf der Wange sofort als Räuberhauptmann. Der Müller warf die Tür zu und verriegelte diese. Doch der Räuberhauptmann war nicht allein

8

gekommen. Aus dem Wald sprangen seine Spießgesellen und begannen, die Mühle zu belagern. Zu gefährlich war es der Räuberbande, dass das Mädchen nun ihr Versteck kannte. Mit Säbeln und Keulen schlugen die Bösewichte gegen die Tür und die Fenster und schleuderten schließlich brennende Fackeln auf das mit Stroh gedeckte Dach der Mühle. Bald ergriffen die Flammen das Gebälk und züngelten gierig hinunter in die Stube. Der Rauch des Feuers lenkte die Aufmerksamkeit der Muggendorfer auf das Wiesenttal. Sogleich machte sich der Vogt mit einer großen Schar seiner Soldaten auf den Weg, um das Feuer zu löschen. Wie überrascht waren sie, als sie an der Mühle auf die verdutzten Räuber stießen, die ganz und gar nicht auf einen Kampf mit gut ausgebildeten Soldaten vorbereitet waren. So war es den Berittenen ein Leichtes, das Diebesgesindel mit Piken zusammenzutreiben und die Eingeschlossenen zu befreien. Die Räuber wurden nach Muggendorf getrieben, wo ihnen schnell der Prozess gemacht wurde. Die Familie des Müllers aber erhielt die Belohnung, die auf die Räuber ausgesetzt war, konnte mit dem Geld eine neue Mühle bauen und in dem nun friedlichen Tal ein langes und sorgenfreies Leben führen.

Die Wegbeschreibung

Zur Rosenmüllerhöhle Vom Wanderparklatz am Muggendorfer Bahnhof überquert ihr auf der geteerten Brücke die Wiesent nach links und geht über die Forchheimer Straße in den schönen Ort Muggendorf hinein. Schon bald gabelt sich die Forchheimer Straße. Ihr haltet euch links und geht auf dem Oberen Markt, vorbei an einigen hübsch anzusehenden Häusern, weiter nach oben. Nach etwa hundert Metern weist euch ein Schild den Weg zur 1,2 Kilometer entfernten Rosenmüllerhöhle mit dem Wanderzeichen Roter Längsstrich nach links. Hier lohnt es sich, besonders für Familien mit Kindern, kurz innezuhalten und zu verschnaufen. Denn es geht auf dem Schmiedsberg weiter bergauf. Wenn ihr die Ortsgrenze passiert habt und die geteerte Straße in einen Waldweg übergeht, wird es noch ein bisschen steiler. Doch statt zwischen gemauerten Häusern trägt euch der Weg nun auf einer wunderschönen Lindenallee weiter nach oben. Besonders beein-

Das Portal der Rosenmüllerhöhle

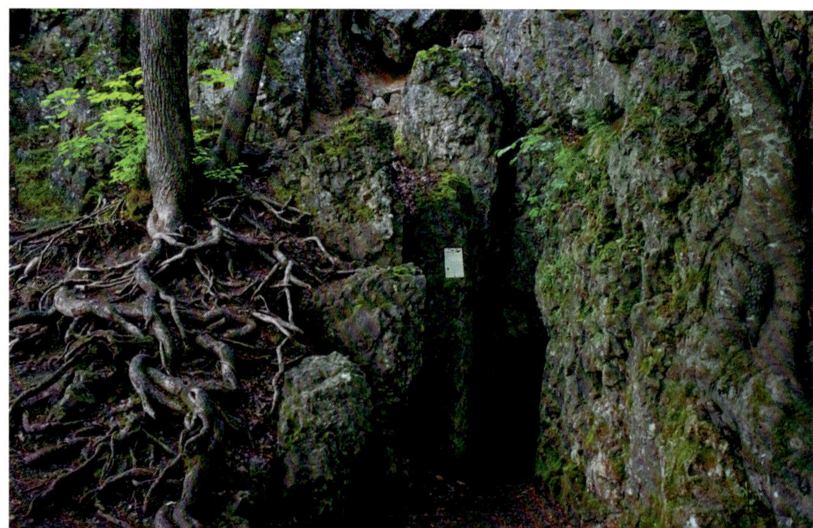

druckend ist einer der ersten Bäume in der Reihe. Er ist völlig ausgehöhlt und trotzt, wer weiß wie lange schon, Wind und Wetter. Ein echtes kleines Wunder, das uns die Kraft und Stärke der Natur unmittelbar vor Augen führt. Nach etwa hundert Metern auf dem Waldweg gelangt ihr nach links auf eine Lichtung. Zwei Wege führen nach links. Der Weg, der mit dem Roten Längsstrich über eine Treppe nach oben führt, trägt euch später, nach dem Besuch der Rosenmüllerhöhle, hinüber Richtung Streitberg. Doch zuerst folgt ihr dem ganz links gelegenen Weg, der nach wenigen Metern zum schmalen, von Wurzeln durchzogenen Pfad wird und euch am Fuß gewaltiger Felsen hinüber und hinauf zur Rosenmüllerhöhle führt. Schon dieser Pfad vermittelt eine großartige und wildromantische Atmosphäre. Und dann erreicht ihr – die letzten Meter sind ganz schön steil – das beeindruckende Portal der Rosenmüllerhöhle. Fantastisch, wie sich der künstlich geschaffene Zugang in den Fels windet. Vormals war die Höhle nur über einen in mehr als zehn Metern Höhe gelegenen Schacht erreichbar. Von innen könnt ihr das dort spärlich hindurchfallende Tageslicht ausmachen. Vorbei an einem Baum, der sich mit seiner knorrigen Wurzel an den Fels klammert, wird der Weg zu einem schmalen Durchlass, der euch in die Dunkelheit führt. Nach wenigen Metern öffnet sich vor euch eine gewaltige Halle, in der eine Treppe mit Geländer, das Platz für jede Menge Teelichter bietet, hinauf zur Galerie führt. Von dort oben bietet sich euch ein grandioser Blick auf den mit wunderschönen Tropfsteingebilden geschmückten Höhlenhimmel. Die Rosenmüllerhöhle ist wirklich ein ganz besonderes Kleinod in der Fränkischen Schweiz, das auch entsprechend genossen werden sollte. Es gibt viel zu entdecken. Zum Beispiel führt von der Galerie ein schmaler Gang noch etwas tiefer in den Berg. Hier kommt echtes Forscherfeeling auf.

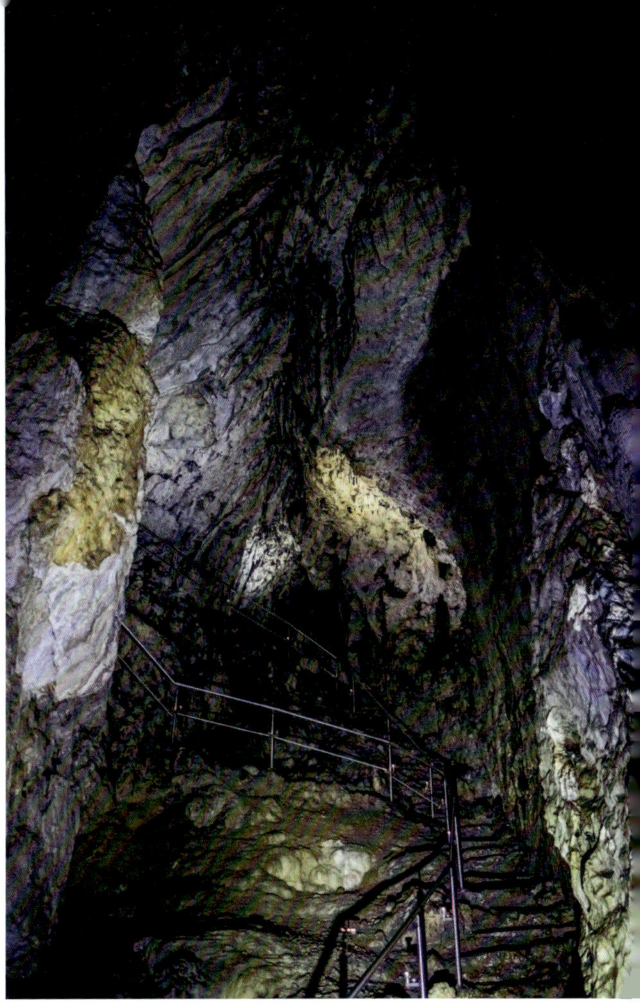

In der Rosenmüllerhöhle

Zu den Aussichtspunkten Brunhildenstein und Burgblick Von der Rosenmüllerhöhle kehrt ihr auf dem schmalen Pfad zur Lichtung zurück und steigt mit dem Wanderzeichen Roter Längsstrich und der Beschilderung zum Brunhildenstein nach links die lange Treppe hinauf. Dieses Wanderzeichen wird euch für gut drei Kilometer begleiten. Es führt euch weiter hinauf, oben über einen herrlichen Gratweg und vorbei an dem kurz nach links abzweigenden Aussichtspunkt Brunhil-

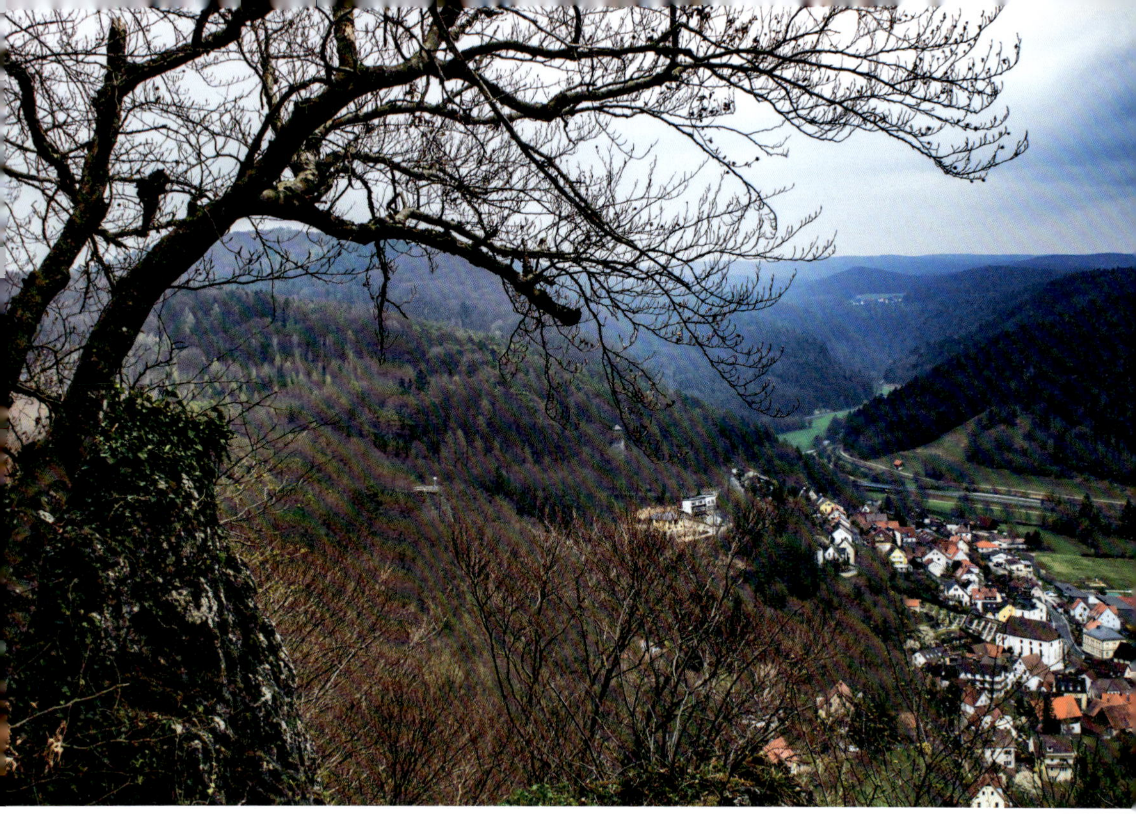

Blick auf Muggendorf

denstein. Dieser ist mit Geländer befestigt und bietet mit einer Bank eine gute Gelegenheit für eine kurze Rast. Vom Brunhildenstein kehrt ihr zurück zum Roten Längsstrich und wandert auf bequemen Waldwegen weiter nach links. Ein gutes Stück weiter zweigt nach links ein Pfad mit der Beschilderung zum Aussichtspunkt Burgblick ab. Dieser führt euch etwa 150 Meter weiter zu einem schön gelegenen Rastplatz mit herrlichem Blick hinüber zur Burgruine Neideck, einem der Wahrzeichen der Fränkischen Schweiz.

Zur Brunnsteinhöhle Vom Aussichtspunkt Burgblick kehrt ihr zurück zum Wanderweg und folgt dem Roten Längsstrich nach links. Schon etwa 50 Meter weiter gabelt sich der Weg. Ihr verlasst nun den Roten Längsstrich und wandert ohne Wanderzeichen weitere 500 Meter geradeaus. Dann gabelt sich der Weg erneut. Hier biegt ihr mit dem Wanderzeichen Blauer Ring nach rechts oben ab. Schon bald erreicht ihr das gewaltige Felsmassiv, das die Brunnsteinhöhle, die Schönsteinhöhle und den Schwingbogen beherbergt. Am Fuß des Massivs zweigt neben einem mit dem Wanderzeichen Blauer Ring geschmückten Baum ein Pfad nach rechts zu den Felsen ab. Am Eck des Massivs begrüßt euch zuerst eine gewaltige Säule, die einen fast schon hallenartigen Durchgang im Felsen geschaffen hat. Wenn ihr an der linken Flanke weiter nach oben geht, vorbei an einem moosbedeckten Felswürfel, haltet ihr direkt auf einen hohen, spitz zulaufenden Spalt zu. Der Eingang zur Brunnsteinhöhle liegt direkt daneben und ist so niedrig, dass ihr beim Betreten den Kopf einziehen müsst. Sogleich geht es ein Stück nach oben, wo sich rechts von euch ein gewaltiges Portal im Fels auftut, durch das der Vorhof, in dem ihr euch soeben befindet, mit Sonnenlicht geflutet wird. Alles leuchtet in sattem Grün. Rechts gelangt ihr in einen großen Höhlenraum, an dessen rechter Seite oben ein weiterer Ausgang ein wenig Licht ins Dunkel lässt. Auf der anderen Seite der Höhle lassen sich mit der Taschenlampe wundervolle kleine und große Höhlenwunder entdecken. Besonders schön ist es, die Brunnsteinhöhle in aller Ruhe zu erkunden. Ein eigenartig angenehmes Gefühl überkommt einen, wenn man durch die Höhle wandelt. Dieser Ort strahlt uralte Gelassenheit und Größe aus.

Zur Schönsteinhöhle Wenn ihr aus der Brunnsteinhöhle heraustretet, führt ein schmaler, unmarkierter Pfad unterhalb des Massivs nach rechts und bei der nächsten Gelegenheit ein paar Meter scharf nach rechts hinauf. Dort, ein wenig im Fels versteckt, erwartet euch das schmale, in etwa 1,5 Metern Höhe gelegene Portal der Schönsteinhöhle. Eine Eisentür, die im Winter verschlossen ist, sichert den Zugang. Die Schönsteinhöhle gehört zu den bekanntesten Höhlen der Fränkischen Schweiz. Sie bietet mit gut 600 Metern Höhlengängen ein außergewöhnliches Entdeckererlebnis, das in voller Länge ausschließlich mit einem erfahrenen und ortskundigen Höhlenführer gestartet werden sollte. Im Inneren der Schönsteinhöhle hat sich nämlich schon so manches Drama abgespielt. Ein Labyrinth von Gängen und sich plötzlich öffnenden, bis zu zwölf Meter tiefen Abgründen hinab zu weiteren der insgesamt drei Höhlenebenen lassen aus Spiel schnell gefährlichen Ernst werden. Wir empfehlen euch, dem schmalen Gang nur in die erste Große Halle zu folgen. Dort gibt es auch schon jede Menge zu entdecken. Ein riesiger weißer Tropfstein thront in der Mitte. Rechts und links zweigen Tunnel ab, in die auch ein vorsichtiger Blick geworfen werden kann.

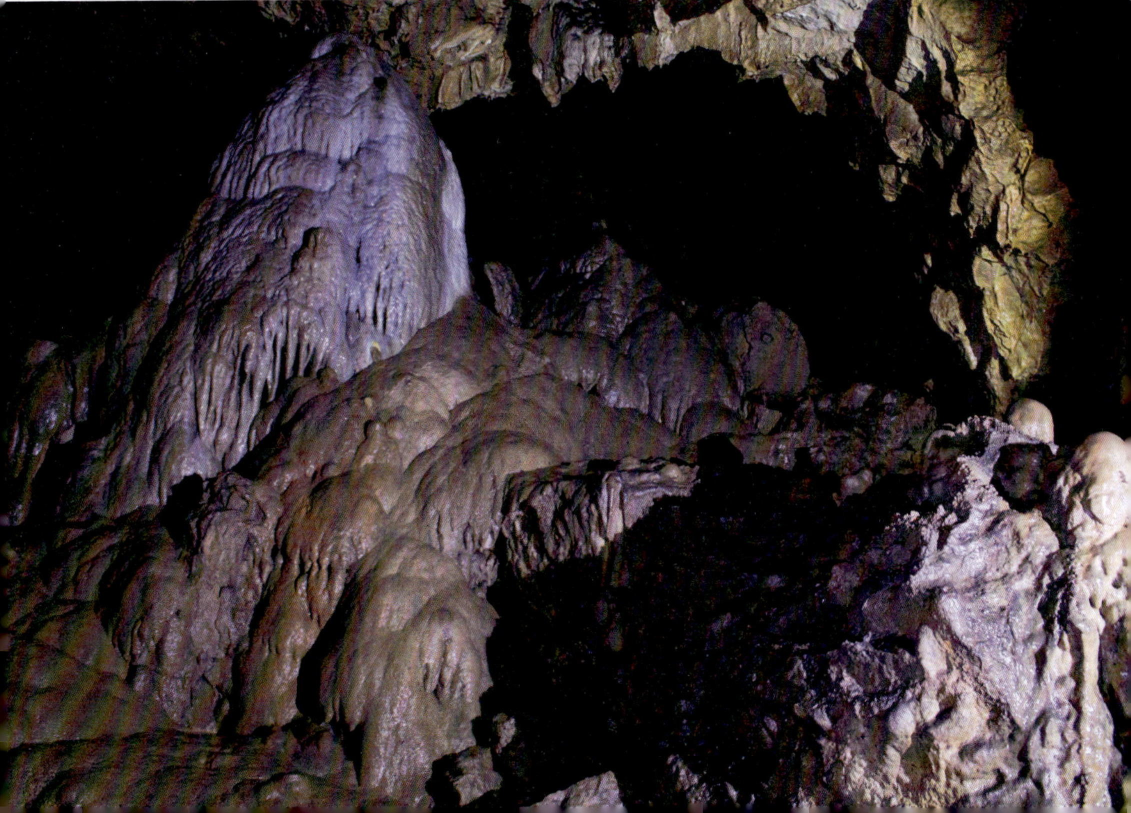

In der Schönsteinhöhle

8

Zum Schwingbogen Vom Portal der Schönsteinhöhle geht ihr ein Stück weiter und seht oben rechts schon den gewaltigen Schwingbogen emporragen. Je näher ihr dieser beeindruckenden Felsformation kommt, desto imposanter wird der Anblick. Besonders die steil abfallende Rückseite des Haupttors wirkt bei richtigem Licht wie das Portal zu einer anderen Welt. Einfach atemberaubend.

Zum Aussichtspunkt Klararuh Unterhalb des Schwingbogens haltet ihr euch links und geht hinüber zu dem Pavillon, der mit seinen vielen Sitzplätzen der perfekte Ort für eine kurze Rast ist. Hier könnt ihr die großartigen Höhlenerlebnisse noch einmal Revue passieren lassen, bevor ihr dem schmalen Pfad rechts des Pavillons nach unten ins Lange Tal folgt. Dort mündet der Pfad in einen Schotterweg, in den ihr nach rechts einbiegt. Vor euch seht ihr einen kleinen Parkplatz, den ihr nach links umrundet. Mit dem Wanderzeichen Blauer Ring wandert ihr auf dem breiten Schotterweg durchs Lange Tal bergab. Bei der nächsten Gelegenheit biegt ihr mit dem Wanderzeichen des Wiesenttal-Gebirgstrails (ein geschwungenes grünes W mit dem blauen Schweif der Wiesent und dem Turm der Burgruine Neideck) nach rechts oben ab und verlasst das Tal. Der Wiesenttal-Gebirgstrail macht eine scharfe Rechtskurve. Etwa 300 Meter weiter verlasst ihr den Wiesenttal-Gebirgstrail, der geradeaus zum Guckhüll führt, ohne erkennbares Wanderzeichen nach links oben. Nach gut 50 Metern weist euch ein hölzernes Schild an einem Wanderzeichenbaum den Weg nach links hinunter zum Aussichtspunkt Klararuh und in die Felsenschlucht. Auf immer schmaler werdendem Pfad wandert ihr nun hinab und an Felsen vorbei. Rechts von euch erkennt ihr bald ein hölzernes Geländer. Wenn ihr dort hinüber geht, gelangt ihr auf einen Grat, auf dem euch eine Stelle erwartet, an der ihr

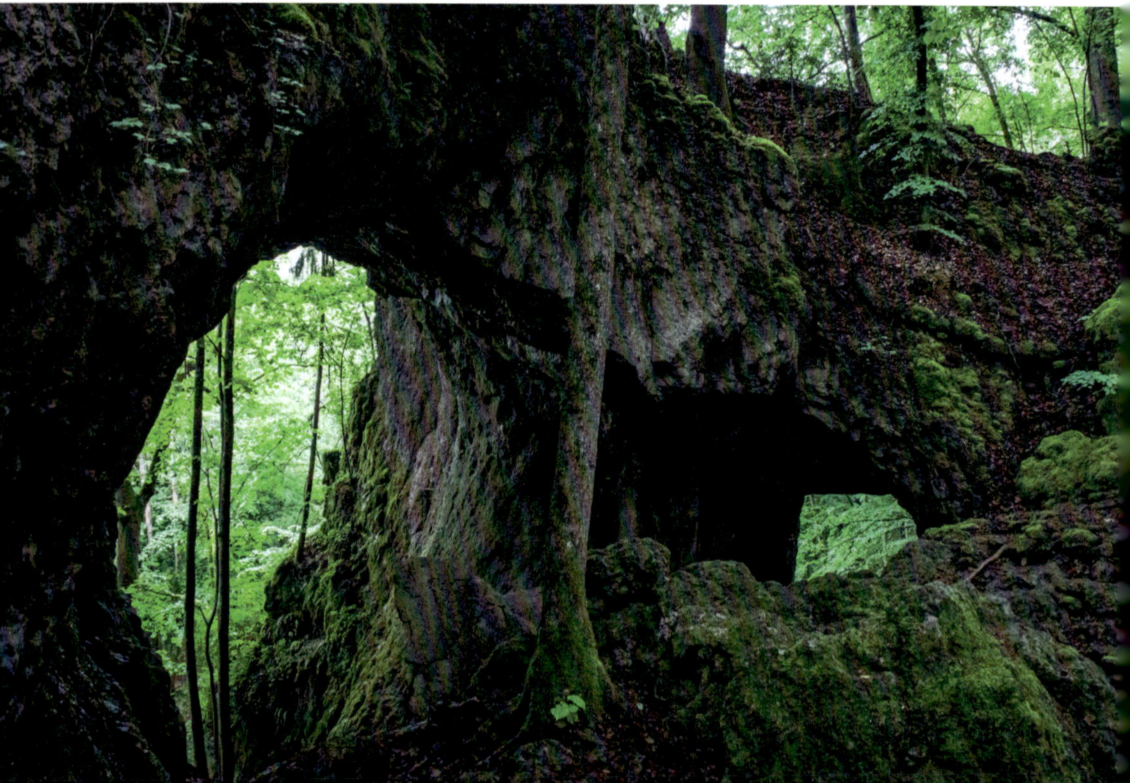

Der Schwingbogen

von einem Fels zum anderen springen müsst, um den ein paar Meter weiter gelegenen, grandiosen Aussichtspunkt Klararuh zu erreichen. Doch Vorsicht: Hier oben ist nicht allzu viel Platz und der Felsen ist vollkommen ungesichert. Also schön aufpassen! Vor euch öffnet sich das gesamte Wiesenttal Richtung Forchheim. Dieser Anblick ist einfach atemberaubend.

Durch die Felsenschlucht Wenn ihr genug gestaunt habt, geht ihr zurück und folgt dem schmalen Pfad, der hier auch als Frankenweg gekennzeichnet ist, an den gewaltigen Felswänden entlang bergab. Der Weg schlängelt sich um die Wand und gibt bald den Blick frei auf das hohe Portal der engen Felsenschlucht, durch die der Frankenweg führt. Was für ein erhabener Anblick. Gute zehn Meter zwängt ihr euch auf dem abenteuerlichen Pfad durch die enge Schlucht. Danach geht ihr ein paar Stufen hinunter. Wenn ihr euch nach der Treppe umdreht, thront über euch der gewaltige Freundschaftsturm.

Der Rückweg In Kehren steigt ihr den Hang weiter hinunter und dann nach rechts Richtung Streitberg. Kurz darauf passiert ihr eine beeindruckende Felswand. Ihr gegenüber führt ein Pfad mit dem Wanderzeichen Grünes Kreuz, euer letztes Wanderzeichen auf dieser Wanderung, nach links hinunter Richtung Wiesenttal. Dort mündet der Pfad in einen Schotterweg, dem ihr weiterhin mit dem Wanderzeichen Grünes Kreuz nach links folgt. Dieses Wanderzeichen führt euch direkt zurück nach Muggendorf. Es geht noch einmal ein Stück bergan. Dann zweigt eine Treppe mit dem Grünen Kreuz

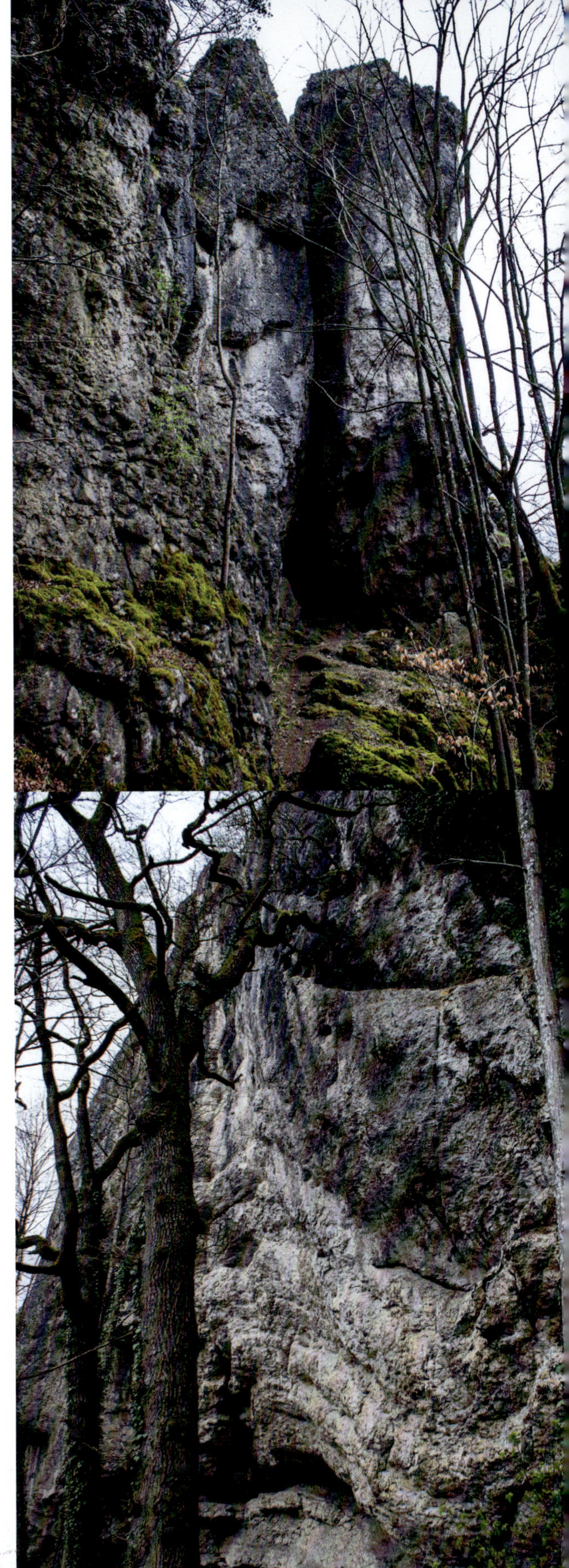

Gewaltige Felswände auf dem Weg hinunter ins Wiesenttal

nach rechts unten ab. Ihr überquert über eine kleine Brücke einen munter sprudelnden Bach und haltet euch danach mit dem Wanderzeichen Grünes Kreuz links. Auf bequemen Waldpfaden trägt euch das Grüne Kreuz zurück nach Muggendorf. Auf diesem letzten Wegstück findet ihr alle paar Hundert Meter Bänke zum Verweilen. Der eine oder andere Platz bietet euch sogar noch einen tollen Blick hinüber zur Burgruine Neideck. Besonders zum Sonnenuntergang erlebt ihr hier grandiose Momente. In Muggendorf angekommen, biegt ihr bei der ersten Gelegenheit mit dem Rosenauweg nach rechts unten ab. Hier erwartet euch linker Hand eine schön gestaltete Kneipp-Anlage. Besonders in den heißen Sommermonaten die perfekte Gelegenheit, um sich nach einer erlebnisreichen Wanderung zu erfrischen und sich zu erholen. Weiter unten biegt ihr nach links in die Forchheimer Straße ein, der ihr zurück zum Parkplatz folgt.

Wissen für Angeber

Brunnsteinhöhle, Schönsteinhöhle und Schwingbogen sind Teil eines ehemaligen, riesigen Höhlensystems. Die zwei Höhlen sind sogar heute noch miteinander verbunden. Ein schmaler Gang führt von einer zur anderen. Dieser Gang ist jedoch mittlerweile mit einer Eisenstange versperrt.

Die Burgruine Neideck

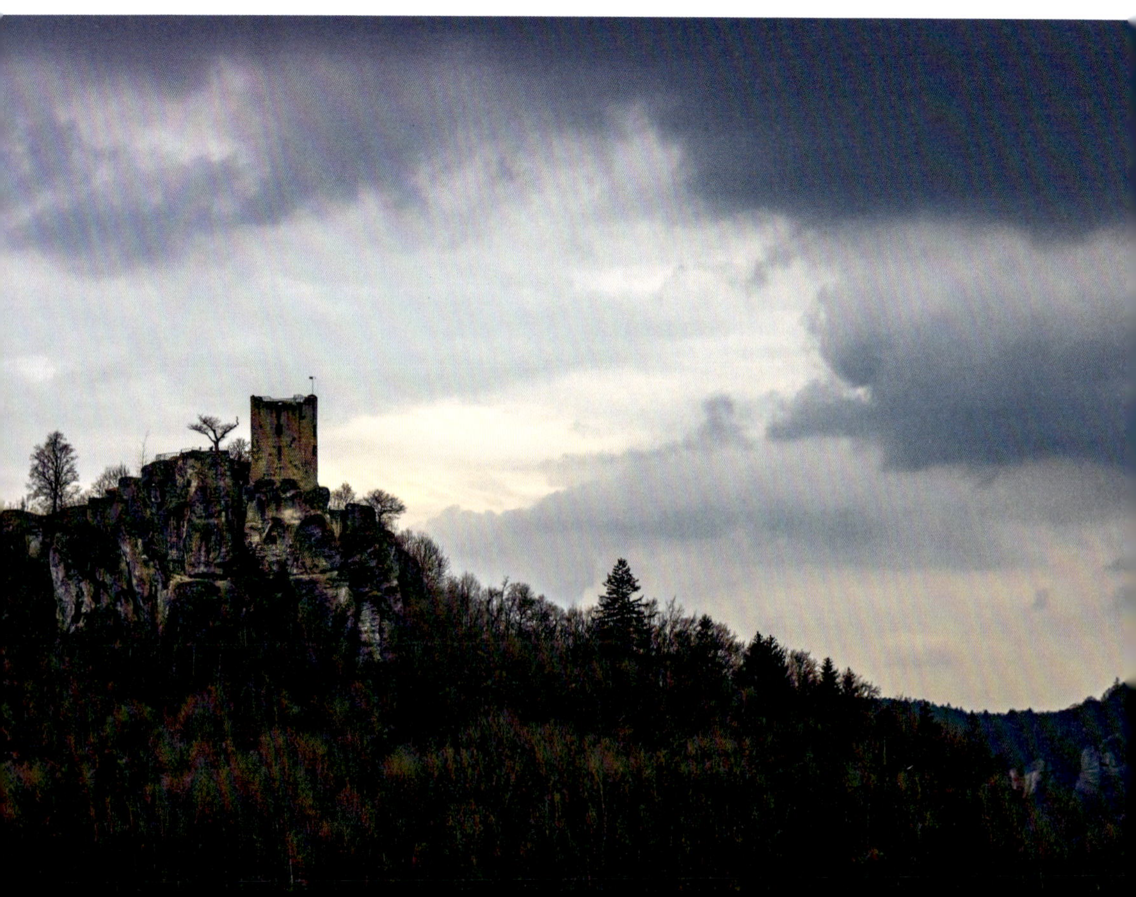

KOMPASS

Wann wandern?
Aufgrund der Fledermausschutzzeit in den Höhlen (im Winter, meist vom 1.10.–30.4.) lohnt sich diese Wanderung in der Zeit vom 01.05. bis 30.09.

Was beachten?
Die komplette Befahrung der Schönsteinhöhle mit ihren tiefen Spalten und engen Durchlässen ist nur erfahrenen Höhlenbesuchern empfohlen. Für alle anderen hält bereits die große Halle, die über einen schmalen Gang direkt vom Eingang aus schnell zu erreichen ist, jede Menge faszinierende Ansichten bereit.

In der Rosenmüllerhöhle befinden sich am Geländer und auf einigen Felsen Kerzenhalter. Eine wundervolle Idee, lässt sich doch mit Kerzenlicht in der Höhle eine herrliche Atmosphäre zaubern. Es finden sich gut und gerne 40 Gelegenheiten für das Aufstellen von Teelichtern. Doch bitte beachtet, dass ihr eure Kerzen nur dort platziert, wo Raum dafür vorgesehen ist. Und nehmt die abgebrannten Kerzen bitte wieder mit nach Hause. Allzu oft werden die abgebrannten Teelichter zurückgelassen und verschmutzen diese traumhafte Höhle. Das muss nicht sein. Schließlich möchten auch die euch nachfolgenden Besucher eine saubere Höhle vorfinden.

Wo rasten?
Ihr findet jeweils eine Bank bei der Rosenmüllerhöhle und am Aussichtspunkt Brunhildenstein. Eine Tischgruppe bietet beim Aussichtspunkt Burgblick Gelegenheit zum Verweilen. Unterhalb der Schönsteinhöhle befindet sich ein Pavillon. Auf dem Talweg nach Muggendorf wird der Weg von mehreren Bänken flankiert.

Wo einkehren?
Im Restaurant „Brückla" in Muggendorf, Telefon 09196 998100

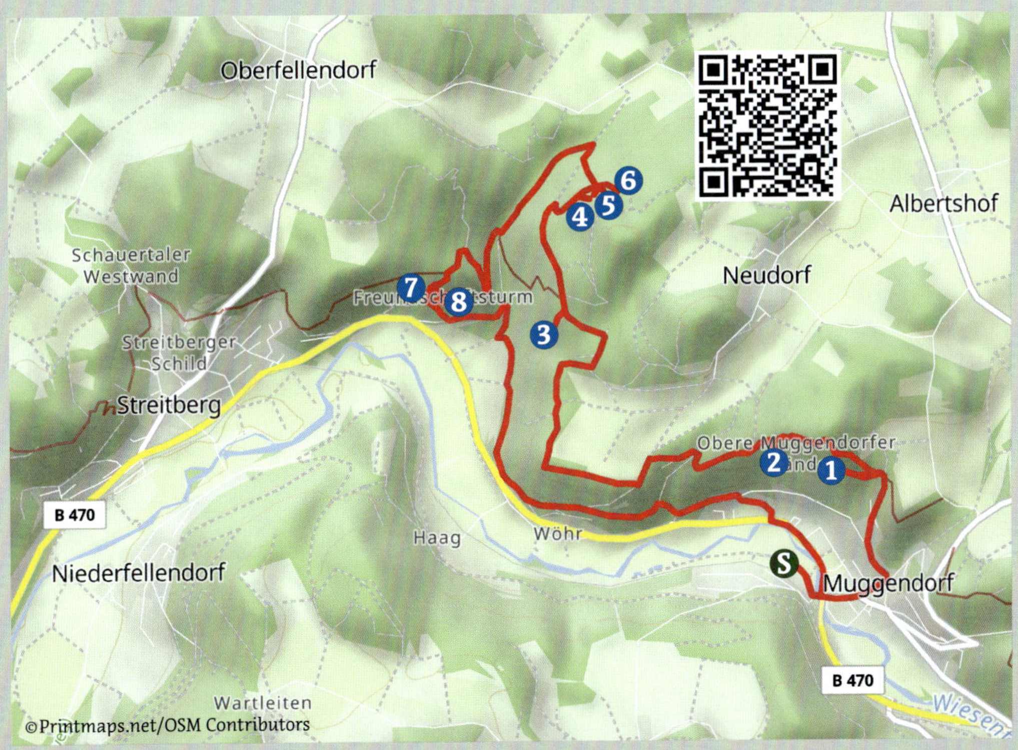

9

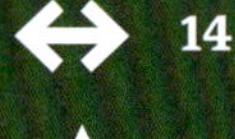 14,9 km

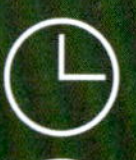 440 Hm

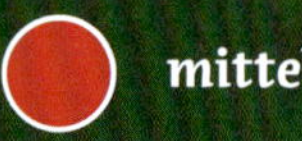 4–5 h

mittel

Eckdaten:

- Sonne/Schatten: größtenteils schattige Waldwege
- Start-/Endpunkt: Parkplatz am Bahnhof, 91346 Muggendorf (kostenlos)
- Parkplatzgröße: Platz für viele Pkw
- Taschenlampe: ja
- Buggy: nein

Auf den Spuren des Raubritters Eppelein von Gailingen

Eppelein von Gailingen, der berühmte Raubritter, gilt vielen als der fränkische Robin Hood. Der Sage nach befand sich seine Heimat in der Fränkischen Schweiz nahe der Ortschaft Muggendorf. Auf dieser Wanderung besucht ihr einige Orte, an denen der tollkühne Ritter gewirkt haben soll. Diese Orte umweht auch heute noch ein Hauch von Abenteuer und Romantik.

Highlights:

1. Der Frauenstein
2. Das Felsenlabyrinth des Druidenhains
3. Der Schlossberg bei Burggaillenreuth
4. Die Burg Gaillenreuth
5. Die Schweigelhöhle
6. Das Klingelloch

Die Sage

Eppelein von Gailingen und der Druidenhain Vor vielen Jahren hatte der berühmte Raubritter Eppelein von Gailingen seine Freunde und Verbündeten in der Walpurgisnacht zu einem geheimen Treffen im Druidenhain geladen. Ludwig von Bayern, ein erbitterter Feind der Raubritter, war aus Italien zurückgekehrt. Nun hieß es für die Gesetzlosen Pläne schmieden, um dem Kaiser und seinen Häschern zuvorzukommen und neue Gaunerstücke auszuhecken. Nachdem die wilde Meute in Eppeleins Schloss bei Trainmeusel ordentlich gezecht hatte, zogen sie zur Mitternachtsstunde zum Druidenhain, um sich dort im Fackelschein gegenseitig die Treue gegen den Kaiser zu schwören. Ein armer Bauer aus dem nahen Wohlmannsgesees, der gerade auf dem Heimweg am Druidenhain vorbeikam, wurde Zeuge des gespenstischen Treibens. Von Schrecken erfasst rannte er ins Dorf und berichtete, sobald er wieder zu Atem gekommen war, dass die Hexen im Druidenhain ihr nächtliches Bankett abhielten. Kinderfleisch und Menschenblut sollen sie dort verzehrt haben. Seit dieser Nacht mieden die Menschen der Gegend den Druidenhain in der Nacht.

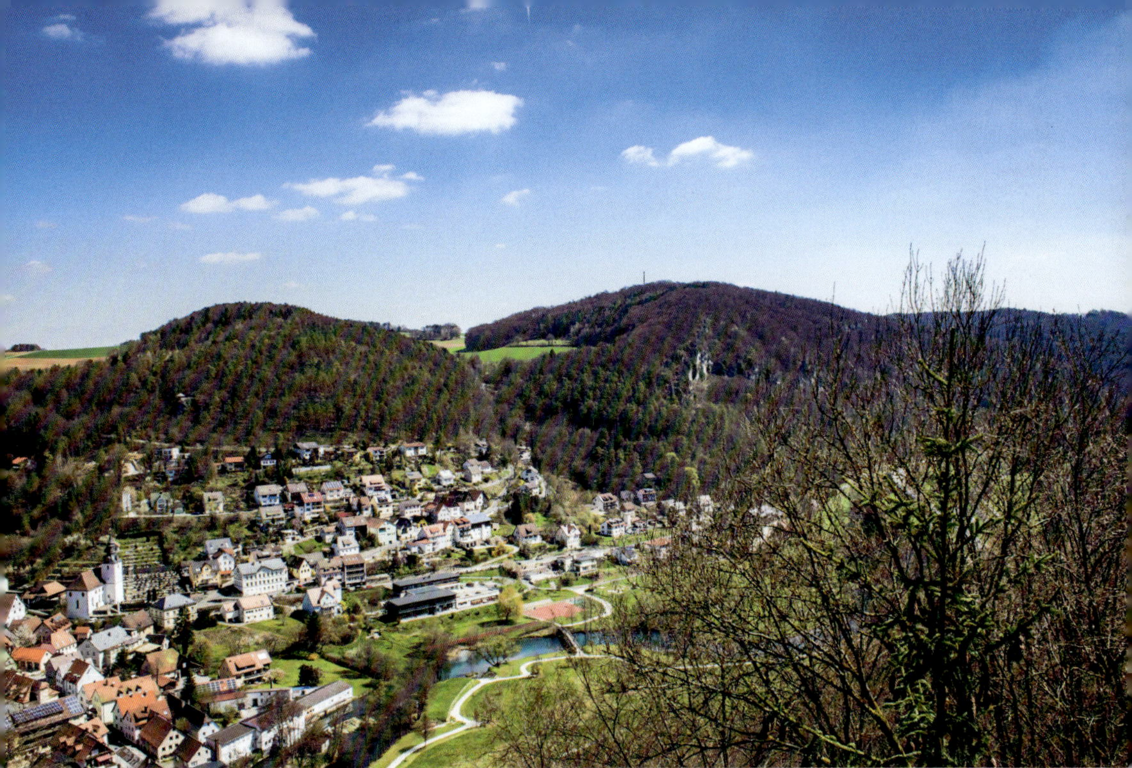

Blick vom Frauenstein auf Muggendorf im Frühling

Die Wegbeschreibung

Zum Frauenstein Vom Parkplatz in Muggendorf geht ihr hinüber zum alten Bahnhof. Dieser beherbergt übrigens das Info-Zentrum des Naturparks Fränkische Schweiz. Dieses liebevoll gestaltete, museumsartige Info-Zentrum bietet euch jede Menge Wissenswertes über die Landschaft der Fränkischen Schweiz. Hinter dem Bahnhof biegt ihr rechts in die Straße ein. Direkt vor euch seht ihr an einer Mauer eine Wandertafel mit zahlreichen Wanderzeichen. Ihr wandert mit dem Grünen Kreuz Richtung Frauenstein auf geschottertem Weg nach links. Schon bald macht euer Weg eine scharfe Rechtskurve. Nun geht es mit dem Grünen Kreuz auf Treppen und in Kehren auf einem wunderschönen Waldpfad immer weiter nach oben. Auf diesem Wegstück meistert ihr mal schnell 120 Höhenmeter am Stück. Es gibt also keinen Grund, zu hetzen. Gönnt euch ruhig zwischendurch immer wieder mal eine kurze Verschnaufpause und genießt die Schönheit dieses romantischen Waldwegs. Links von euch erheben sich bald die mächtigen Felswände des Frauensteins. Einfach gewaltig, wie sich diese grauen Riesen emporschieben. Manch einer mag hier oben den einstigen Standort von Eppeleins Burg vermuten. Mit den beeindruckenden Felsen und dem weiten Blick vom Plateau, das ihr mit dem Grünen Kreuz schließlich erreicht, eine durchaus verständliche Vermutung. Doch das Fehlen jeglicher Mauer- und Besiedlungsreste spricht doch eher dagegen.
Eine andere, abenteuerliche Geschichte berichtet davon, dass Eppelein, wenn er sonntags von Trainmeusel – hier wird der Standort seiner Burg meistens vermutet – auf dem Weg zum Gottesdienst in Muggendorf war, einfach mit seinem Pferd vom Frauenstein hinunter ins Wiesenttal gesprungen sein soll, um den Weg abzukürzen. Für jemanden, der

9

den Nürnbergern mit einem kühnen Sprung über deren Burggraben entwischt sein soll, sicher eine Kleinigkeit. Statt dem mittelalterlichen Superhelden nachzueifern und sich tollkühn in die Tiefe zu stürzen, solltet ihr hier oben jedoch den grandiosen Blick hinunter auf Muggendorf genießen.

Zum Druidenhain Vom Frauenstein folgt ihr dem Grünen Kreuz auf einem wunderschönen, von moosbewachsenen Felsen flankierten Waldweg hinaus auf die offene Ebene. Fantastisch, welche Ansicht sich euch hier bietet. Über Wiesen und Felder hinweg schweift euer Blick hinüber zur Burgruine Neideck, die stolz auf ihrem imposanten Felsmassiv thront. Ihr überquert die Ebene und biegt am gegenüberliegenden Waldrand mit eurem neuen Wanderzeichen, dem Blauen Längsstrich, nach links ab. Der Druidenhain ist hier bereits ausgeschildert. Von hier aus folgt ihr einfach immer dem Blauen Längsstrich. Zuerst wandert ihr am Waldrand ein Stück nach unten und biegt dann an der nächsten Weggabelung nach rechts oben ab. Ihr überquert eine Straße und steigt zwischen Wiesen hindurch weiter hinauf und dem Wald entgegen.
Oben angekommen biegt euer Weg mit dem Blauen Längsstrich nach links in den Wald ab. Euer Wanderzeichen trägt euch nun durch den Wald sanft bergab. Rechts von euch erheben sich bald einige gewaltige Felswände, die aus der Nähe betrachtet noch imposanter wirken. Der Blaue Längsstrich biegt, bevor ihr wieder aufs freie Feld gelangt, nach rechts ab und führt euch weitere 600 Meter hinüber zum rechts im Wald ruhenden Druidenhain, dessen Besuch ein wundervolles Erlebnis ist. Dieses einzigartige Naturphänomen begeistert mit seinen gewaltigen Jurafelsen, die oft dicht an dicht zusammengefügt stehen, als wären sie von Riesen geordnet worden, und der Zeit zu trotzen scheinen. So massiv und gewaltig die Jurafelsblöcke wirken, so samtig weich ist ihre Oberfläche dort, wo das dichte Moos sich wie eine wärmende Decke über sie gezogen hat. Einfach herrlich ist es, zwischen den Felsen umherzuwandeln, sich mal hier, mal dort auszuruhen und die kraftvolle Atmosphäre dieses Ortes zu genießen. Dabei ist es einerlei, ob man dabei esoterischen Lehren zugetan ist oder sich einfach nur der Besonderheit dieses Naturdenkmals erfreut. Ob der Druidenhain tatsächlich als vorgeschichtliche Kultstätte genutzt wurde, ist bis heute nicht bewiesen. Doch dass die Men-

Der Druidenhain

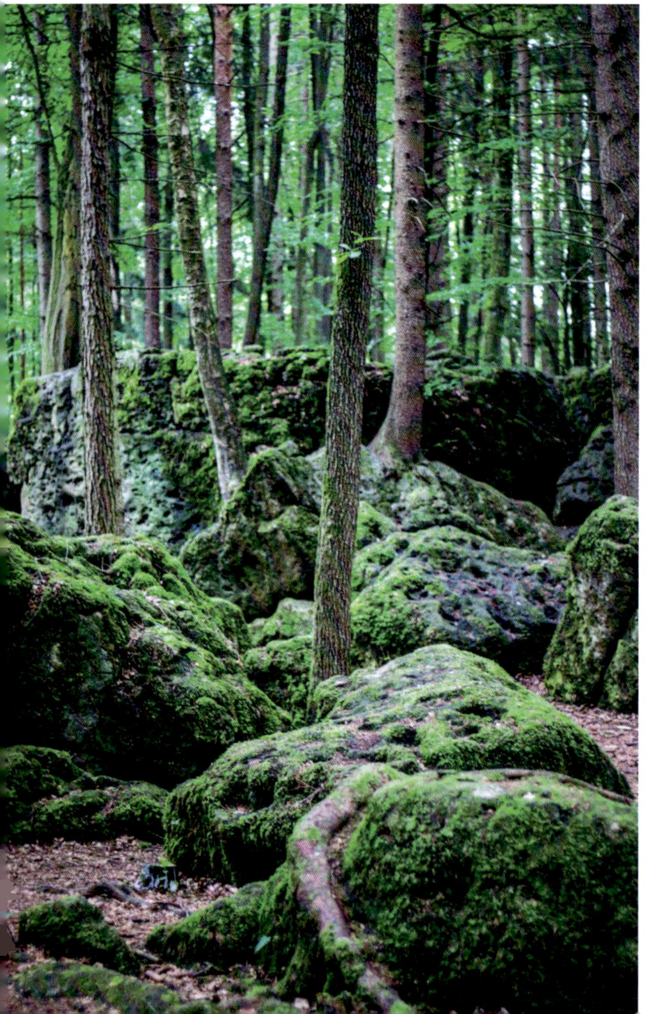

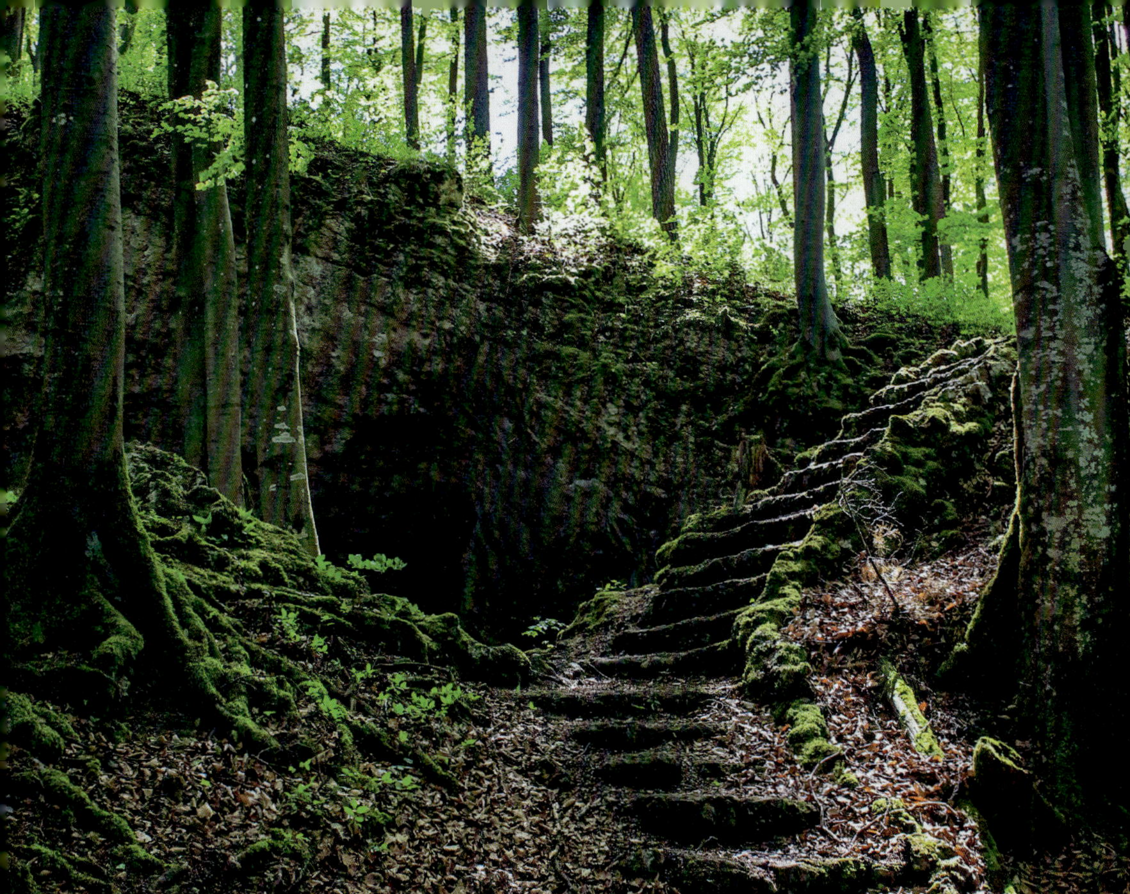

Die Treppen auf dem Schlossberg bei Burggaillenreuth

schen zur Zeit der Romantik diesen Ort gerne mit keltischen Priestern und geheimnisvollen Ritualen in Verbindung brachten, ist durchaus nachvollziehbar. Vielleicht trug auch Eppelein von Gailingen mit seinem angeblich einst wild gefeierten Treueschwur inmitten des Felsenlabyrinths dazu bei, dass der Druidenhain mit allerlei Übersinnlichem in Verbindung gebracht wurde. Bei der Vorstellung an all das Fantastische läuft einem auf jeden Fall ein wohliger Schauer über den Rücken.

Zum Schlossberg bei Burggaillenreuth Vom Eingang des Druidenhains folgt ihr eurem nächsten Wanderzeichen, dem Gelben Ring, tiefer in den Wald und vorbei an zwei sehr kleinen Höhlen den Hang hinauf und an den Rand eines Golfplatzes. Hier biegt ihr mit dem Gelben Ring nach links ab und überquert im weiteren Verlauf eine Straße nach rechts. Etwa hundert Meter nachdem ihr die Straße überquert habt, wechselt ihr vom Gelben Ring auf den Gelbstrich und folgt diesem bequem über Windischgaillenreuth nach Burggaillenreuth. In der Ortsmitte von Burggaillenreuth (hier befindet sich auch die Freiwillige Feuerwehr) überquert ihr die Straße und wechselt nach rechts zum Wanderzeichen Blauer Längsstrich, der euch den Hang hinauf dem Schlossberg entgegenträgt. Am Waldrand erreicht ihr eine Bank. Schon ein paar Meter dahinter zweigt ein unbeschilderter Pfad nach links in den Wald ab. Nach wenigen Metern öffnet sich rechts von euch eine kleine Ansammlung von Überhängen, fast möchte man sie Höhlen nennen. Doch dafür sind sie nicht tief genug. Weiter geht es auf dem

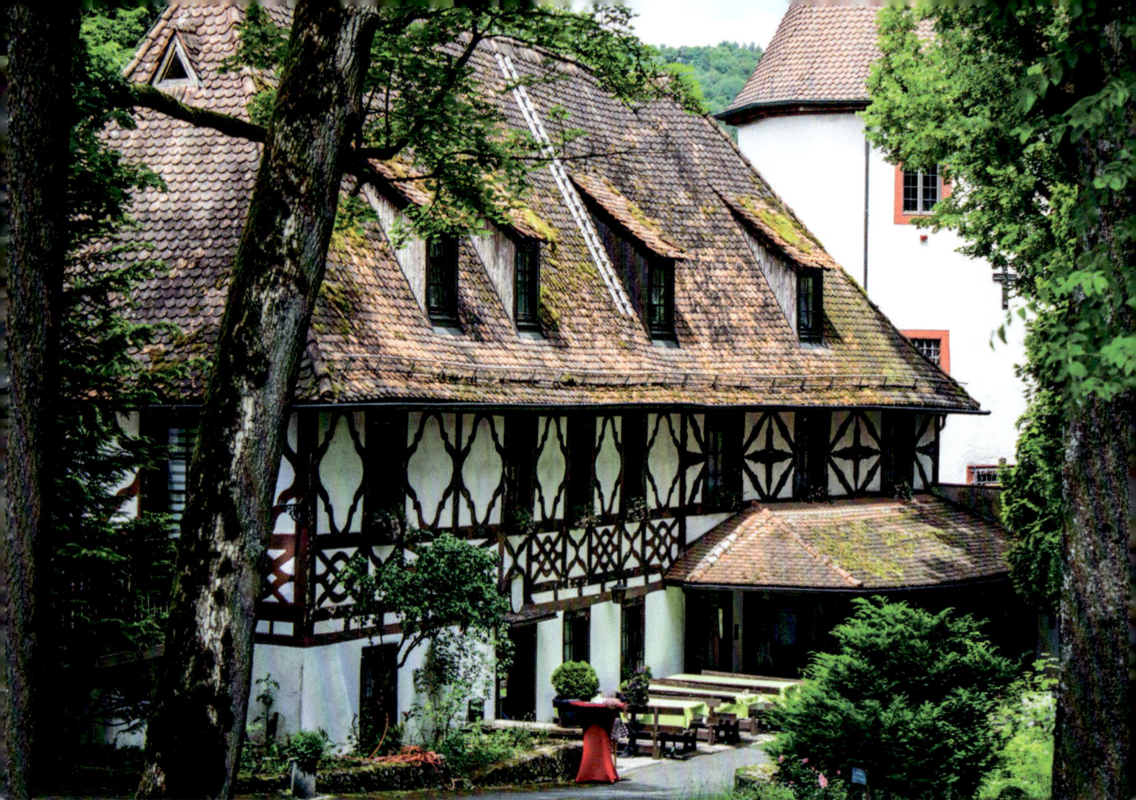

Die Burg Gaillenreuth

Pfad, der euch bald zu den herrlich romantischen Steintreppen des Burggaillenreuther Schlossbergs führt. Ihr steigt die Treppen hinauf und erreicht eine kleine Lichtung. Links von euch entdeckt ihr eine weitere Treppe, die von unten aus dem Wiesenttal heraufführt. Sie wird von einer wundervollen Felsformation flankiert. Hier lohnt sich eine Entdeckungsreise. Es gibt eine Durchgangshöhle, die sogar nach oben hin offen ist.
Nach diesem Ausflug kehrt ihr zur Lichtung zurück und erreicht über weitere Treppen bald das Plateau des Schlossberges mit den noch zu erahnenden Resten eines keltischen Ringwalls. Anschauliche Informationstafeln helfen Euch dabei, in Gedanken aus dem Meer aus grün bewachsenen Felsen eine wehrhafte Befestigungsanlage entstehen zu lassen. Fast will man das Schlagen des Hammers auf dem Amboss in der Bergschmiede hören. Das Geschrei der Tenderinnen, die ihre Waren feilbieten, das Blöken der Hausschafe und das aufgeregte Grunzen der Mastschweine, die durch die Siedlung getrieben werden. Dazu das Stimmgewirr unserer naturverbundenen und ungezähmten Vorfahren. Sicher tobte hier oben einst das pure Leben in seiner bunten Vielfalt.

Zur Burg Gaillenreuth Wenn ihr euch auf dem Schlossberg genug umgesehen habt, steigt ihr auf der anderen Seite die Treppen hinunter und kehrt wieder zum Blauen Längsstrich zurück, dem ihr nach rechts zurück nach Burggaillenreuth folgt. Im Ort biegt ihr mit dem letzten Wanderzeichen des Tages, der Roten Raute, nach rechts in die Durchgangsstraße ein. Sie trägt euch hinunter zur Burg Gaillenreuth. Heute wird diese als stilechtes Hotel, Restaurant und Biergarten genutzt. Doch früher einmal, nachdem sie zunächst von Kirchenfürsten ver-

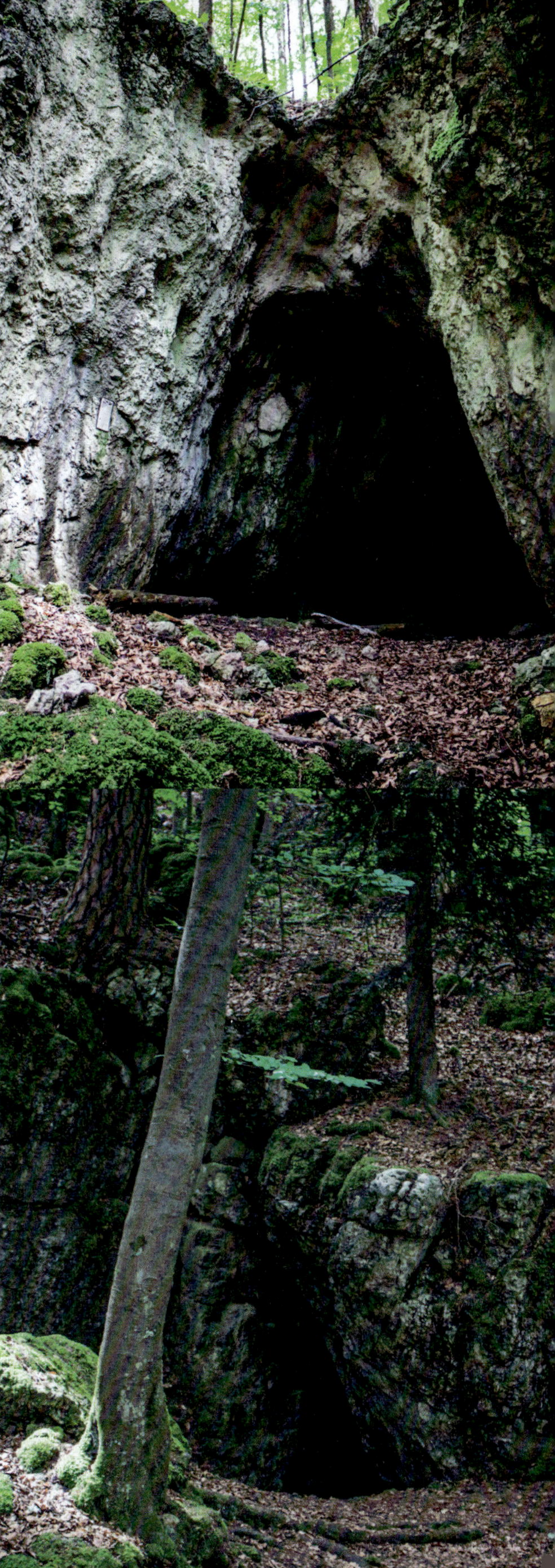

Die Schweigelhöhle

waltet worden war, wurde sie Ende des 14. Jahrhunderts zur Raubritterburg. Mit seiner wilden Bande zog Fritz von Streitberg der Junge von hier aus ins Nürnberger Land, um dort zu plündern und zu rauben. Zweimal wurde die Burg zerstört: im Bauernkrieg und im Dreißigjährigen Krieg. Der südliche Teil der Burg wurde wieder aufgebaut und ist bis heute erhalten geblieben. Bestimmt verdankt Burg Gaillenreuth es ihrem Ruf als Raubritterburg, dass auch sie immer wieder einmal mit Eppelein von Gailingen in Verbindung gebracht wird. Doch dieser Gedanke kann getrost verworfen werden.

Zur Schweigelhöhle Ihr folgt der Straße mit der Roten Raute nach links und verlasst Burggaillenreuth. Nach etwa 200 Metern könnt ihr links von der Straße einen kleinen Parkplatz erkennen. Diesen überquert ihr und geht tiefer in den Wald. Es gibt zwar kein Wanderzeichen, doch ihr müsst vom Parkplatz nur etwa 120 Meter geradeaus in den Wald laufen, und schon öffnet sich links von euch am Hang das Tor der Schweigelhöhle. Von dem großen Höhlenraum zweigen im hinteren Bereich zwei immer enger werdende Tunnel ab, die in den Hohlen Berg hineinführen.

Zum Klingelloch Von der Schweigelhöhle kehrt ihr zur Straße zurück und geht noch etwa 30 Meter nach links. Auf der gegenüberliegenden Seite folgt ihr der Roten Raute in den Wald. Es geht ein wenig bergan. Das folgende Wegstück wird von einigen Wanderern als Märchenweg bezeichnet. Und das vollkommen zu Recht: wundervolle Felsen, die aus dem Waldboden ragen, dazwischen alte, oft knorrige Bäume.

Das Klingelloch

9

Grüne Teppiche, die sich den Hang hinunter über den Waldboden ziehen. Und direkt am Wegesrand der Eingang zum Klingelloch. Es geht ein paar Meter hinein. Dann öffnet sich links ein gewaltiger Raum, in den es, wie in einen unheilvollen Schlund, steil hinuntergeht.

Der Rückweg über den Adolf-Wunder-Steig Weiter geht es mit der Roten Raute geradeaus durch den Wald. Ein gutes Stück weiter biegt ihr mit eurem Wanderzeichen nach rechts und bei der nächsten Gelegenheit nach links ab. Die Rote Raute bringt euch hinüber zur Straße, in die ihr mit dem Wanderzeichen nach rechts einbiegt. Die Straße macht eine Kurve. Schon nach etwa 200 Metern biegt ihr mit der Roten Raute wieder nach links in den Wald ab. Nach 800 Metern biegt ihr mit der Roten Raute und dem Adolf-Wunder-Steig nach rechts unten ab. Kurz bevor ihr unten die Straße erreicht, verlasst ihr den Adolf-Wunder-Steig und biegt mit der Roten Raute nach links ab. Nun wandert ihr parallel zur Bundesstraße zurück zum Muggendorfer Bahnhof, wo ihr eure Wanderung beendet.

Wissen für Angeber

Wie es Eppelein von Gailingen erging **Eppelein wurde in Gailingen bei Windsheim geboren. Seine Burg Dramaus soll in Trainmeusel gestanden haben. Heute zeugt nur noch ein einziger Mauerrest von der von den Nürnbergern im Rahmen einer Strafaktion gegen Eppelein zerstörten Burg. Das 14. Jahrhundert war eine schwierige Zeit für Ritter, die mit dem Ende der Kreuzzüge an Bedeutung verloren. Während Handel und Gewerbe in Städten wie Nürnberg florierten, kämpften Lehensherren wie Eppelein mit mageren Ernten und schwindenden Einnahmen. Wie viele Vertreter seines Standes konnte er weder verstehen noch akzeptieren, dass einfache Bürger reicher wurden als ehemals edle und hoch angesehene Ritter. So wurde er aus Neid und Not zum Raubritter und überfiel Händler auf ihrem Weg nach und aus Nürnberg.**

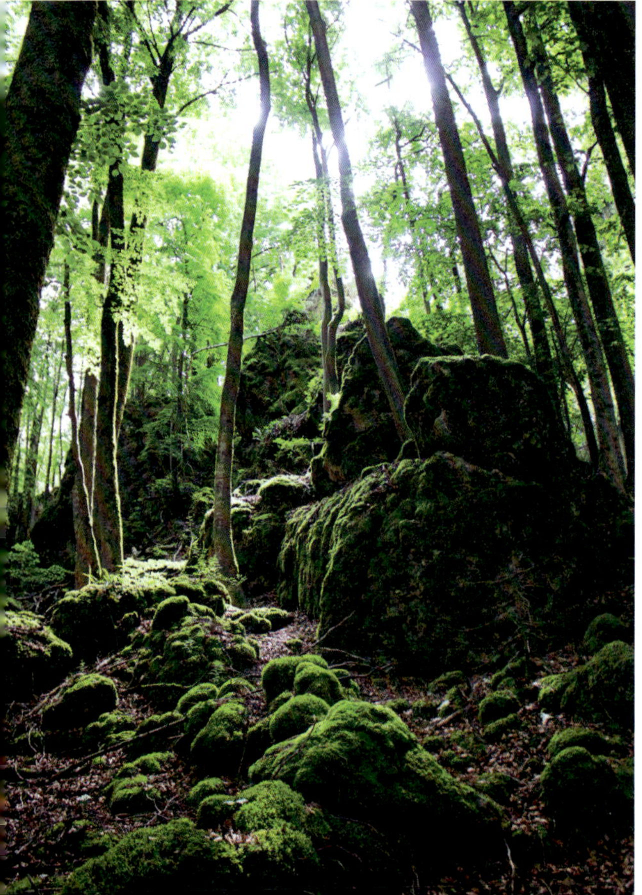

Felsen am Wegesrand in der Nähe des Klingellochs

Ob er wirklich, wie es die Legenden berichten, den Reichen genommen und den Armen gegeben hat, ist mehr als fraglich. Mildtätigkeit war damals eher die Aufgabe der Kirche und der sonntäglichen Gottesdienstbesucher, die mit Barmherzigkeit gegenüber den Armen für ihr eigenes Seelenheil sorgen wollten. Die Nürnberger ächteten Eppelein und er verlor einen Großteil seiner Güter. In Forchheim wurde er gefasst und nach Nürnberg gebracht. Dort sollte er für seine Taten gehängt werden. Der Legende nach nutzte er seinen letzten Wunsch für einen Ritt auf seinem treuen Pferd, mit dem er vor den Augen der erstaunten Nürnberger über deren Burggraben sprang und entkam. Nachdem er Opfer politischer Ränkespiele geworden war und seinen restlichen Besitz verloren hatte, rutschte er vollends in die Kriminalität ab. Schließlich wurde er während eines Zechgelages in Postbauer gefasst, zuerst auf die Burg Thann und dann nach Neumarkt in die Oberpfalz gebracht. Dort wurde er im Jahr 1381, er war bereits 70 Jahre alt, auf besonders grausame Art mit dem Rad hingerichtet. Heute steht in Neumarkt an seinem Hinrichtungsort ein kleines Denkmal. Eine Vielzahl von Sagen und Erzählungen berichtet noch immer von seinen tollkühnen Husarenstücken und glorifiziert ihn als fränkischen Robin Hood. Wie viel Wahrheit diesen Geschichten auch immer innewohnen mag, Eppelein von Gailingen und seine Abenteuer werden auch in den kommenden Jahrhunderten sicher nicht vergessen werden.

KOMPASS

Wann wandern?

Diese Wanderung ist zu jeder Jahreszeit reizvoll.

Was beachten?

Auf dieser bequemen Wanderung müsst ihr nur die Sehenswürdigkeiten beachten.

Wo rasten?

Auf dem Frauenstein und der nahe gelegenen Ebene gibt es Bänke. Im Druidenhain bieten sich euch auf den Felsen jede Menge Sitzgelegenheiten, um sich zu stärken und diesen wundervollen Kraftort ausgiebig zu genießen.

Wo einkehren?

Restaurant Burg Gaillenreuth in Burggaillenreuth, Telefon 09242 740483

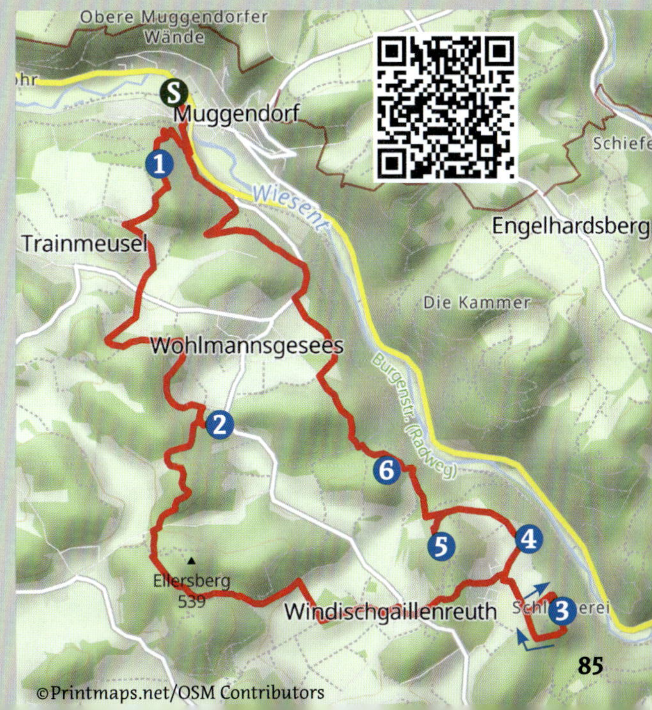

©Printmaps.net/OSM Contributors

10

Urzeitliche Schluchten und Räubernester hoch über der Wiesent

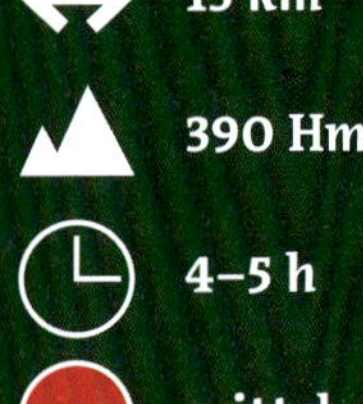

13 km

390 Hm

4–5 h

mittel

Eckdaten:

- Sonne/Schatten: großteils schattige Waldwege
- Start-/Endpunkt: Parkplatz neben Bushaltestelle Abzw. Burggaillenreuth an der B 470 zwischen Sachsenmühle und Muggendorf, 91346 Wiesenttal
- Parkplatzgröße: 10 Pkw (kostenlos)
- Taschenlampe: ja
- Trittsicherheit: ja
- Buggy: nein

Die Hänge des Wiesenttals bergen so manches Geheimnis. Neben bekannten Höhlen wie der Esperhöhle und dem Quakenschloss findet ihr auf dieser Wanderung, abseits der markierten Wege, dunkle Felsentäler und eine geheimnisvolle Räuberhöhle.

Highlights:

1. Heinrichsgrotte
2. Finstergraben
3. Esperhöhle
4. Geißloch bei Moritz
5. Felsenlabyrinth Räuberburg
6. Adlerstein
7. Quakenschloss
8. Zwecklersgraben

Die Sage

Die Räuber von Moritz Vor vielen Hundert Jahren lebten in der Höhle mit Namen Geisskirche, die versteckt am Hang der Felsenschlucht unterhalb des Ortes Moritz liegt, zwei gefährliche Räuber. Die beiden Spießgesellen versteckten in der Höhle all die Schätze, die sie auf ihren Raubzügen erbeutet hatten. Sie waren Brüder und begingen all ihre Schandtaten gemeinsam. Niemand wagte sich auch nur in die Nähe ihrer Räuberhöhle. Von den Felsenzinnen der nahe gelegenen Räuberburg bei Moritz konnten sie weit ins Land blicken und den Handelsweg unten im Wiesenttal bestens beobachten. Große und gut bewachte Handelszüge interessierten sie wenig. Von ihnen war zu starke Gegenwehr zu erwarten. Doch erspähten sie einzelne Reisende, so eilten sie auf ihren geheimen Schleichwegen durch die Felsenschlucht hinunter ins Tal, lauerten den Arglosen auf und brachten sie im Nullkommanichts um ihre Habe und so manch einen sogar ums Leben. Danach schleppten sie die Beute hinauf in ihre Höhle und teilten sie gerecht untereinander auf.

Eines Tages, sie hatten bei einem Raubzug besonders wertvolles Geschmeide erbeutet, entbrannte unter ihnen ein bitterböser Streit um das geraubte Schmuckstück. Jeder von ihnen erhob Anspruch darauf. Aus dem Streit wurde binnen weniger Momente zuerst ein Handgemenge, dann eine Prügelei. Und schließlich zückte ein jeder

der beiden Brüder seinen Dolch und ging damit auf den anderen los. Wutentbrannt stießen sie einander den Stahl in den Leib und starben an Ort und Stelle.
Erst viele Monate später, es waren schon lange keine Raubzüge mehr bekannt geworden, wagten sich einige mutige Bauern aus Moritz zu der Räuberhöhle und fanden die schon zu großen Teilen verwesten Körper der Räuber. Die gehorteten Schätze wurden nach Moritz gebracht und, soweit es noch möglich war, ihren rechtmäßigen Besitzern zurückgegeben. Nachts soll man bei der Geisskirche noch heute unheimliches Klagen, Ächzen und Stöhnen vernehmen. Es seien die unruhigen Geister der gierigen Räuber, die noch immer vergeblich nach ihren Schätzen suchen.

Die Wegbeschreibung

Zur Heinrichsgrotte Vom Parkplatz an der B 470 unterhalb von Burggaillenreuth geht ihr ein Stück an der Straße Richtung Muggendorf entlang, dann hinüber zur hölzernen Brücke, die ihr bereits von Weitem sehen konntet, und überquert auf dieser die Wiesent. Kurz hinter der Brücke erreicht ihr die Bahngleise der Dampfbahn Fränkische Schweiz. Ihr geht nach rechts an den Schienen entlang bis zu einem Bahnübergang. Nachdem ihr die Gleise überquert habt, biegt ihr nach links in den dahinterliegenden Schotterweg ein. An einer kurz darauf folgenden Weggabelung haltet ihr euch mit dem Wanderzeichen Rotes Kreuz links und wandert weiter auf dem Talweg. Nach nicht einmal ganz 200 Metern zweigen vom Talweg zwei unmarkierte Pfade nach rechts den Hang hinauf ab. Ihr wählt den linken Pfad und steigt ohne Wanderzeichen nach oben. Es geht über jede Menge Geröll und bemooste Felsen ziemlich steil hinauf. An einer Weggabelung haltet ihr euch links. Ein Stück weiter gilt es einige Baumstämme zu überwinden, die im Weg liegen. Der Pfad wird schmaler und führt euch bald unterhalb gewaltiger Felsen entlang und weiter hinauf. Nach einer Biegung erkennt ihr über euch bereits das gewaltige Portal der Heinrichsgrotte. Je weiter ihr nach oben steigt, desto imposanter wird der riesige Überhang, der auch von Kletterern besonders wertgeschätzt wird, wie die vielen Haken an den Wänden belegen.

In der Heinrichsgrotte

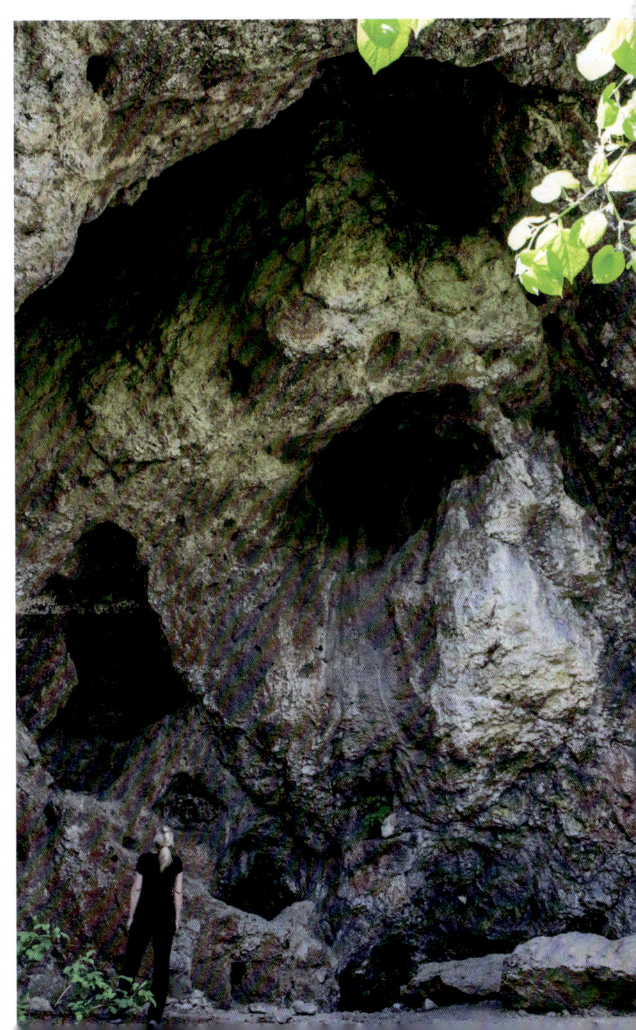

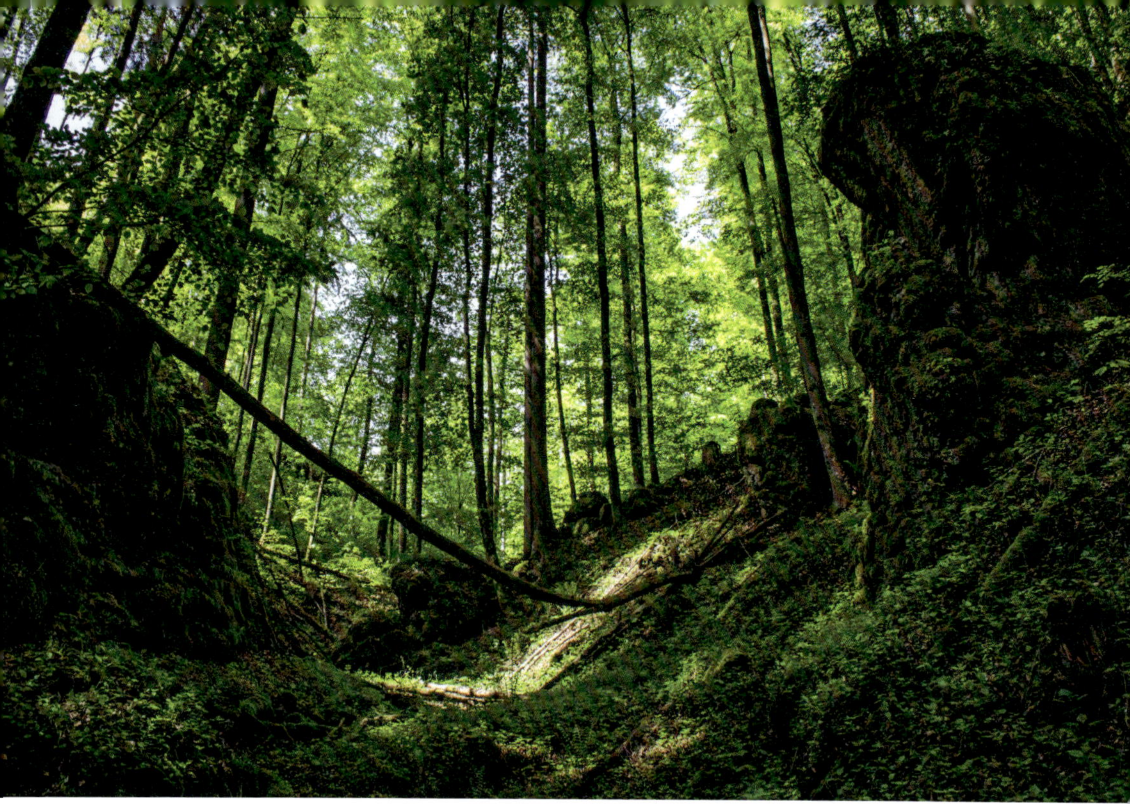

Im Finstergraben

In der Wand der Heinrichsgrotte wartet sogar eine kleine Höhle darauf, von euch über einige natürliche Stufen erklommen und entdeckt zu werden. Sicher auch aufgrund der teils bizarren Öffnungen, die im oberen Bereich des Überhangs klaffen, glaubten die Leute in alten Zeiten, dass diese Felsengrotte von Dämonen oder gar vom Teufel höchstpersönlich bewohnt wurde, und mieden den unheimlichen Ort.

In den Finstergraben Von der Heinrichsgrotte kommend steigt ihr nach rechts auf einem weiterhin unmarkierten Pfad über einige umgestürzte Bäume hinweg, ein kurzes Stück steil bergab. Der Pfad wandelt sich zu einem abenteuerlichen, schmalen Steig, der euch zuerst um den Felsen herum und erneut über einige umgefallene Bäume, dann oberhalb eines tief abfallenden Hangs hinüber in die geheimnisvolle Schlucht des Finstergrabens führt. Durch den Finstergraben geht der Pfad am Grund der Schlucht immer weiter hinauf. Bei einer Weggabelung bleibt ihr links auf kaum erkennbarem Pfad in der urwaldartigen Schlucht, deren Begehung zum echten Abenteuer wird. Wenn ihr schließlich eine unüberwindbare Barriere aus umgestürzten Bäumen erreicht, erkennt ihr am Erdhang rechts von euch schon die Kraxelspuren eurer Vorgänger, die den kurzen Hang hinauf zu einem bequemeren Pfad gestiegen sind. Die rechte Spur bietet euch den etwas leichteren Aufstieg. Oben angekommen folgt ihr dem unmarkierten Pfad nach links, steigt an einer Felsenwand vorbei sanft nach oben und verlasst schließlich den Finstergraben.

Zur Esperhöhle Aus dem Finstergraben heraustretend biegt ihr nach links in einen breiten Fahrweg ein. Bald trefft ihr auf euer neues Wanderzeichen, den Blauen Längsstrich. Dieser führt euch direkt zur Esperhöhle. Ihr wandert ein Stück durch den Wald aufwärts und tretet dann auf eine Ebene. Nach gut 200 Metern weist euch ein Wanderzeichenbaum den Weg zur Esperhöhle nach links wieder in den Wald. Wichtig: Die Beschriftung ist auf der euch abgewandten Seite angebracht. Bei der ersten und zweiten Weggabelung im Wald biegt ihr jeweils mit dem Blauen Längsstrich links ab. An der zweiten Gabelung seht ihr am Wegesrand zusätzlich das Wanderzeichen des Kulturerlebniswegs. Nach etwa hundert Metern, nachdem ihr ein kleines Felsenportal durchquert habt, tut sich rechts von euch ein Felsenhof mit zwei imposanten, doch nicht tief in den Fels führenden Portalen auf. Schon dieser Felsenhof bietet euch einen tollen Anblick. Doch es kommt noch besser. Links von diesem Felsenhof windet sich ein kaum erkennbarer Pfad zwischen den mit Moos bewachsenen Felsen ein Stück leicht rechts den Hang hinauf. Am Ende dieses etwa zehn Meter kurzen Pfades erwartet euch das kleine, besonders reizvolle Portal der Esperhöhlendoline. Ihr könnt es auch bequemer haben und einfach weiter dem Blauen Längsstrich folgen. Dieser umrundet das Massiv bald nach rechts und führt euch in den großen Hof der Esperhöhle. Doch gerade dieser geheimnisvoll wirkende Einstieg, der wie ein Tor ins Zwergenreich aussieht, ist ein echtes Highlight. Bevor ihr euch etwas mehr als einen Meter in die Doline hinablasst, solltet ihr am Eingang unbedingt auch auf die Farben achten, die euch aus dem Inneren entgegenschimmern. Bei den richtigen Lichtverhältnissen leuchtet es grün-rötlich, ja fast schon lila. Dann geht es hinein in die Esperhöhlendoline, eine der großartigsten Versturzhöhlen der Fränkischen Schweiz. Der Eindruck, sich an einem magischen Ort zu befinden, verstärkt sich, je weiter ihr nach unten steigt. Überall hört ihr Wassertropfen klatschend auf dem Fels aufschlagen und in Abertausend kleinere Tropfen zerstäuben. Seht euch ruhig genau um und gönnt euch die gebührende Zeit, um dieses Naturschauspiel ausgiebig zu genießen. Durch ein breites, allerdings etwas niedrigeres Portal gelangt ihr dem Sonnenlicht folgend in den großen Vorhof der Esperhöhle. Hier erwarten euch einige weitere, kleinere Höhlen und ein mit einem Gittertor gesicherter Spalt, der 30 Meter tief hinab in die eigentliche Höhle führt. Dieser Vorhof mit seinen beeindruckenden Felswänden wirkt so gewaltig, als wäre er dereinst von Riesen errichtet worden.

Im Geißloch

Zum Geißloch Vom Vorhof der Esperhöhle geht ihr hinunter zum Wanderweg und folgt dort dem Blauen Längsstrich nach rechts. Der Weg trägt euch durch den Wald, bequem vorbei an einem Felsenmeer und führt euch dann nach rechts auf die freie Ebene. Hier verlasst ihr am nächsten Wanderzeichenbaum den Blauen Längsstrich und biegt ohne Wegzeichen scharf links in den nach unten führenden Schotterweg ein. Dieser führt euch in den Wald und wird dort bald zum Pfad,

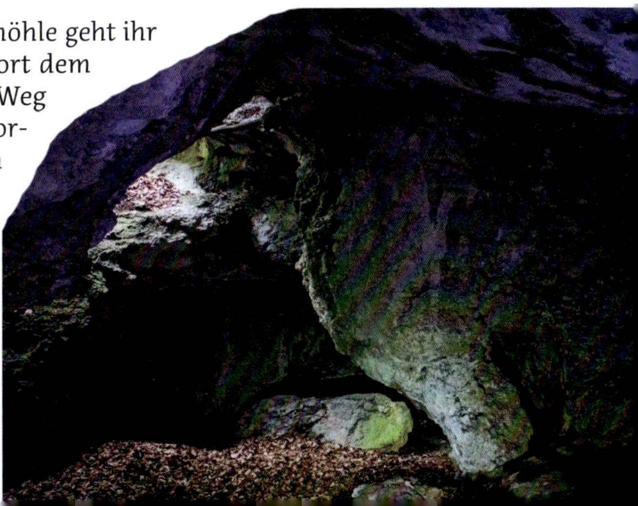

10

der euch, immer schmaler werdend, tiefer hinein in eine verwunschen wirkende Felsenschlucht führt. Dieser fantastische Ort mit seinen enormen Felswänden wirkt fast, als wäre er von der Zeit vergessen worden. Am Ende der Schlucht wird der Weg wieder breiter und führt euch nach links hinunter ins Wiesenttal. Dort biegt ihr scharf rechts in den, mit dem Roten Kreuz markierten und geschotterten Leo-Obst-Weg ein. Nun folgt nach all dem Abenteuer ein entspanntes Wegstück. Das Rote Kreuz führt euch immer an der Eisenbahnlinie entlang zur Sachsenmühle und zum Gebäude der WVW (Wasserversorgung der Wiesentgruppe).
Hier verlasst ihr das Rote Kreuz und wechselt auf das Rote und das Weiße Dreieck des IFS-Wegs. Mit diesem biegt ihr scharf links in die Straße ein, der ihr über eine Brücke zur Bushaltestelle folgt. Ihr überquert die B 470 und wandert direkt dahinter mit dem IFS-Weg auf schmalem Pfad steil nach rechts oben in den Wald. Dieser Pfad wird zum regelrechten Steig und führt euch weiter oben nach rechts in eine Felsenschlucht, deren gewaltige Wände und Türme eure Aufmerksamkeit voll und ganz verdienen. Immer weiter geht es nach oben. Eines der letzten Felsmonumente, das ihr passiert, ist ein bizarr gewölbter Überhang. Nun heißt es aufpassen: Etwa 50 Meter nach diesem Überhang zweigt an einem kleinen Felsblock ein schmaler Trampelpfad ohne Wegzeichen scharf nach links oben ab. Diesem folgt ihr für zehn Meter und lenkt dann euren Blick nach rechts oben. Von einigen Baumstämmen fast verborgen, öffnet sich dort oben das Portal des Geißlochs, euer nächstes Ziel. Etwa zehn Meter weiter auf dem Trampelpfad nach oben erreicht ihr eine einzelne Holzstufe. Direkt rechts daneben zweigt ein kaum erkennbarer Pfad nach rechts und dann nach links steil nach oben und hinauf zum Höhlenportal ab. Um in die ehemalige Räuberhöhle zu gelangen, ist eine kurze Kraxelei erforderlich. Dann steht ihr schon in der Haupthalle des Geißlochs. Diese spannende Höhle mit ihren vielen kleinen Fenstern verfügt über mehrere Räume und präsentiert im hinteren Bereich sogar ein paar sehr kleine Versinterungen. Besonders faszinierend sind auch hier wieder die Farben, die durch den unterschiedlich starken Lichteinfall durch all die Öffnungen entstehen.

Zur Stillen Aussicht Vom Geißloch kehrt ihr zu dem unmarkierten Trampelpfad mit der Holzstufe zurück und folgt diesem vorbei an einer stattlichen Felswand nach rechts oben. Zwischen Felsen hindurch gelangt ihr nach links zu dem romantischen Aussichtspunkt „Stille Aussicht", an dem euch eine rustikale Bank erwartet – ein perfekter Rastplatz.

Zur Räuberburg Vom Aussichtspunkt folgt ihr einem Pfad nach links zu einer nahe gelegenen Treppe, steigt die Stufen hinunter und gelangt an eine Teerstraße, in die ihr ohne Wegzeichen nach rechts oben einbiegt. Die Straße führt euch, vorbei am Campingplatz Pfaffenstein, vor das Gasthaus „Zum Pfaffenstein". Hier erreicht ihr einen Wanderzeichenbaum, an dem ihr euer nächstes Wanderzeichen findet. Der Rote Längsstrich des Heinrich-Uhl-Wegs wird euch nun ein ganzes Stück begleiten. Zuerst weist er euch den Weg nach links über den Hof des Gasthauses. An einem Baum auf dem Hof findet ihr erneut den

Roten Längsstrich. Dieses Mal kündet das Wanderzeichen sogar schon von den euch erwartenden Sehenswürdigkeiten, dem Adlerstein und dem Quakenschloss. Doch zuerst einmal folgt ihr eurem Wanderzeichen oberhalb des Campingplatzes in den Wald. Schon nach wenigen Metern auf dem bequemen Waldweg erhebt sich rechts von euch das Felsenlabyrinth der Räuberburg. Mehrere Wege winden sich hinauf und zwischen den vielen beeindruckenden Felsen hindurch. Es lohnt sich, auf Entdeckungsreise zu gehen. Sogar ein kleines Felsentor, hinter dem ein Abgrund steil nach unten fällt, lässt sich hier oben finden.

Zum Adlerstein Von der Räuberburg kehrt ihr zum Waldweg zurück und folgt dem Roten Längsstrich nach rechts. Dieser führt euch nun etwa 2,5 Kilometer zuverlässig durch märchenhafte Waldstücke und über Wiesen und Felder bis an den Ortsrand von Engelhardsberg. Am Ortsrand angekommen weist euch der Rote Längsstrich den Weg nach links die Straße hinauf. Weiter oben biegt ihr mit dem Wanderzeichen nach links in einen Parkplatz ein. Von hier aus könnt ihr den erhabenen Felsen des Adlersteins bereits erkennen. Vom Parkplatz geht ihr direkt in den Wald. Bald erreicht ihr die drei mächtigen Felsen des Adlersteins, dem der berühmte Viktor von Scheffel sogar ein Gedicht gewidmet hat. Der Text ist an einer der Felswände nachzulesen. Der Adlerstein kann über eine Eisentreppe bestiegen werden. Von der mit einem Geländer gesicherten Aussichtsplattform bietet sich euch ein wunderbarer Blick in die Fränkische Schweiz. Vom Plateau des Adlersteins kehrt ihr zum Weg zurück und folgt dem Roten Längsstrich über einen bezaubernden, mit Felsen und Wurzeln dekorierten Waldweg bis zum sagenumwobenen Quakenschloss. Der Wald öffnet sich und gibt den Blick auf das Felsmassiv frei, das mit seinen Türmen, Zinnen und dem Höhleneingang oben am Hang einem Schloss sehr ähnlich

Am Adlerstein

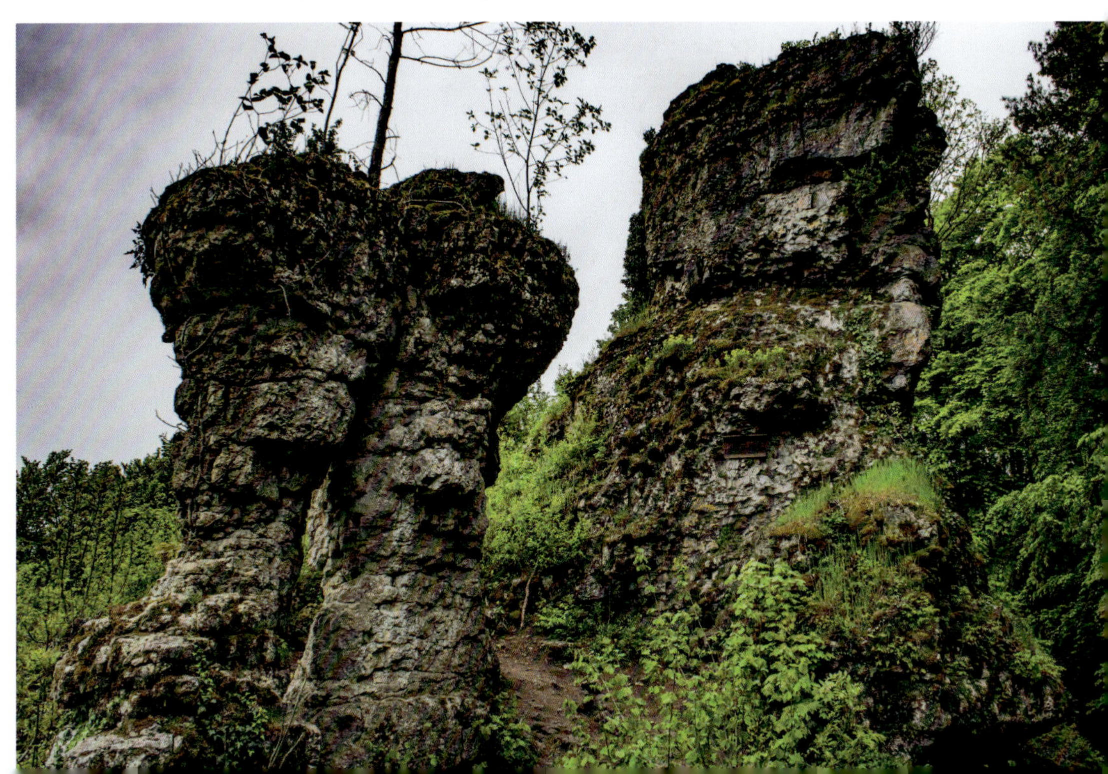

10

sieht. Auf einer kleinen Lichtung davor findet ihr auf einer Tafel die Sage, die davon berichtet, wie das Quakenschloss entstanden ist. Das Höhlenportal birgt den eigentlichen Schatz des Quakenschlosses: eine herrlich geschwungene Durchgangshöhle. Links am Hang des Felsenschlosses führt ein schmaler und felsiger Pfad rechts hinauf auf das mit steinernen Zinnen und knorrigen Bäumen bewehrte Plateau des Quakenschlosses. Die Aussicht von dort oben hinüber ins Wiesenttal und zur Burgruine Neideck ist einfach fantastisch.

Der Rückweg durch den Zwecklersgraben Vom Quakenschloss zum Wanderweg zurückkehrend folgt ihr dem Roten Längsstrich nach links unten. Immer weiter trägt euch dieses Wanderzeichen sanft hinunter Richtung Wiesenttal. Im Verlauf des Weges gesellt sich der Grüne Ring hinzu. Nach fast 1,5 Kilometern erreicht ihr an einem felsigen Bachbett eine Weggabelung. Nun verlasst ihr den Roten Längsstrich und biegt mit dem Grünen Ring nach links Richtung Muggendorf ab. Euer neues Wanderzeichen führt euch nach wenigen Metern nach links über ein paar Treppenstufen hinab und dann nach rechts in den Zwecklersgraben, ein wunderschönes Felsental, durch das ihr zurück ins Wiesenttal wandert. Zwischen einem Felsenportal hindurch betretet ihr dieses märchenhaft anmutende Felsental. Der Handlauf entlang der Felsen ist bei schönem Wetter eher Dekoration als wirklich erforderlich. Bei nasser Witterung ist er jedoch sehr nützlich, um unbeschadet nach unten zu gelangen. Rechts und links schieben sich schroffe Felsformationen ehrfurchtgebietend empor. Das leuchtende Grün des Mooses taucht diesen Ort in zauberhaftes Licht. Im Wiesenttal angekommen erwartet euch eine Holzbrücke, über die ihr auf den Talweg gelangt, in den ihr mit dem Roten Kreuz nach links einbiegt. Dieser Weg führt euch bequem entlang der Bahnlinie durch das idyllische Wiesenttal und nach etwa zwei Kilometern, zuletzt auf der Holzbrücke, an der eure Wanderung begann, über die Wiesent zurück zum Parkplatz.

Im Quakenschloss

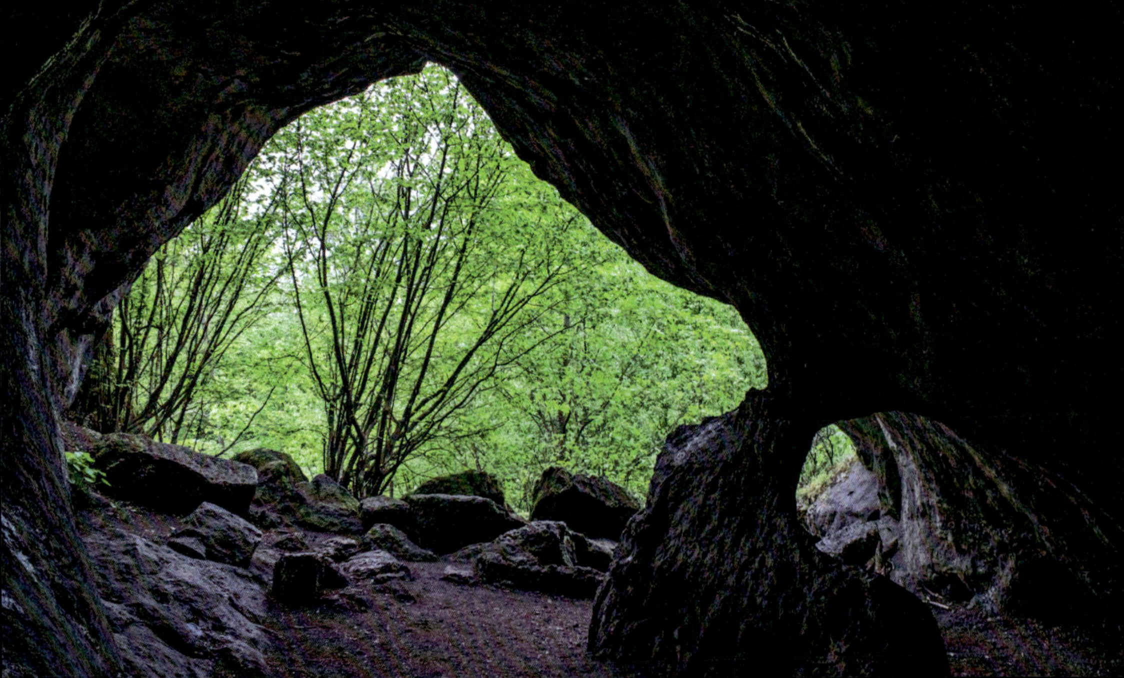

Wissen für Angeber

Räuber in der Fränkischen Schweiz Heutzutage bringen wir dank unserer romantisierten Sichtweise des gesetzlosen Lebens mit dem Wort Räuberei meist gewalttätige Beutezüge in Verbindung. Tatsächlich handelte es sich jedoch meist um im Verborgenen durchgeführte Diebstähle. Kutschen oder Reisende am hellen Tag zu überfallen, war nicht nur riskant, man lief auch Gefahr, schnell erkannt und beim versuchten Verkauf gestohlener Waren identifiziert zu werden. Die meisten Räuber und Diebe begingen ihre Delikte aus purer Not und Armut heraus. Im 18. Jahrhundert jedoch schlossen sich auch in Franken Räuberbanden aus reiner Habgier zusammen. Gemeinsam konnten sie von den jeweiligen Fertigkeiten ihrer Komplizen profitieren. Sogar Urkundenfälscher und Gastwirte fanden sich in ihren Reihen. So brachte es zum Beispiel die Große Fränkische Diebes- und Räuberbande, die in Franken und in der Oberpfalz ihr Unwesen trieb, auf eine geschätzte Gesamtzahl von 180 Bandenmitgliedern. Diese waren unterteilt in verschiedene Gruppen. Eine davon unterstand dem heute noch bekannten Franz Troglauer, dem es in seiner Kühnheit sogar gelang, in Bamberg den Bischofsstab des Weihbischofs zu rauben.

KOMPASS

Wann wandern?

In den Sommermonaten außerhalb der Fledermausschutzzeit, damit ihr auf euren Erkundungstouren in den Höhlen keine Flattertiere aufweckt. Nach starken Regenfällen nur bedingt empfehlenswert, da es dann in den Schluchten sehr matschig und rutschig werden kann.

Was beachten?

Für die abenteuerlichen Wege durch die Schluchten ist Trittsicherheit zwingend erforderlich.

Wo rasten?

Am Aussichtspunkt „Stille Aussicht" steht eine kleine Bank, die wie geschaffen für eine Brotzeitpause ist.

Wo einkehren?

Biergarten Sachsenmühle, Telefon 09242 740660

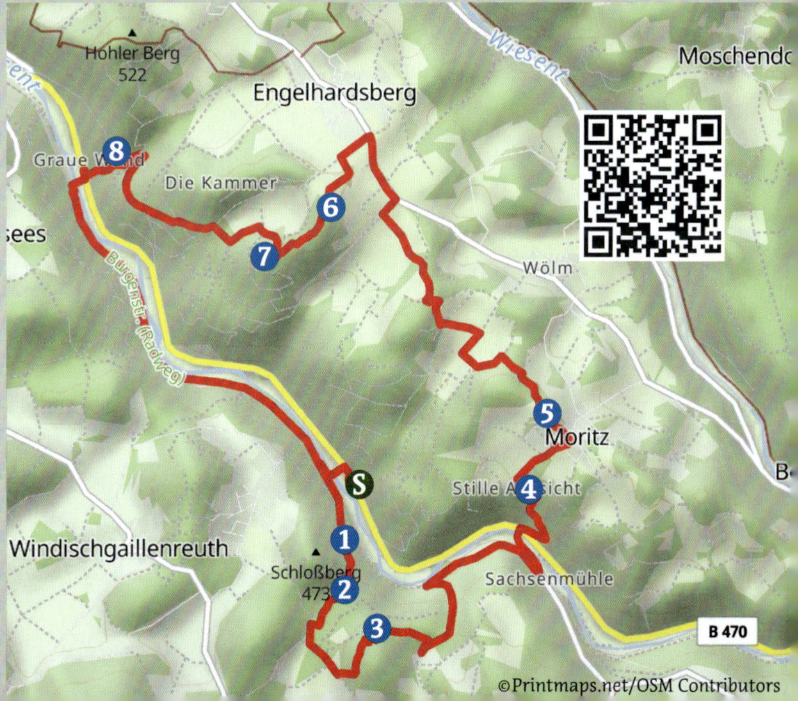

11

Zwergenhöhle, Burgruine Hollenberg und das magische Püttlachtal

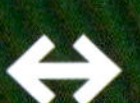 12,8 km

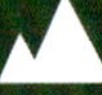 244 Hm

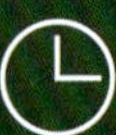 3–4 h

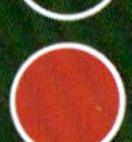 mittel

Eckdaten:

- **Sonne/Schatten:** Die Wanderung verläuft zur Hälfte auf offener Ebene und zur Hälfte auf schattigen Waldwegen
- **Start-/Endpunkt:** Wanderparkplatz an der Kapelle Elbersberg, 91278 Pottenstein
- **Parkplatzgröße:** etwa 15 Pkw
- **Taschenlampe:** ja
- **Buggy:** nein

Das Püttlachtal mit der munter im grünen Talgrund dahinfließenden Püttlach und seinen gewaltigen, majestätisch in den Himmel ragenden Felsen bildet genau den richtigen Rahmen für eine stimmungsvolle Wanderung, die euch nach einem gemütlichen Anfang ein regelrechtes Feuerwerk an Wander-Highlights bietet, bevor sie sanft ausläuft.

Highlights:

1. Ruine der Pirkenreuther Kapelle
2. Gnomenbrünnlein
3. Zwergenhöhle
4. Burgruine Hollenberg
5. Hätzerkirche mit Felsentor
6. Geisskirche
7. Großes Hasenloch
8. Himmelsleiter

Die Sage

Der Schmied von Pottenstein Zwischen Pottenstein und Hollenberg verläuft der Schwedensteig, den ihr auf dieser Wanderung quert. Vielleicht verdankt dieser Weg seinen Namen der folgenden alten Geschichte, die um das Jahr 1634 entstand.

Im Dreißigjährigen Krieg, als das schwedische Heer mordend und brandschatzend durch die Fränkische Schweiz zog, verbreitete sich an einem Winterabend in Pottenstein die Kunde, die Schweden seien dem Ort bereits so nahe, dass sie ihn am nächsten Morgen sicher erreichen und dem Erdboden gleich machen würden. Das nahe gelegene Gößweinstein war bereits ein Raub der Flammen geworden. Und die Pottensteiner hatten Fürchterliches über die Greueltaten der Schweden in dem alten Wallfahrtsort gehört. Obwohl viele Pottensteiner Bürger der Meinung waren, man solle versuchen, die Schweden mit Geschenken und Abgaben zu beschwichtigen und so versuchen, das Heil des Ortes zu erkaufen, war der Dorfschmied nicht davon abzubringen, dass der Mordbrennerei endlich ein Ende gesetzt werden müsse. Mit einer flammenden Rede von Mut und mit dem Gerücht, die katholischen Heere seien zum Schutze bereits auf dem Weg nach Franken, begeisterte der Schmied seine Mitbürger dafür, einen waghalsigen Plan in die Tat umzusetzen. Alles Eisen der Pottensteiner ließ er sich bringen und schmiedete es zu langen, spitzen Stangen. Diese verteilte er an die Pottensteiner. Derart gerüstet legten sie sich im Morgennebel des Püttlachtals auf die Lauer und brachten die Spitzen der Stangen in gut verborgener Esse dauerhaft zum Glühen. Von Weitem hörten sie bald das Lachen, Singen und Scherzen der sich nähernden Schwedenarmee. Diese hatten Pottenstein, das der Nebel ganz unter sich begraben hatte, von den Hängen noch nicht ausgemacht und waren gerade im Begriff, die Hänge hinab ins Tal zu steigen. Auf das Signal des Schmieds stürzten sich die im Nebel nur als dunkle Schemen wahrzunehmenden Pottensteiner mit wildem Gebrüll und mit ihren glühenden Waffen auf den Feind. Sie richteten unter den Schweden ein derartiges Blutbad an, dass diese, im Glauben, der Teufel selbst habe sie mit brennenden Klauen angegriffen, von Schrecken erfasst aus dem Tal flüchteten und nie mehr zurückkehrten.

Die Wegbeschreibung

Zur Ruine der Pirkenreuther Kapelle Vom Wanderparkplatz an der kleinen Elbersberger Kapelle wandert ihr mit eurem ersten Wanderzeichen, dem Roten Punkt, Richtung Burgruine Hollenberg nach rechts. Auf geschottertem Weg geht es vorbei an einem liebevoll angelegten, kleinen Teich mit Bänken, über Wiesen und Felder und schließlich, dem Roten Punkt folgend, nach links Richtung Wald. Schon bald passiert ihr den Waldesrand. An der nächsten Weggabelung folgt ihr dem Roten Punkt nach rechts und kurz darauf nach links, entlang einer Umzäunung nach unten. Bei der nächsten Weggabelung haltet ihr euch mit eurem Wegzeichen links und geht immer weiter nach unten in ein Felsental. Hier, im Felsengewirr, sollen die Schwarzelfen ihr Unwesen treiben. Die kleinen, hinterlistigen Berggeister haben schon so manchen nächtlichen Wanderer in der Dunkelheit in die Irre geführt. Je weiter ihr im Tal nach unten gelangt, desto aufmerksamer könnt ihr die Rückseiten der von euch linker Hand passierten, großen Felsen am Wegesrand betrachten. In einem davon versteckt sich eine wundervolle, kleine Krippe. Kurz dahinter wandert ihr an einer Weggabelung ohne offensichtliches Wanderzeichen

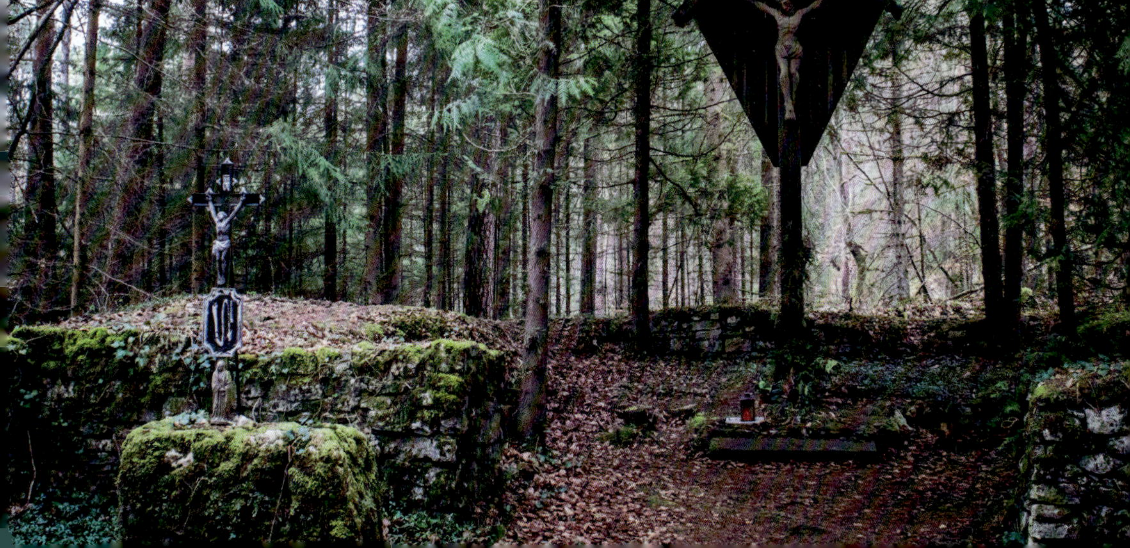

Die Ruine der Pirkenreuther Kapelle

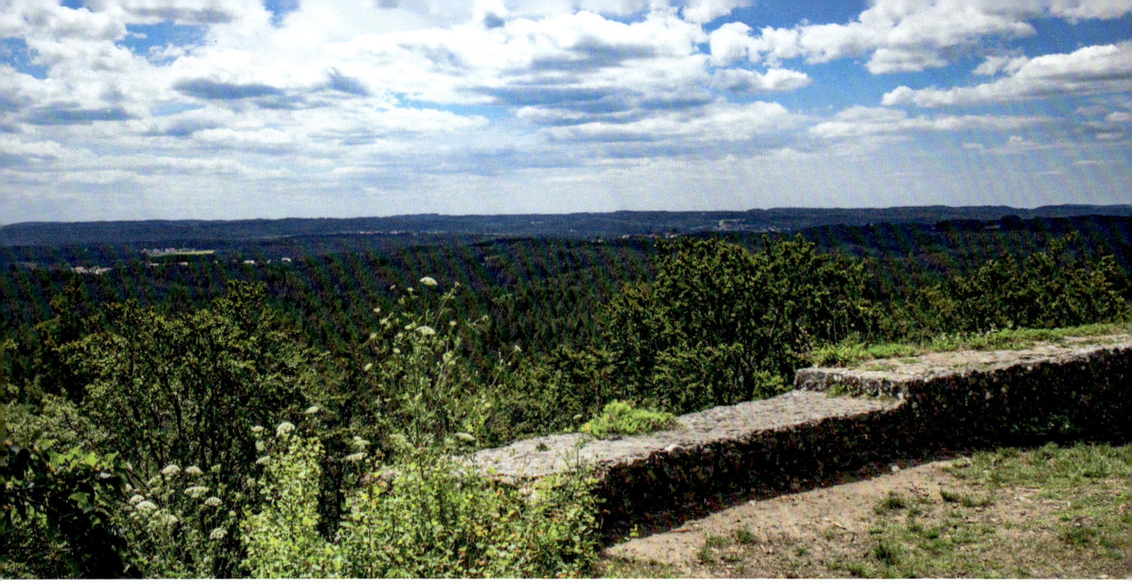

Blick von der Burgruine Hollenberg im Sommer

mit dem rechten Weg weiter nach unten. Dort stoßt ihr auf einen Wegweiser. Diesem folgt ihr rechts Richtung Hollenberg. Etwa 200 Meter weiter biegt ihr bei der nächsten Gelegenheit mit breitem Fahrweg nach links auf den nach oben führenden Kreuzweg ein. Oben und am Ende des Kreuzwegs angekommen, zweigt ihr mit dem Roten Punkt für einen kurzen Abstecher nach links zur Ruine der Pirkenreuther Kapelle ab. Auch wenn heute nur noch ein paar Mauerreste von ihrer Existenz zeugen, im Mittelalter war die Pirkenreuther Kapelle ein bedeutendes und weithin sichtbares Gotteshaus. In den Hussitenkriegen wurde es, der Überlieferung nach, Mitte des 14. Jahrhunderts zerstört, und sowohl der Pfarrer als auch ein großer Teil seiner Gemeinde wurden umgebracht. Obwohl die Kapelle um 1500 wieder aufgebaut wurde, erlangte sie scheinbar nie wieder die einstige Bedeutung und wurde 1566 größtenteils abgetragen. Das ändert nichts daran, dass die Ruine der Pirkenreuther Kapelle auch heute noch ein faszinierender Ort ist, an dem prima ein paar stille Minuten verbracht werden können.

Zum Gnomenbrünnlein Der Rote Punkt führt euch auf schmalem Weg links an der Ruine vorbei und zurück auf den breiten Fahrweg, in den ihr nach links einbiegt. Schon bald danach verlasst ihr den Fahrweg erneut mit dem Roten Punkt leicht nach links und wandert auf deutlich ansprechenderem Pfad, immer parallel zum Fahrweg, den Hang hinunter. Schließlich mündet auch dieser schöne Pfad wieder in den Fahrweg, dem ihr nun nach links zu einer großen Kreuzung auf freiem Feld folgt. Dort biegt ihr an einem sehr bunten Wegkreuz ohne Wegzeichen nach rechts ab und wandert am Waldrand entlang. Nach etwa 700 Metern erreicht ihr eine Kreuzung. Hier biegt ihr mit dem Wegweiser und eurem neuen Wegzeichen, dem Roten Kreuz, nach links zum wenige Meter entfernten Felsmassiv des Gnomenbrünnleins ab. Hier befindet sich eine Höhle unter zwei gewaltigen Felsen, an deren Innenwand ein Rinnsal seinen Weg durch den Fels sucht. Wie diese Höhle mit ihrem stattlichen Portal zu einem so zierlichen Namen bekommen ist, lässt sich nicht mehr erklären, doch macht genau dieser Widerspruch das Gnomenbrünnlein so sympathisch.

Zur Zwergenhöhle Vom Gnomenbrünnlein folgt ihr dem sich entlang gewaltiger Felsen nach oben windenden Steig. Einfach großartig, wie sich die Felsen nach oben schieben und einen prachtvollen Anblick bieten. Dann weist euch ein Schild den Weg nach rechts durch eine steile, mit dichtem Wurzelgeflecht durchzogene Felsenklamm hinauf zur Zwergenhöhle. Schließlich, nach einer spannenden Kraxelei, gelangt ihr vor das beeindruckende Portal der Zwergenhöhle. Der in zwei Kammern geteilte Vorraum wirkt noch gar nicht zwergenhaft. Eher erkennt man in dessen Mitte einen riesigen Stiefel, der scheinbar mit gewaltigen Kräften durch die Höhlendecke gestoßen wurde. Doch wenn ihr weiter nach hinten geht, stoßt ihr in einer Ecke auf einen ein Meter niedrigen Eingang, der tief in den Berg führt. Wenn ihr hier rechts in den schmalen Gang und gleich wieder nach links in einen schmalen Spalt einbiegt, findet ihr in dessen hinterem Teil einige schöne Höhlenverzierungen.

Zur Burgruine Hollenberg Von der Zwergenhöhle folgt ihr dem Roten Kreuz weiter auf dem schönen Weg, entlang vieler großartiger Felsen, nach oben und biegt dann an einer Informationstafel mit der Beschilderung nach rechts hinauf zur Ruine Hollenberg ab. Am Ende tragen euch einige Treppen der Oberburg und dem Aussichtspunkt der Ruine Hollenberg entgegen. Dieser bietet euch einen wundervollen Panoramablick in die Fränkische Schweiz. Die Burg Hollenberg wurde wohl Mitte des 14. Jahrhunderts erbaut und nach einer wechselvollen Geschichte 1525 im Bauernkrieg endgültig zerstört. Der Name Hollenberg leitet sich von „Hohler Berg“ ab, was sich ganz bestimmt auf die Zwergenhöhle unterhalb der Burgruine bezieht.

Ins Püttlachtal und zur Hätzerkirche Von der Burgruine steigt ihr mit dem Roten Kreuz hinunter und zur Bergstation Hollenberg, einem Kiosk, an dem es leckere Brotzeiten gibt. Von der Bergstation Hollenberg biegt ihr mit dem Roten Kreuz nach links ab und durchquert eine kurze, dafür besonders beeindruckende Felsenschlucht. Dahinter biegt ihr mit dem Roten Kreuz Richtung Pottenstein nach links ab. Dieser Weg führt euch zuerst durch den Wald und dann nach links auf breitem Schotterweg hinab zu der großen Kreuzung, an der ihr vorhin nach rechts zum Gnomenbrünnlein abgebogen seid. Nun biegt

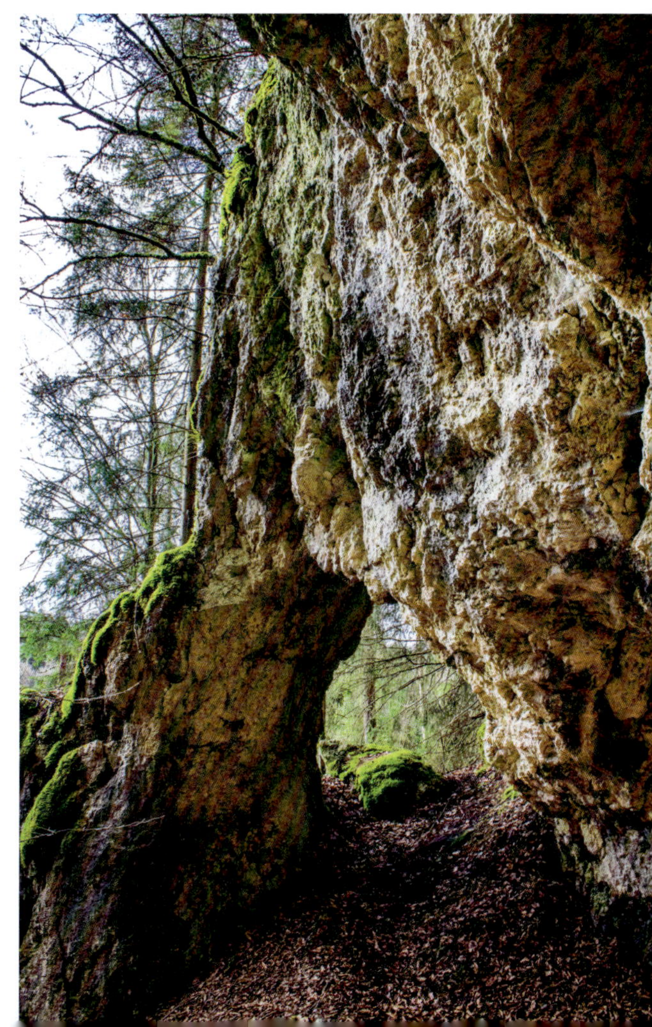

Das Felsentor der Hätzerkirche

ihr, weiterhin mit dem Roten Kreuz, nach rechts Richtung Pottenstein hinunter ins Püttlachtal ab. Dort angekommen, folgt ihr dem Roten Kreuz, entlang der neben euch fließenden Püttlach nach links. Wundervoll ist der tiefgrüne Talgrund, durch den die hier noch schmale Püttlach geradezu verhalten mäandert. Am Hang zu eurer Linken könnt ihr schon die Vorboten dessen bewundern, was euch auf eurem weiteren Weg durchs Püttlachtal noch an Felsmassiven erwartet. Bald überquert ihr mit eurem Wanderzeichen die Püttlach über eine Brücke nach rechts und biegt dahinter, weiterhin mit dem Roten Kreuz nach links Richtung Pottenstein in einen schmalen Waldpfad ein. Schon nach wenigen Metern ist klar, weshalb der Püttlachtalweg bei vielen Wanderern als einer der schönsten Wanderwege in der Fränkischen Schweiz gilt. Er beginnt idyllisch mit der Püttlach zur Linken und dichtem Wald zur Rechten. Dann lichtet sich der Baumwuchs und gibt den Blick frei auf die gewaltigen Felsmonumente, die rechts von euch am Hang emporragen. Fantastisch, wie riesige Spalten die grauen Riesen durchziehen und stattliche Überhänge zu regelrechten Felsendächern werden. Etwa einen Kilometer nachdem ihr die Brücke überquert habt, zweigt vom Talweg ein sehr schmaler und unmarkierter Trampelpfad nach rechts oben ab. Dieser Pfad führt euch in Kehren den steilen Hang hinauf zu der riesigen Überhanghöhle der Hätzerkirche. Schon von unten könnt ihr den gewaltigen Bogen der Höhle erkennen. Wenn ihr dann schließlich im Innenraum angekommen seid, erkennt ihr links im hinteren Teil einen Durchgang, den ihr durchquert und danach nach links noch ein paar Meter nach oben steigt. Dort erwartet euch ein absolutes Highlight, ein wundervolles Felsentor.

Das Große Hasenloch

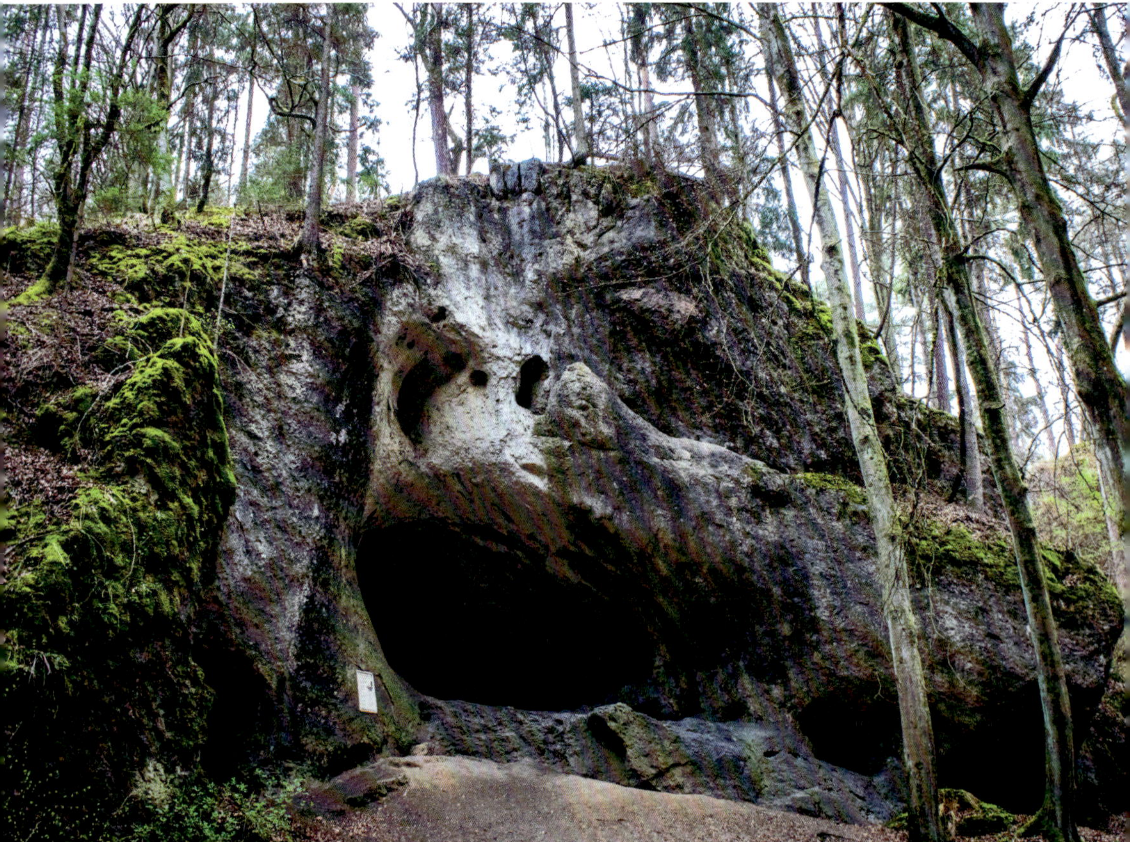

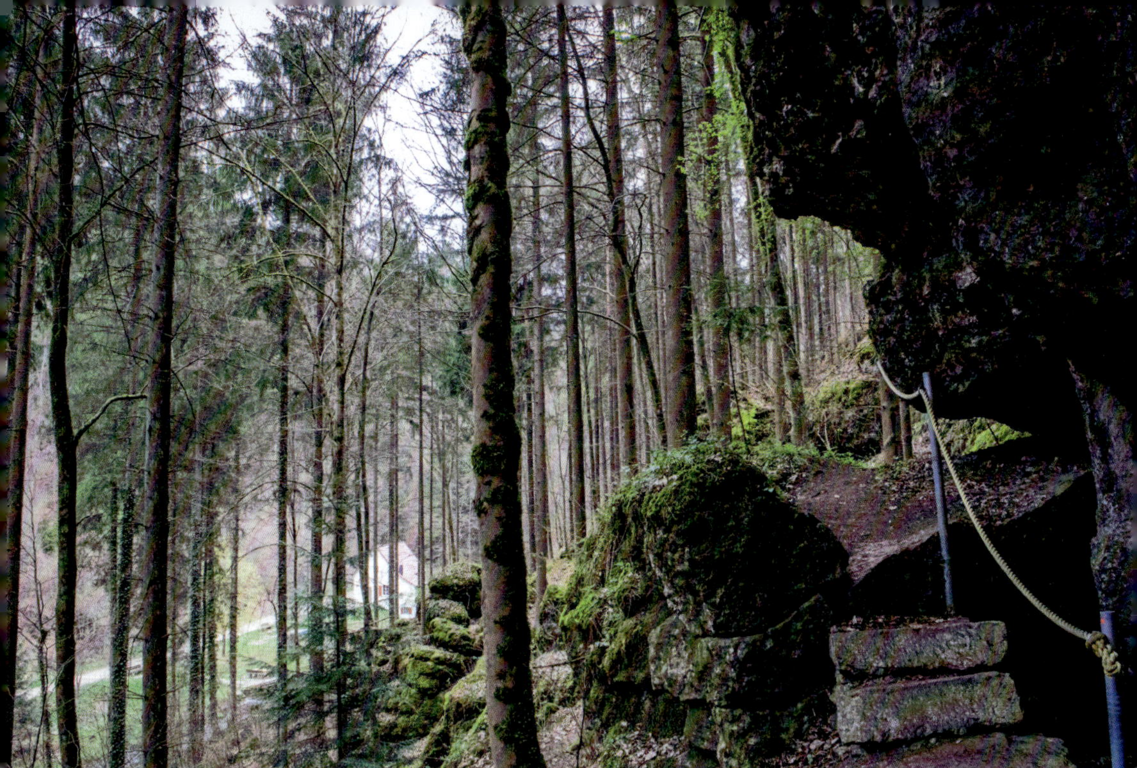

Der Einstieg in den Felsensteig hinauf zum Hasenloch

Zur Geisskirche Von der Hätzerkirche steigt ihr auf demselben Pfad hinunter, über den ihr gekommen seid, und biegt unten wieder nach rechts in den Talweg ein. Dieser führt euch bald vorbei am Felsmassiv der Geisskirche, die bei Kletterern auch Hohe Nase genannt wird. Der Legende nach soll sich im Fels der Geisskirche der Eingang eines Geheimgangs befinden, der bis hinauf zur Burgruine Hollenberg führt.

Zum Großen Hasenloch Ihr folgt weiter dem Roten Kreuz, das euch bald erneut auf einer Brücke nach links über die Püttlach führt. Hinter der Brücke biegt ihr mit eurem Wanderzeichen Richtung Pottenstein ab. Der Weg führt euch nun stellenweise direkt durch den traumhaft schönen Talgrund, dann wieder etwas hinauf und an einer auf der anderen Seite der Püttlach liegenden Kneipp-Anlage vorbei, zu der ihr schon wenig später dank einer Brücke einen Abstecher machen könnt. Auf eurer Seite der Püttlach, direkt gegenüber der Brücke, ein Stück weiter oben am Hang, thront ein mächtiger Felsen. Dort hinauf führt ein schmaler Weg. Diesem folgt ihr ohne Wegzeichen nach oben und verlasst damit das Wanderzeichen Rotes Kreuz. Am Fuß des Felskolosses führen einige Stufen und ein Handlauf nach links zu einer steilen Treppe, die euch zwischen großen Felsbrocken hindurch immer weiter hinaufführt. Der versteckte Felsenpfad, den es hier zu entdecken gilt, ist wirklich großartig. Rechts und links von euch türmen die grünen Felsblöcke und dazwischen liegen die alten Stufen. Fast fühlt man sich wie in einem Felsenlabyrinth. Der Steig mündet oben in einen breiten Wanderweg mit dem Wegzeichen Grüner Punkt. Diesem folgt ihr, flankiert von gewaltigen Felswänden, nach links weiter hinauf. Ihr passiert einen kleinen Waldtempel und erreicht schon kurz darauf das imposante Portal des Großen Hasenlochs. Hier soll einst der Höhlengeist, auch Höhlenpöpel genannt, in Gestalt eines Hasen einen Jungen aus Pottenstein, der am Sonntagmorgen lieber im Wald spielte, als in die Kirche zu gehen, in die Höhle gelockt und ihm dort den Hals umgedreht haben. Wer weiß schon, was heute noch in der Dunkelheit des Großen Hasenlochs auf unvorsichtige Besucher wartet?

Zur Himmelsleiter Vom Großen Hasenloch folgt ihr dem Grünen Punkt weiter hinauf und biegt oben mit dem Wanderzeichen nach rechts Richtung Felsenbad Pottenstein ab. Es geht noch ein letztes Stück sanft bergauf. Nach gut 200 Metern biegt ihr mit dem Grünen Punkt in den Fahrweg nach rechts ab und könnt schon bald links von euch die imposante, 37 Meter hohe Himmelsleiter erkennen, eine lange, spiralförmige Eisentreppe, die sich senkrecht in den Himmel windet. Doch zuerst passiert ihr noch die kleine Hofmannskapelle. Von dieser wandert ihr auf dem Schotterweg nach links hinüber zur Himmelsleiter, von deren Aussichtsplattform sich erneut eine wundervolle Aussicht bietet.

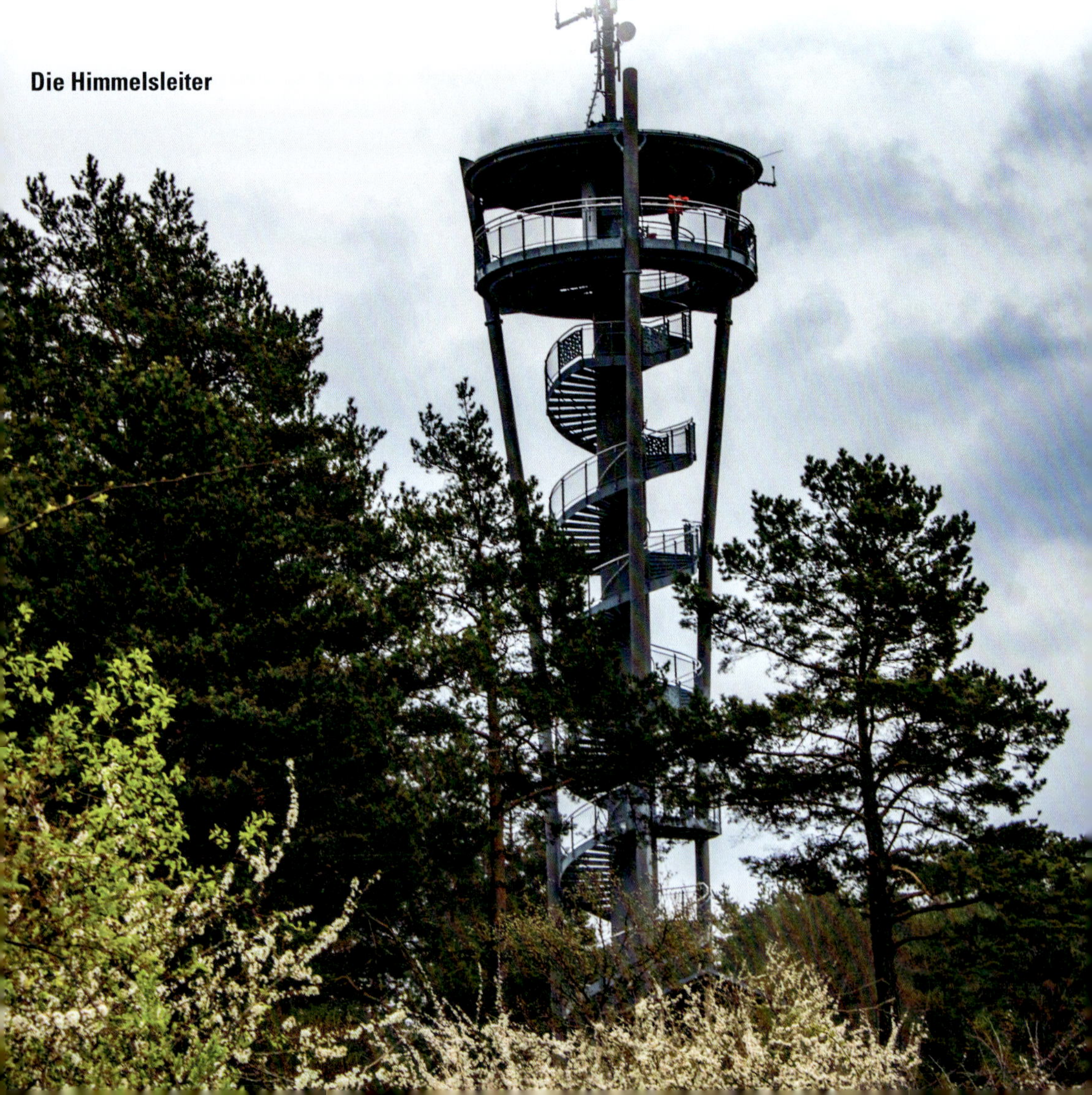

Die Himmelsleiter

Der Rückweg Hinter der Himmelsleiter mündet der Grünpunkt in den Blauen Längsstrich und in den Jakobsweg. Diesem Wanderzeichen folgt ihr auf dem bequemen Höhenweg knappe zwei Kilometer zurück zum Wanderparkplatz an der Elbersberger Kapelle.

Wissen für Angeber

Wer waren die Hussiten? Die Hussiten, eine revolutionäre Glaubensbewegung, verdanken ihren Namen dem böhmischen Reformator Jan Hus, der Anfang des 15. Jahrhunderts gegen den moralischen Verfall der katholischen Kirche predigte. Nachdem Jan Hus im Jahr 1415 auf dem Konstanzer Konzil für die Verbreitung seiner Lehren verbrannt wurde, empörten sich seine böhmischen Anhänger und formierten sich in den folgenden Jahren, in denen sie auch politisch benachteiligt wurden, zu einer schlagkräftigen Armee. Diese trug ihren Glaubenskrieg gegen die katholische Kirche und deren Unterstützer im Lauf der Jahre weit über die böhmischen Grenzen hinaus in die angrenzenden Länder. Erst im Jahr 1434 wurden die Hussiten endgültig geschlagen.

KOMPASS

Wann wandern?

Im Frühling, wenn das Laub der Bäume die grandiosen Felsen im Püttlachtal noch nicht verdeckt, bieten sich euch besonders schöne Ansichten.

Was beachten?

Die Auf- und Abstiege zur Zwergenhöhle und zur Hätzerkirche sind steil und können rutschig sein. Deshalb ist die Tour besser bei trockener Witterung zu wandern.

Wo rasten?

Die schönste Rastmöglichkeit findet ihr auf den Mauern der Burgruine Hollenberg und unterhalb der Himmelsleiter. Bänke findet ihr am Wegesrand immer wieder.

Wo einkehren?

Bergstation Hollenberg, Telefon 09241 2149

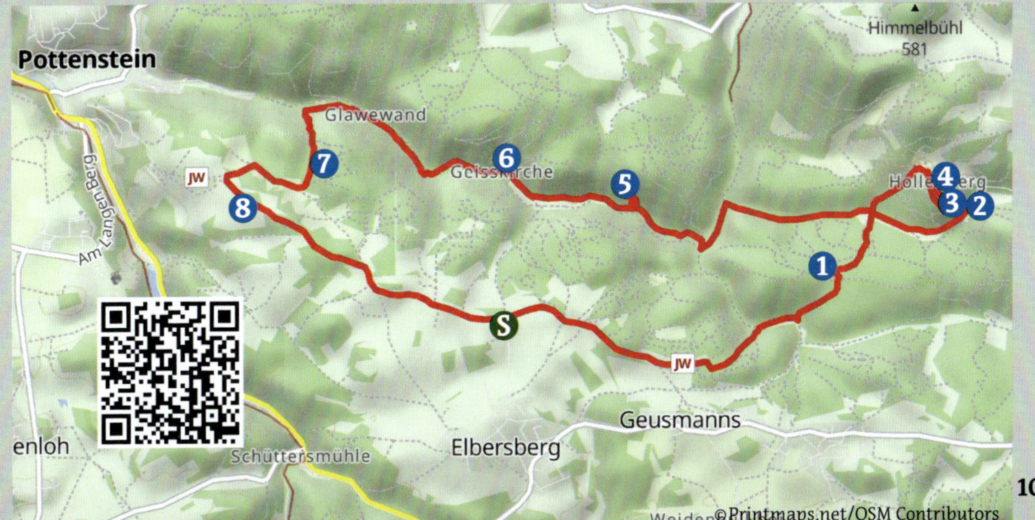

©Printmaps.net/OSM Contributors

12

Forellenweiher und Felsenträume im Klumpertal

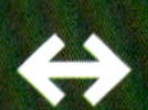 8,9 km

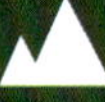 64 Hm

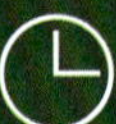 3 h

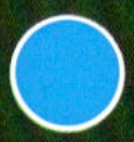 leicht

Eckdaten:

- **Sonne/Schatten: Die Wanderung verläuft größtenteils auf schattigen Waldwegen**
- **Start-/Endpunkt: Parkplatz an der B470 zwischen Schüttersmühle und Teufelshöhle, 91278 Pottenstein**
- **Parkplatzgröße: 5–6 Pkw Platz (kostenlos)**
- **Taschenlampe: nein**
- **Buggy: nein**

Das Klumpertal bei Pottenstein zählt sicher zu den schönsten Ausflugszielen der Fränkischen Schweiz. Im Talgrund führt ein bequemer Weg vorbei an Weihern, die seit vielen Jahren für die Forellenzucht genutzt werden. Wesentlich abenteuerlicher wird es oberhalb des Tals. Am Fuße gewaltiger Felsen führt ein wildromantischer Jägersteig entlang.

Highlights:

1. Amphitheater
2. Weiherstaler Männchen
3. Entenstein
4. Drachenfels
5. Ruine der Klumpermühle
6. Klumperquelle
7. Felsmassiv der Winterleite
8. Jägersteig

Die Sage

Der Klumpermüller Der Klumpermüller betrieb einst mit seiner Familie im Klumpertal die größte Mahlmühle weit und breit. Er war als arges Schlitzohr und Betrüger bekannt, denn er zahlte den Bauern aus der Umgebung, die ihr Getreide bei ihm mahlen ließen, viel weniger, als dieses tatsächlich wert war, verkaufte es jedoch zum regulären Preis weiter. So war der Müller über die Jahre auf Kosten der betrogenen Bauern immer wohlhabender geworden. Auch wenn es sich unter ihnen bereits herumgesprochen hatte, dass der Klumpermüller sie seit Jahren betrog, blieb den Bauern nichts anderes übrig, als ihr Getreide auch weiterhin bei ihm mahlen zu lassen. Zu weit waren die anderen Mahlmühlen entfernt.

So kam es, dass ein armer Bauer aus Bronn, einem Ort am Ende des Klumpertals, sein Getreide im Herbst zum Mahlen in die Klumpermühle brachte. Er wusste zwar, dass man mit dem Klumpermüller keine ehrlichen Geschäfte machen konnte, dennoch musste er mit ihm vorliebnehmen, wenn er sein Getreide nicht noch weiter bis nach Pottenstein tragen wollte. Der Klumpermüller versprach dem Bauern für den Zentner Getreide 100 Gulden. Der Bauer solle in ein paar Tagen wiederkommen, dann werde er sein Geld bekommen. Nach drei Tagen, der Müller hatte das gemahlene Getreide längst für teures Geld verkauft, kam der Bauer wieder in die Mühle. Der Müller entgegnete auf die Frage nach dem Geld nur, er habe das Mehl noch nicht verkaufen können und müsse mit dem Zentnerpreis heruntergehen. Er stellte dem Bauern in der kommenden Woche 80 Gulden in Aussicht.

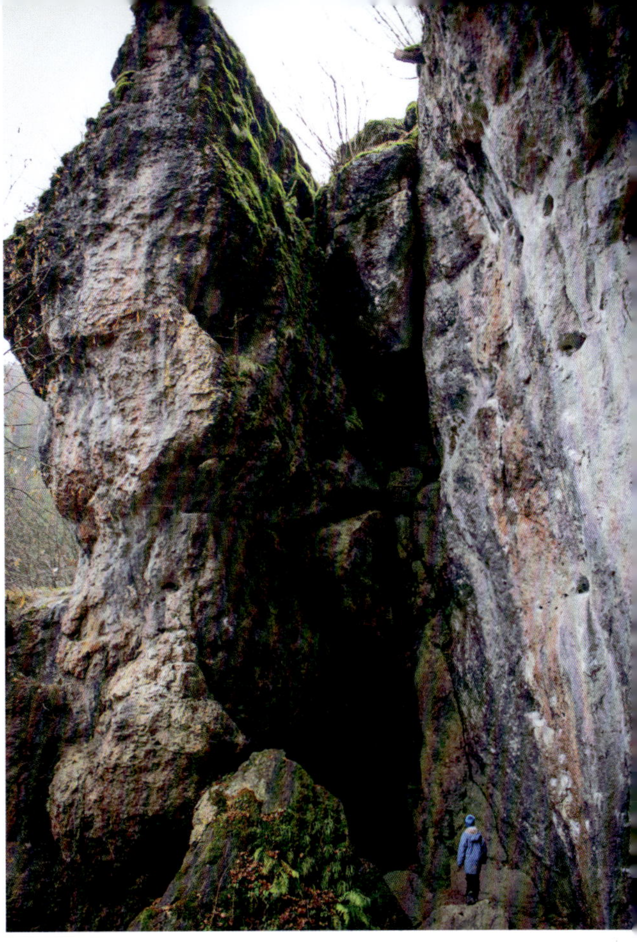

Amphitheater

Der Bauer, hilflos wie er war, musste dem Müller vertrauen und kam eine Woche später wieder zur Klumpermühle. Die Auskunft des Müllers war wieder dieselbe, allerdings mit dem Hinweis, der Preis sei mittlerweile auf 50 Gulden gesunken. Der Müller trieb das unrühmliche Spiel so lange, bis er dem Bauern schließlich nur noch 5 Gulden pro Zentner gab, also den 20. Teil des abgemachten Preises. Der Betrogene ärgerte sich so sehr über den Klumpermüller, dass er ihn und seine Familie auf dem Heimweg nach Bronn verfluchte, wonach sie das Klumpertal nie wieder verlassen sollten.
Einige Wochen später tobte ein fürchterliches Unwetter über Pottenstein und dem Klumpertal. Blitze zuckten und der Donner ließ das ganze Tal erbeben. Es schien, als sei das Ende der Welt gekommen. Da plötzlich traf ein Blitz die Klumpermühle. Binnen weniger Sekunden stand das Gebäude lichterloh in Flammen. Und damit nicht genug. Der Mehlstaub entzündete sich und die Mühle explodierte mit allem und jedem, der sich darin befand. So starben der betrügerische Müller, seine Frau und seine Kinder jämmerlich in den Flammen. Der Fluch des Bauern hatte sich erfüllt – tatsächlich hatten der Müller und seine Familie das Klumpertal nie wieder verlassen. Seitdem ist die Klumpermühle eine Ruine und heute kann man nur noch einige Mauerreste und die Stelle des Mühlrades erkennen.

Die Wegbeschreibung

Zum Amphitheater Auf der gegenüberliegenden Straßenseite des Parkplatzes an der B 470 überquert ihr den Weihersbach mit dem Wanderzeichen des Frankenweges über eine hölzerne Brücke und biegt

12

dahinter nach links Richtung Schüttersmühle ab. Schon nach etwa hundert Metern erkennt ihr im Gebüsch rechts von euch, unterhalb gewaltiger Felswände, zwei schmale Pfade, die sich durchs Gebüsch steil nach oben winden. Ihr folgt einem der Pfade hinauf. An den Bäumen, die den Pfad säumen, sind teilweise Stricke zum Festhalten und Hochziehen angebracht. Bei der Steigung, die euch hier erwartet, eine wirklich sinnvolle und willkommene Idee. Der Pfad führt euch hinauf und vor eine halbrunde, kolossale Felswand. Kein Wunder, dass dieses Naturschauspiel den Namen Amphitheater trägt, erinnert es doch genau an diese antiken Prachtbauten. Was für ein wundervolles Erlebnis, dieses Naturspektakel Stück für Stück entdecken zu dürfen! Lasst euch dabei Zeit, hier gibt es einige Schätze und jede Menge großartiger Ansichten.

Das Weiherstaler Männchen Vom Amphitheater steigt ihr wieder hinunter zum Frankenweg, dem ihr nach rechts über eine Treppe und einen metallenen Steg zur Straße folgt. Nachdem ihr die Straße überquert habt, könnt ihr, wenn ihr euch umdreht, die bizarre Form des Weiherstaler Männchens betrachten.

Ins Klumpertal Ihr geht weiter Richtung Schüttersmühle und zweigt mit dem Frankenweg, vorbei am Kiosk zum Klumpertal und zwischen den Häusern hindurch, nach rechts ab. Rechts von euch präsentiert sich noch einmal das Weiherstaler Männchen stolz in seiner ganzen Pracht. Dann ziehen schon ganz neue, erstaunliche Felsengebilde eure Aufmerksamkeit auf sich. Stattliche Felswände mit enormen Überhängen, die sich urzeitlichen Dächern gleich schützend über den Weg nach vorne schieben.

Zum Drachenfels Einige Hundert Meter schlängelt sich der Frankenweg an diesen beeindruckenden Formationen vorbei und geleitet euch dann in den weitläufigeren Teil des Klumpertals und zur noch bewohnten Mittelmühle. Hier biegt ihr nach rechts in Richtung „Wanderparkplatz Eingang Klumpertal" ab. Es geht auf geteerter Straße ein Stück den Hang hinauf und dann, bevor ihr den Wanderparkplatz erreicht, mit dem Wanderzeichen Roter Ring scharf nach links Richtung Drachenfels. Schon bald passiert ihr den Entenstein, einen überhängenden Felsen, der im hinteren Teil sogar noch eine kleine Durchgangshöhle als Überraschung für euch parat hält. Weiter geht es mit dem Roten Ring. Ihr kommt an einer Abzweigung vorbei, von der eine Treppe nach

Weiherstaler Männchen

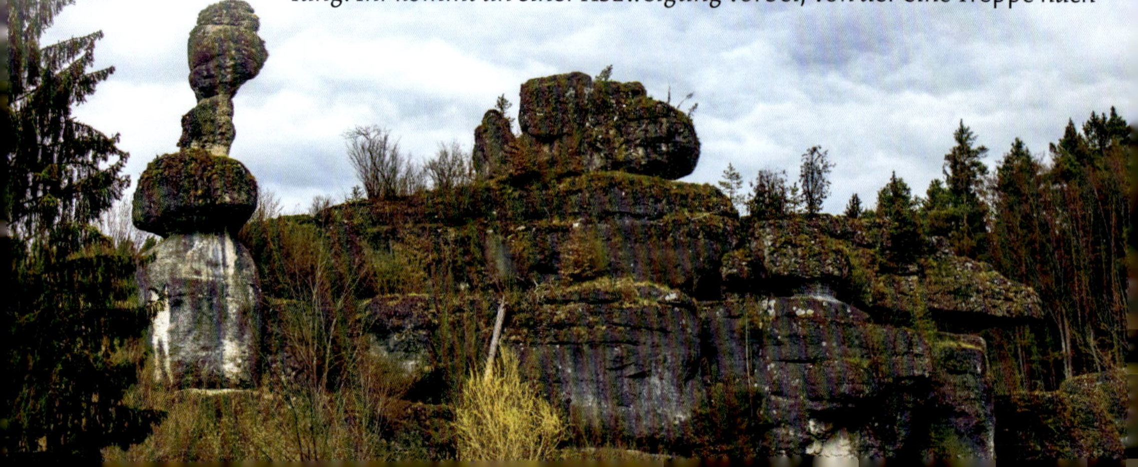

links unten führt. Direkt gegenüber zweigt ein schmaler Pfad vom Hauptweg in eine leuchtend grüne Felsenwildnis ab. Es lohnt sich, dem grünen Leuchten nachzugehen und die zauberhafte Kulisse zu entdecken, die wirkt, als sei sie direkt einem Märchenfilm entsprungen.
Dann kehrt ihr wieder zurück zum Hauptweg und folgt diesem weiter nach rechts Richtung Drachenfels. Zu diesem zweigt auch schon ein kurzes Stück weiter ein Pfad vom Hauptweg nach rechts oben ab. Schon nach nicht einmal 50 Metern erreicht ihr den Drachenfels, der mit seinem weit aufgerissenen Maul tatsächlich an ein Fabeltier erinnert.

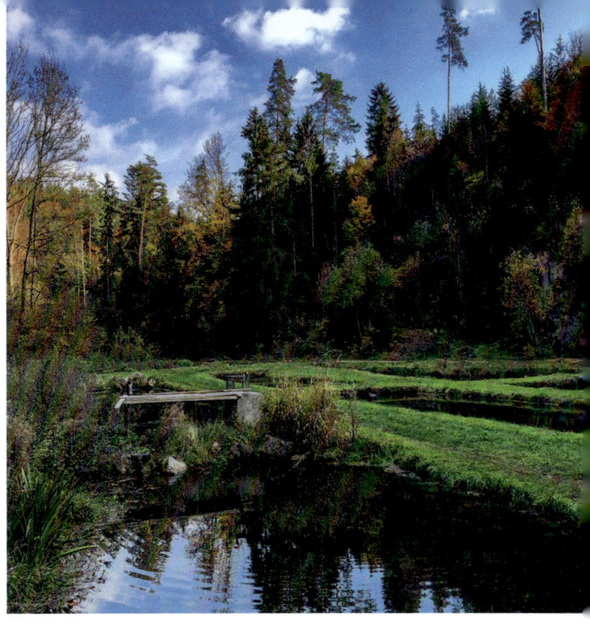

Die Forellenweiher im Klumpertal

Zur Ruine der Klumpermühle Vom Drachenfels kehrt ihr zum Roten Ring zurück, folgt diesem noch für hundert Meter und biegt dann mit dem Wanderzeichen Blauer Querstrich scharf nach links unten ab. Ihr gelangt auf steilem Weg hinunter ins Tal und biegt dort an einer Sitzgruppe nach rechts in den Talweg ein. Euer Wanderzeichen ist nun das Blau-Weiße M/D des Main-Donau-Wegs. Es wird euch begleiten, bis ihr auf den Jägersteig abbiegt. Von hier unten sehen die Felswände, auf denen ihr gerade noch unterwegs wart, noch stattlicher aus, als man von oben vermuten möchte. Tief hat sich das Wasser über Jahrmillionen in den Fels gegraben und dieses wunderschöne Tal geschaffen. Dann entdeckt ihr rechts im Fels eine Höhle, zu der ihr gelangt, indem ihr über ein kleines Bächlein steigt. Von oben herab haben, wie beim Amphitheater, umsichtige Kletterer ein gut gesichertes Seil nach unten gelegt, an dem ihr euch nach oben in die Grotte ziehen könnt. Links thront ein riesiger Felsen, der euch später, wenn ihr über den Jägersteig zurückwandert, noch als spannender Aussichtspunkt dienen wird. Darunter öffnet sich im Fels eine große Grotte. Davor befinden sich ein Rastplatz und ein großer Weiher, in dessen Oberfläche sich das Fels- und Baumensemble spiegelt – traumhaft. Gegenüber liegt die Ruine der alten Klumpermühle. Viel ist davon nicht übrig. Anders als in der alten Sage von der Klumpermühle ging sie nicht während eines Gewitters in Flammen auf, sondern wurde in den 1960er Jahren aufgrund ihrer Baufälligkeit abgerissen.

Die Klumperquelle Hinter der Mühlenruine befinden sich weitere Fischweiher mit einer respektablen Forellenaufzucht. Mit etwas Glück seht ihr die Forellen springen. Von den Weihern ist es nur noch ein kurzes Stück zu den Felsen der Klumperquelle. Bis ins 19. Jahrhundert hinein wurde im Klumpertal nach Gold geschürft, da eine alte Legende berichtete, dass aus der Quelle Gold aus dem Inneren des Felsens in den Weihersbach gespült werde.

12

Zum Felsmassiv der Winterleite Von der Klumperquelle führt euch der Main-Donau-Weg auf Schotter immer weiter durchs Klumpertal. Ihr überquert eine Kreuzung und folgt dem Main-Donau-Weg weiter Richtung Bronn. Der Schotterweg wird zum schmalen, romantischen Pfad, der sich links des grünen Talgrunds am Waldrand entlang schlängelt. Dann erheben sich auf der gegenüberliegenden Talseite die gewaltigen Felsriesen der Winterleite am Hang – ein überwältigender Anblick! Zwischen den Kolossen verbergen sich einige Zustiege, über die ihr tiefer in die geheimnisvolle Felsenwelt eintauchen könnt. Es lohnt sich, durch den Talgrund hinüberzugehen und sich auf Entdeckungsreise zu begeben.

Auf den Jägersteig Von dem Felsmassiv der Winterleite kehrt ihr zum Wanderweg zurück. Schon wenige Meter weiter zweigt vom Main-Donau-Weg – ihr könnt bereits den Kirchturm und die Dächer von Bronn am Ende es Tals erkennen – ein unmarkierter Weg leicht nach links oben ab. Diesem Weg folgt ihr für etwa 200 Meter. Dann biegt ihr sehr scharf in den, ebenfalls unmarkierten, schmalen Pfad des Jägersteigs ab. Ihr begebt euch nun auf einen der schönsten Pfade der Fränkischen Schweiz. Der Jägersteig schlängelt sich elegant über allerlei Wurzelwerk und an den, im Verlauf des Weges, immer größer werdenden Felsen des Klumpertals entlang. Linker Hand passiert ihr bald den Bronner Brummer. Wenn ihr ihn seht, wisst ihr, woher er seinen Namen hat. Immer weiter trägt euch der Jägersteig durch diese verwunschene Hanglandschaft. Hier oben auf dem Jägersteig soll ein kopfloser Wilderer umherspuken und mit seinem Stöhnen und Wimmern arglose Wanderer erschrecken. Dass an derart geheimnis- und stimmungsvollen Orten solche Geistergeschichten gedeihen, ist nur allzu verständlich. Und ist es nicht schön, wenn es einem hin und wieder einen wohligen Schauer über den Rücken jagt?
Nach etwa 1,4 Kilometern auf dem Jägersteig stoßt ihr auf einen Schotterweg. In diesen biegt ihr nach rechts ein und verlasst ihn nach 30 Metern schon wieder, indem ihr, zwischen zwei Baumstümpfen hindurch, weiterhin ohne Wanderzeichen, nach links auf den Jägersteig zurückkehrt. Der Weg trägt euch immer weiter und mündet schließlich in einen etwas weiter unterhalb verlaufenden Steig. Diesem folgt ihr weiter nach rechts und gelangt bald an eine Weggabelung mit einer Bank. Hier erwartet euch euer nächstes Wanderzeichen, der Schwarze Ring. Er führt euch links zu dem bereits erwähnten, wundervollen Aussichtsfelsen mit grandiosem Blick hinab ins Klumpertal. Der Schwarze Ring trägt euch ein wenig nach unten und dann, an einer Weggabelung, nach rechts und über eine Steintreppe direkt an einer Felswand entlang wieder hinauf. Auf den nächsten 300 Metern erwarten euch besonders viele herrliche Ansichten und Naturspektakel. Gewaltige Wände, Überhänge, Felsentore und eine geheimnisvolle Treppe in einem

Auf dem Jägersteig oberhalb des Klumpertals

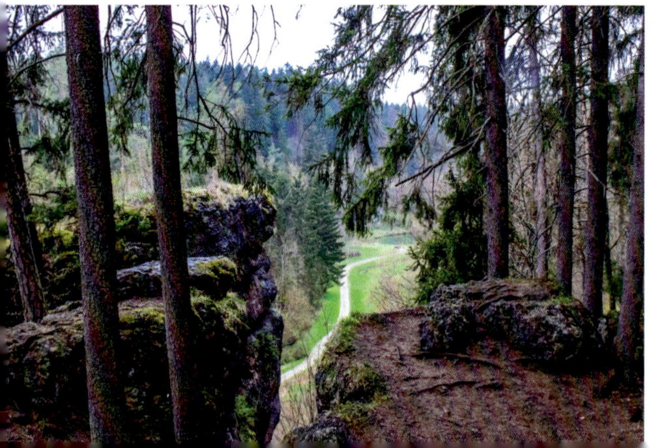

kleinen Felsental nach einer Biegung, die euch über einen Abstecher nach oben zu weiteren Highlights oberhalb des Felsensteigs führt. Dann erreicht ihr rechter Hand eine mit einem Gitter verschlossene Höhle. Gegenüber führt der Jägersteig mit dem Schwarzen Ring nach links hinunter zur Mittelmühle. Ihr folgt dem Wanderzeichen, doch verlasst den Weg schon bei der nächsten Kreuzung ohne Wanderzeichen nach rechts und wandert, weiterhin oberhalb des Klumpertals, auf breiterem Weg geradeaus. Ihr überquert die nächste Kreuzung und biegt dahinter, weiter den Hang hinauf, leicht rechts ab. Haltet euch hier oben immer links auf dem Hangweg. Ein letztes Mal türmen sich rechts von euch beeindruckende Felsen auf und verabschieden euch schließlich über eine Treppe nach unten Richtung Schüttersmühle. Von dort sind es nur noch wenige Hundert Meter zurück zum Parkplatz.

Wissen für Angeber

Wie kam das Klumpertal zu seinem Namen? Eine Infotafel an der Ruine Klumpermühle berichtet: Die Klumpermühle gab dem Tal seinen Namen. Das regelmäßige, dumpfe Schlaggeräusch der Mühle wurde fränkisch als „klumpern" oder „klumperern" bezeichnet – daher kommt die heutige Bezeichnung „Klumpertal".

KOMPASS

Wann wandern?

Diese Wanderung ist zu jeder Jahreszeit reizvoll.

Was beachten?

Sollte der Parkplatz belegt sein, findet ihr ein kleines Stück weiter Richtung Schüttersmühle unterhalb des Weihertaler Männchens noch einen Parkplatz an der Abzweigung von der B470 nach Kirchenbirkig. Auf dem Jägersteig ist bei Nässe aufgrund der dann stellenweise sehr rutschigen, den Weg durchziehenden Wurzeln Vorsicht geboten.

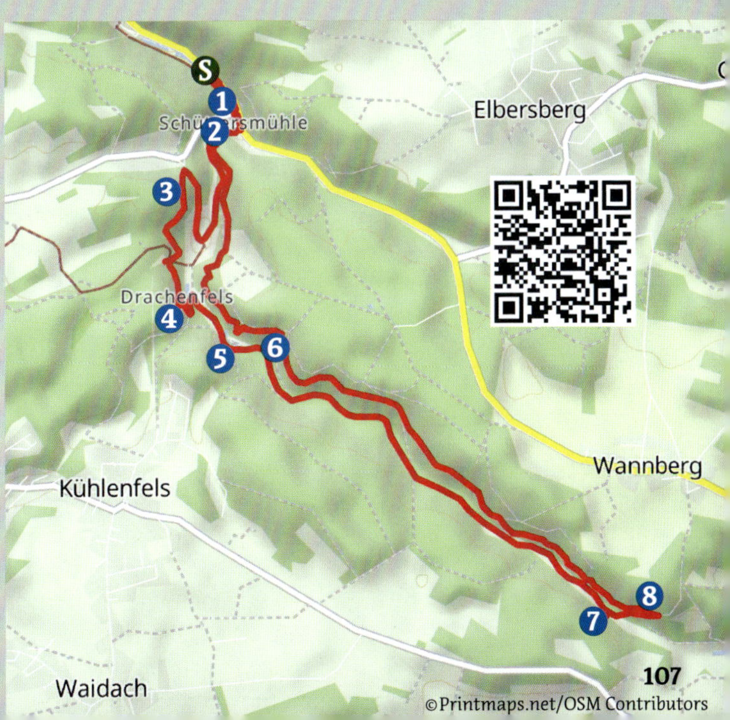

Wo rasten?

Im Talgrund findet ihr jede Menge idyllische Sitzgelegenheiten.

Wo einkehren?

Kiosk zum Klumpertal,
Telefon 09243 7335

13

Geheimnisvolle Orte bei Pretzfeld

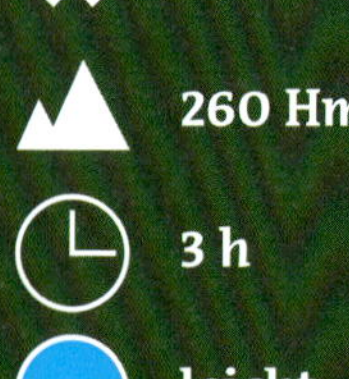

8,6 km

260 Hm

3 h

leicht

Eckdaten:
- **Sonne/Schatten: größtenteils schattige Waldwege**
- **Start-/Endpunkt: Wanderparkplatz Pretzfelder Kirschenweg, 91362 Pretzfeld**
- **Parkplatzgröße: Der Parkplatz bietet vielen Pkw Platz (kostenlos).**
- **Buggy: nein**

Auf dieser Variante des bekannten Pretzfelder Kirschenwegs gibt es tatsächlich nur wenige der namensgebenden Obstbäume zu sehen. Stattdessen erwarten euch geheimnisvolle Orte, herrliche Aussichten und muntere Wasser.

Highlights:
1. Pretzfelder Keller
2. Jüdischer Friedhof
3. Burgstall Dietrichstein
4. Weißenbach mit Sinterstufen

Die Sage

Der Schatz im Dietrichstein Vor vielen Jahren war die Burg Dietrichstein schon lange verfallen. Nur ein paar lose herumliegende Steine zeugten noch davon, dass auf dem Fels einst eine stolze Burg thronte. Doch inmitten der Trümmer sollte der Legende nach ein geheimer unterirdischer Gang hinab in eine Schatzkammer mit unermesslichen Reichtümern führen. Immer wieder zog es mutige Schatzsucher hinauf zum Dietrichstein, um den verborgenen Schatz zu finden und zu heben. Schon viele Abenteurer hatten danach gesucht. Die Glücklichen von ihnen waren nur mit leeren Händen zurückgekehrt. Doch es gab auch viele, die in den Berg hinabgestiegen und nicht zurückgekehrt waren. Von ihnen erzählte man sich unten im Trubachtal, dass sie im Innern des Berges eine große schwarze Truhe gefunden hätten. Beim Öffnen des Deckels habe eine unsichtbare Macht die Unglücklichen gepackt und in die Truhe hineingezogen, um sie immer tiefer in die Finsternis des Berges zu zerren.

Einen tapferen Ritter, der eines Tages das Trubachtal durchquerte, schreckten die Schauergeschichten der Dörfler nicht. Er hatte bereits unzählige Kämpfe gefochten, Drachen besiegt und Jungfrauen gerettet. Von einer verfluchten Truhe wollte er sich nicht einschüchtern lassen. Und so stieg er in der Nacht hinauf zum Dietrichstein. Ein keckes Liedchen auf den Lippen, verspottete er die dunklen Mächte, die im Fels hausen sollten. Er erreichte das Plateau und fand den versteckten Eingang, der in den Berg führte. Nachdem er auf Knien hineingekrochen war, fand er sogar die große, schwarze Truhe. Bevor er sie öffnete, zückte er sein Schwert, um sich gegen alles, was im nächsten Moment beim Öffnen nach ihm greifen könnte, erwehren zu können. Langsam, mit einem lauten und ohrenbetäubenden Quietschen, öffnete er den schweren Deckel. Doch wie überrascht war er, als statt einer Geister-

hand ein Berg goldener Taler im Inneren der Truhe zum Vorschein kam. Gierig begann er, sich das Gold in die Taschen zu stopfen. Doch die waren bald prall gefüllt. Wie sehr bedauerte er es nun, keinen Sack mit auf den Berg genommen zu haben. Er nahm seinen Helm vom Kopf, füllte diesen mit Gold und setzte ihn wieder auf. Dann stopfte er einige Münzen in seine Schuhe. Noch ein paar in seine Unterwäsche. Am Ende füllte er in seiner Gier sogar seinen Mund mit Gold. So, über und über mit Gold befüllt, kroch er aus der Höhle hinaus.
Doch in dem Moment, in dem er aus dem Berg ins Freie trat, begann das Grauen. All die Taler erhitzten sich. Immer heißer und heißer wurde das Gold. Überall am Körper fing es an zu glühen und der Ritter wurde von fürchterlichen Schmerzen gepeinigt. Nicht einmal schreien konnte er, war doch sogar sein Mund mit Gold gefüllt. Binnen weniger Momente schmolz das Gold, floss in Strömen an ihm herunter und aus dem Mund hinein in seinen Rachen und seine Gedärme. So wurde dem lästerlichen Ritter sein Spott vergolten. Doch der Tod war ihm nicht vergönnt. Bis heute soll der verfluchte goldene Ritter auf dem Dietrichstein umgehen. So lange soll der Fluch andauern, bis die Gier und der Neid der Menschen enden. Und wie wir wissen, wird das wohl nie der Fall sein.

Die Wegbeschreibung

Zum Pretzfelder Keller Vom Wanderparkplatz Pretzfelder Kirschenweg führt euch das unverkennbare Wanderzeichen des Kirschenwegs auf der Teerstraße hinauf zum Pretzfelder Keller. In der ersten Hälfte eurer Wanderung, bis zum Weißenbach, wird der Kirschenweg euer Wanderzeichen bleiben. Der Pretzfelder Keller, dieser urige Ort, bietet jede Menge Sitzgelegenheiten, die kunterbunt im Wald verteilt sind. Es gibt Biertische mit großartiger Aussicht hinüber zum Walberla und zur Vexierkapelle, jedoch auch Bänke, die versuchen, sich im kühlen Schatten der Kellerfelsen vor neugierigen Blicken zu verbergen. Schon vor dem Bewirtungsbereich flankieren gemauerte Kellereingänge euren Weg. Auf dem gesamten Areal begleiten euch die rustikalen Portale, die in den Berg führen. Ein wenig erinnert dieses Wegstück an das Reich der Zwerge, wo ein Stollen neben dem anderen in den Berg getrieben wird, um nach den Schätzen der Erde zu graben.

Zum Jüdischen Friedhof Es geht mit dem Wegzeichen des Kirschenwegs weiter bergan. Die Straße wird zum Schotterweg. Schon bald gelangt ihr an eine Weggabelung. Euer Weg führt euch mit der Beschilderung

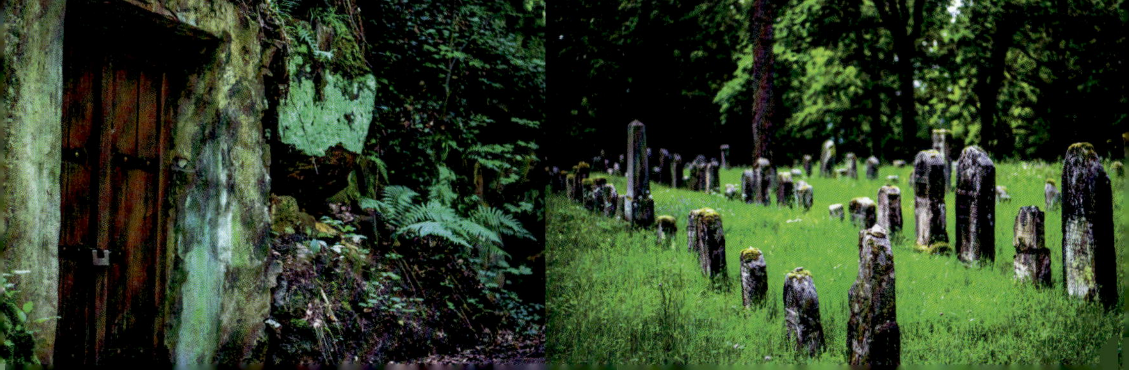

Einer der Pretzfelder Keller und der Jüdische Friedhof bei Pretzfeld

zum Judenfriedhof und zum Dietrichstein nach links hinauf auf den Judenberg. Kurz nachdem ihr den Judenberg erklommen habt, erreicht ihr auch schon die Mauer des Jüdischen Friedhofs – ein stiller und besinnlicher Ort mitten Wald. In der Fränkischen Schweiz finden sich verhältnismäßig viele jüdische Friedhöfe. Das liegt vor allem daran, dass der fränkische Landadel im 15. und 16. Jahrhundert den Juden, die aus Altbayern und den Reichsstädten vertrieben wurden, Zuflucht und Schutz bot. Dieses nur vordergründig selbstlose und tolerante Verhalten war vor allem der Tatsache geschuldet, dass sich der Adel von den Juden gerne Geld lieh, um seinen Luxus zu finanzieren. Juden konnten hier, und das war etwas Besonderes, ab 1813 sogar Bürgerrechte und Grundbesitz erwerben. Jedoch waren sie in ihrer Bewegungsfreiheit eingeschränkt, denn es galten strikte Begrenzungen der Anzahl jüdischer Familien an einem Ort. Im Vergleich zu anderen Gegenden ging es den fränkischen Juden im Allgemeinen jedoch relativ gut. Das änderte sich im Dritten Reich dramatisch. Sie wurden vertrieben und deportiert. Ihre Synagogen und Friedhöfe wurden geschändet – so auch der Pretzfelder Judenfriedhof, dessen Grabsteine 1945 sogar als Baumaterial verkauft wurden.

Die Stufen hinauf zum Dietrichstein

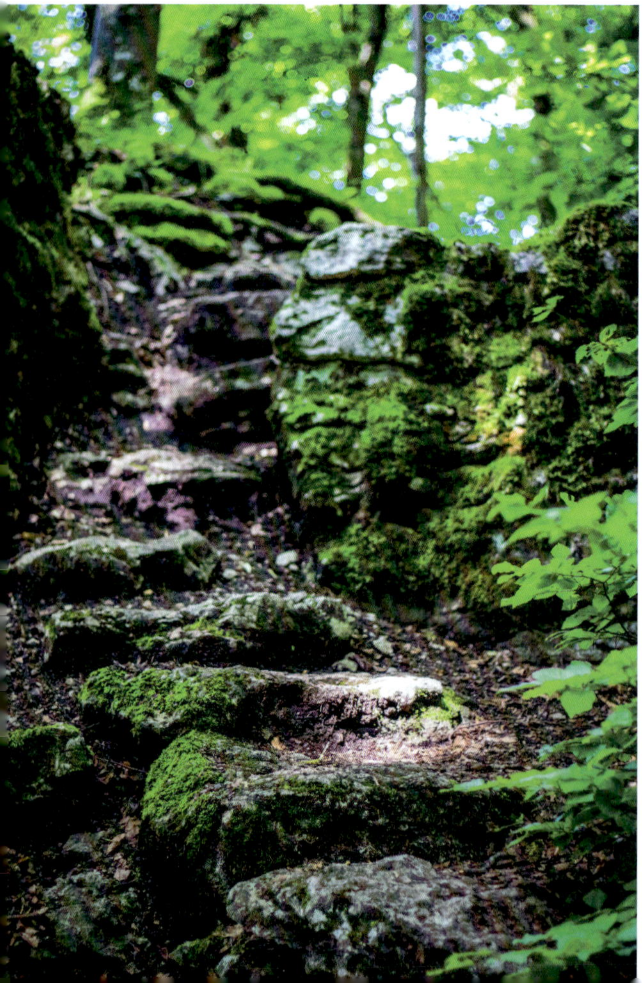

Zum Dietrichstein Vom Jüdischen Friedhof windet sich der Kirschenweg auf einem wunderschönen, nach Regen teilweise recht matschigen Waldweg über die Ebene. Nach etwa einem Kilometer gelangt ihr zum Burgstall Dietrichstein. Erkennbar sind der ehemalige Burggraben und ein paar Mauerreste. Eine schmale Steintreppe und ein enger Pfad führen euch aus dem Graben auf das Burgplateau und hinüber zum Aussichtspunkt. Das genaue Alter der Fliehburg Dietrichstein ist zwar nicht bekannt, doch aufgrund ihrer Lage zur Hochfläche hin ist davon auszugehen, dass sie lange vor der Erfindung des Schießpulvers erbaut wurde. Denn einem Geschützangriff hätte die Anlage nicht lange standgehalten. Wichtiger als der historische Hintergrund ist die Stimmung, die über diesem Ort liegt: uralt und kraftvoll. Der massive Fels, auf dem ihr euch befindet, strahlt eine eigenartige Ruhe aus und vermittelt Stärke und Sicherheit. Der Blick in die Ferne hinüber bis zur Vexierkapelle begeistert und zieht den Besucher in seinen Bann. Die Bank am Aussichtspunkt lädt zu einer frühen Rast ein, die sich schnell zu einer längeren Pause aus-

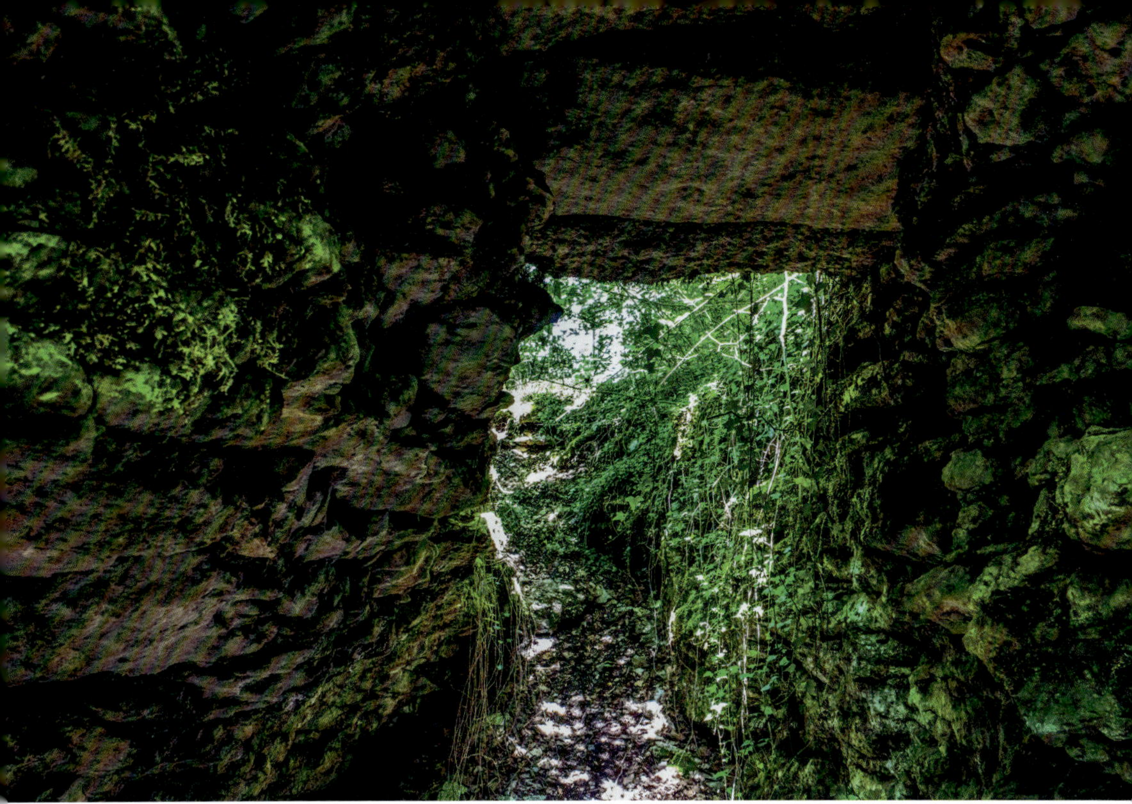

dehnen kann. Direkt hinter der Bank des Aussichtspunkts befindet sich ein alter Graben. Wer weiß, ob das nicht der geheime und mittlerweile verschüttete Eingang zur Schatzhöhle ist?

Das kleine, geheimnisvolle Gewölbe auf dem Dietrichstein

Zu den Sinterstufen des Weißenbachs Vom Dietrichstein folgt ihr weiter dem schönen Pfad des Kirschenwegs, der euch bald, in eine Betonstraße mündend, ein wenig bergab führt. An der nächsten Weggabelung biegt ihr nach links ab. Nach etwa 400 weiteren Metern auf der Betonstraße biegt ihr mit dem Wanderzeichen des Kirschenwegs scharf rechts in den Wald ab. Nun wandert ihr wieder auf schmalen und weichen Waldwegen. Hier lässt es sich viel bequemer laufen als auf der harten Straße. Der Waldboden gibt bei jedem Schritt sanft nach und fängt euch Tritt für Tritt ein wenig auf, statt euch hart abzuweisen. Die erste Abzweigung nach links auf diesem Wegstück ignoriert ihr. Dann gabelt sich der Weg. Ihr haltet euch mit dem Kirschenweg links. Er trägt euch sanft bergab. Schon bald hört ihr es munter plätschern. Ihr erreicht die Quelle des Weißenbachs. Zuerst ist es nur ein schmaler, fast unscheinbarer Bachlauf. Doch schon bald wird aus dem zaghaften Plätschern ein selbstbewusstes Rauschen. Aus dem schmalen Bächlein wird ein breiter Bach, der sich seinen Weg durch den Wald nach unten bahnt. Das kalkhaltige Wasser hat über die Jahrtausende herrliche Sinterstufen gebildet, über die das Wasser in schier unzähligen kleinen Wasserfällen hinabfließt. Etwa 300 Meter unterhalb der Weißenbachquelle gabelt sich der Weg. Hier verlasst ihr den Kirschenweg, der links nach Wannbach führt, und wandert ohne Wanderzeichen noch ein Stück weiter am Weißenbach entlang Richtung Trubachtal.

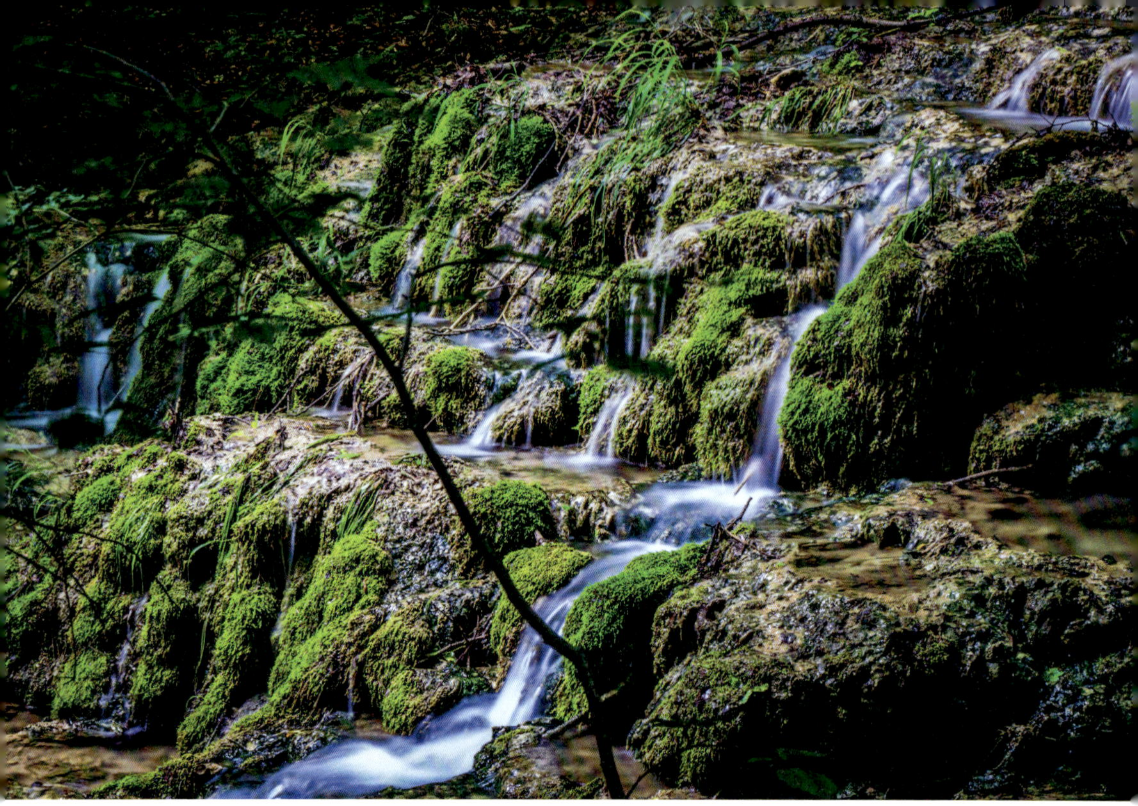

Die Sinterstufen des Weißenbachs

Der Rückweg Wenn ihr schließlich den Wald verlasst, erblickt ihr links die ersten Obstbäume auf eurer Wanderung. Der Weg trägt euch hinunter zur Straße, in die ihr nach links einbiegt. Nach wenigen Metern zweigt ein Weg, vorbei an einer Bank, nach rechts in den Talgrund ab. Diesem folgt ihr bis zu einer Brücke, an der der Weißenbach mit ordentlich Getöse in die Trubach mündet. Vor der Brücke biegt ihr ohne Wegzeichen nach rechts ab, lauft ein Stück neben der Trubach her und biegt dann wieder nach rechts hinüber zur Straße ab. In diese biegt ihr nun nach links ein und folgt ihr, bis ihr gut hundert Meter

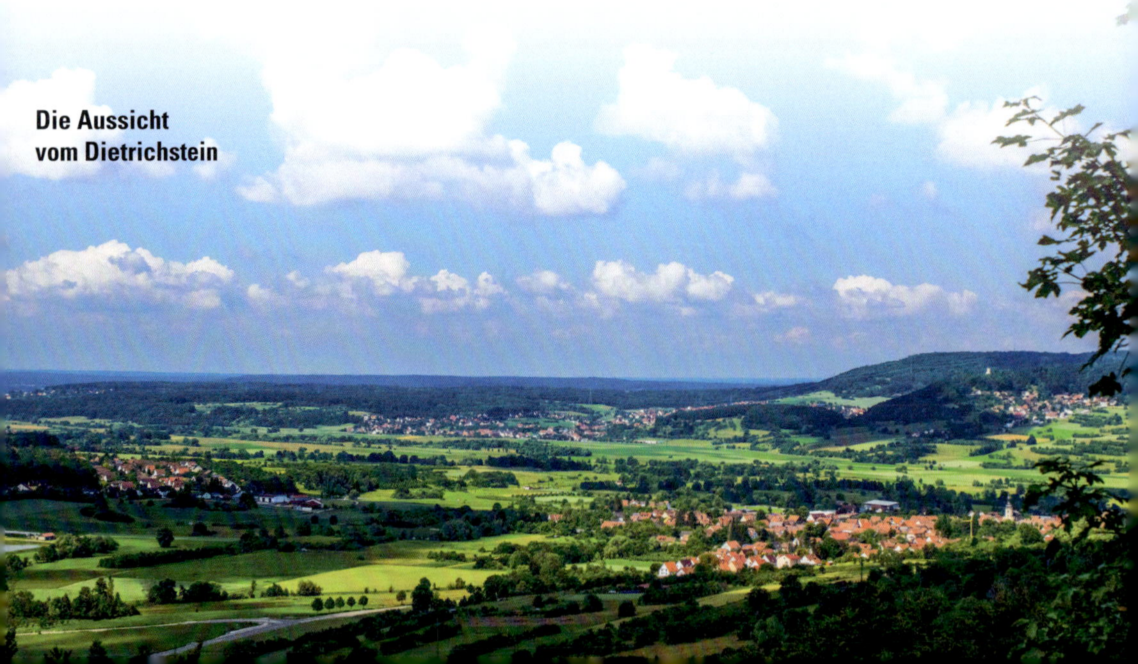

Die Aussicht vom Dietrichstein

weiter mit einer Betonstraße nach rechts oben abzweigt. Dieser folgt ihr hinauf bis in den Wald. Oben im Wald zweigt von der Straße der Grüne Ring auf breitem Waldweg nach links ins Wasserschutzgebiet ab. Das Wanderzeichen führt euch vorbei an einer Quelle und einer schönen Marienstatue, zu deren Füßen eine kleine Bank regelrecht auf euch zu warten scheint, bequem zurück zum Pretzfelder Keller und zum Wanderparkplatz.

Wissen für Angeber

Welche Bedeutung haben die Bierkeller für die Fränkische Schweiz? Bierkeller haben in der Fränkischen Schweiz eine jahrhundertealte Tradition. Da in Franken seit jeher gerne Bier gebraut und noch lieber getrunken wurde, fanden die Brauereien in den eigens zu diesem Zweck in den Fels getriebenen Kellern mit ihren übers Jahr konstant bleibenden Temperaturen den perfekten Ort für die Lagerung des kostbaren Gerstensaftes. Als die Braumeister auf die clevere Idee kamen, dass es auf Dauer lukrativer ist, die Gäste zum Bier auf den Keller als das Bier hinab in den Ort zu den Gästen zu bringen, wurden die fränkischen Keller bald zum beliebten Ausflugsziel. Oft wurde hier nur Bier ausgeschenkt. Ihre Brotzeit mussten die Gäste selbst mitbringen. Auf vielen Kellern ist es auch heute noch erlaubt, seine mitgebrachte Brotzeit zu verzehren. Die Bierkeller sind der Inbegriff der fränkischen Gemütlichkeit.

KOMPASS

Wann wandern?

Im Sommer bieten die schattigen Waldwege angenehme Abkühlung.

Was beachten?

Hebt euch diese Tour am besten für einen Wandertag nach ergiebigen Regenfällen auf. Dann könnt ihr euch beim Besuch des Weißenbachs sicher an seinem munteren Plätschern und Gurgeln erfreuen. Und eine große Bitte: Lasst diese natürliche Schönheit bitte unberührt und erfreut euch einfach an dem herrlichen Anblick. Vielen Dank.

Wo rasten?

Besonders schön lässt es sich auf dem Burgstall Dietrichstein mit seiner herrlichen Aussicht rasten.

Wo einkehren?

Pretzfelder Keller, Telefon 01573 5806352

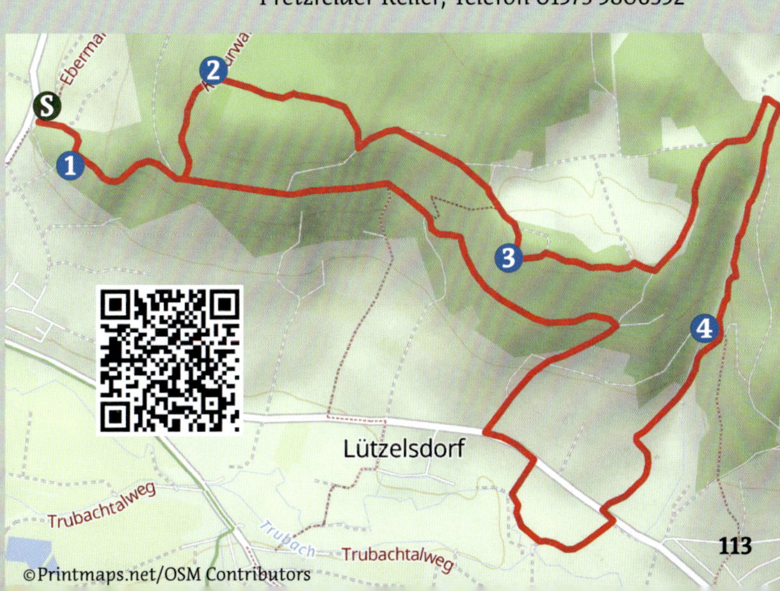

14

Magische Landschaften und grandiose Aussichtspunkte im Hetzelsdorfer Wald

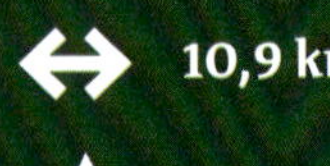

10,9 km

230 Hm

3–4 h

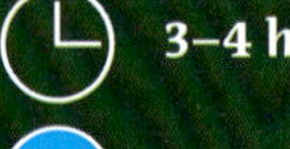

leicht

Eckdaten:

- **Sonne/Schatten: ausgeglichenes Verhältnis zwischen sonnigen Feld- und schattigen Waldwegen**
- **Start-/Endpunkt: Parkplatz an der Kirche in Hetzelsdorf, 91362 Pretzfeld**
- **Parkplatzgröße: 8–10 Pkw (kostenlos)**
- **Buggy: nein**

Von Hetzelsdorf aus gelangt ihr auf stillen Wegen und durch abwechslungsreiche Landschaften zu einigen der schönsten Aussichtspunkte hoch über dem Ehrenbachtal mit unvergleichlichem Blick hinüber zum berühmten Walberla. Auf markierten Wegen und unmarkierten Pfaden entdeckt ihr Kleinode der Fränkischen Schweiz, die vielen anderen verborgen bleiben.

Highlights:

1. Das Kuppelholz des Reisbergs
2. Die Aussichtspunkte ins Ehrenbachtal und zum Walberla
3. Die Kapuzinerfelsen
4. Das Felsmassiv des Roßsprungs

Die Sage

Ein fürstliches Geschenk Einst wanderten zwei Nonnen, die aus dem Geschlecht der Edlen von Hetzelsdorf stammten, in der Abenddämmerung über den Reisberg, der schon seit langer Zeit im Besitz ihrer Familie war, talwärts zurück zu ihrer Kirche. Sie hatten in Hetzelsdorf ihren Vater besucht und waren nun auf dem Heimweg über die dicht bewaldeten Hänge des Reisbergs. Nur ein schmaler Pfad, den man schnell verlieren konnte, führte nach unten.

Und so geschah, was geschehen musste. Die beiden Nonnen verloren in der heraufziehenden Dunkelheit ihren Weg und verirrten sich in dem immer unheimlicher werdenden Wald. Stück für Stück bemächtigte sich die Angst der beiden Schwestern. Im Mondschein schienen die Schatten der Bäume bedrohlich näherzukommen. Bizarre Gebilde wucherten in der Finsternis. Die Schatten wurden immer länger und schienen nach den beiden greifen zu wollen, um sie zu packen und in die Unterwelt hinabzuziehen. Die beiden verängstigten Nonnen begannen zu beten und gelobten in ihrer Not, demjenigen die Wälder des Reisbergs zu schenken, der sie aus dieser misslichen Lage führe.

Da sahen sie in der Ferne ein Licht durch die Bäume schimmern. Freudig eilten sie dem Licht entgegen. Und als sie dem Schein immer näher kamen, erkannten sie, dass es sich nicht nur um ein Licht, sondern um die gesammelten Lichter des Ortes Kirchenehrenbach handelte. Dankbar und erleichtert erreichten sie das Dorf. Doch ihren Schwur haben die beiden nicht vergessen. Und weil sie beim besten Willen nicht beurteilen konnten, wessen Licht sie in Kirchehrenbach als Erstes erkannt hatten, schenkten sie die Wälder des Reisbergs der ganzen Gemeinde Kirchehrenbach, die den großen Wald auch heute noch ihr Eigen nennen darf.

Die Wegbeschreibung

Zum Kuppelholz des Reisbergs Vom Parkplatz mit Blick zur Matthäuskirche zweigt eine Straße nach links den Hang hinauf ab. Hier trefft ihr schon nach wenigen Metern auf euer erstes Wanderzeichen, den Gelben Punkt. In der ersten Hälfte dieser Wanderung wechseln sich der Gelbe und der Rote Punkt am Wegesrand immer wieder ab. Zuerst geht der Weg sanft bergan. Schon bald verlasst ihr die geteerte Straße und wandert geradeaus auf dem Schotterweg weiter bergauf. Wenige Minuten nachdem ihr eure Wanderung begonnen habt, befindet ihr euch mitten in der prallen Natur. Überall grünt und blüht es. Euer Weg teilt sich. Ihr nehmt die linke Abzweigung und wandert mit dem Roten Punkt den Hang hinauf. Bald überquert ihr eine Kreuzung und steigt, jetzt wieder mit dem Gelben Punkt, weiter hinauf. Oben angekommen, folgt ihr leicht rechts der Beschilderung zum Reisberg. Erst einmal geht es ein wenig bergab, bevor ihr dem Gelben Punkt nach links folgt. Binnen weniger Meter verändert sich das Erscheinungsbild der Natur. Der dichte Wald zu eurer Linken bleibt, doch zur Rechten tut sich eine mit Kiefern dünn bewachsene Grasebene vor euch auf: das Kuppelholz. Da der Abstand zwischen den Bäumen oft recht groß ist, haben diese viel Raum, um individuelle und teils faszinierende Wuchsformen zu entwickeln. Durch den spärlichen, dafür wunderschönen Baumwuchs entwickelt dieser ruhige Ort eine fast schon magische Atmosphäre.

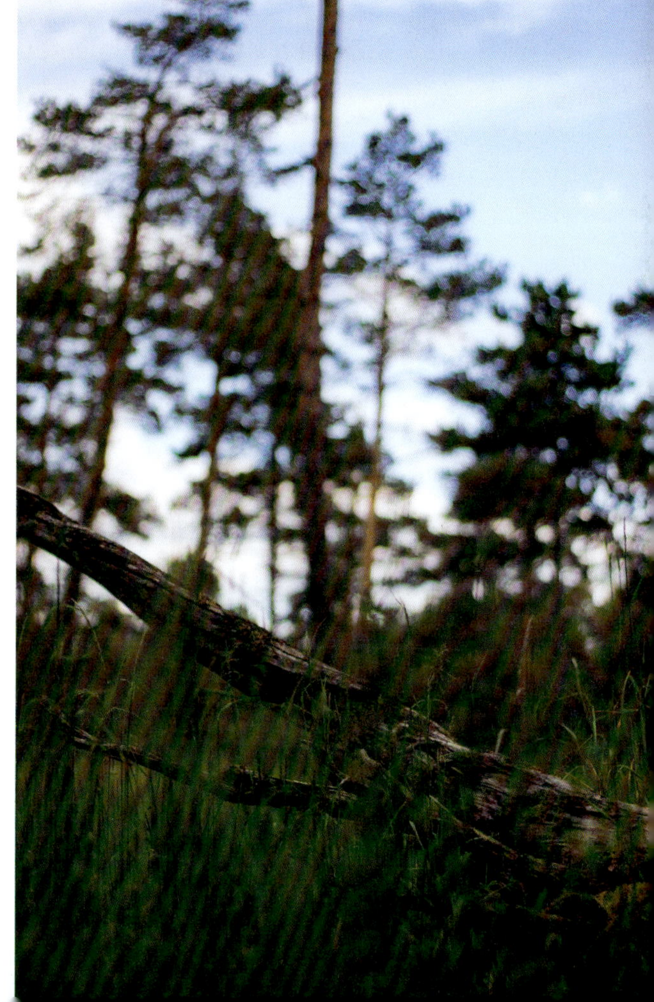

Das Kuppelholz auf dem Reisberg

Zu den Aussichtspunkten Nach dem Spaziergang über das Kuppelholz folgt ihr dem Gelben Punkt auf bequemen Wegen erst einmal weiter Richtung Leutenbach. Nun folgt ein idyllisches Wegstück, das zum gemütlichen und gedankenverlorenen Schlendern

14

einlädt. Ihr erreicht einen Wanderzeichenbaum und folgt dem Gelben Punkt nach rechts in Richtung Leutenbach und St. Moritz. Euer Wanderzeichen führt euch nun auf einem reizvollen und herrlich weich federnden Waldweg noch ein Stück hinauf und wieder hinunter. Und jetzt heißt es aufpassen! Achtet unbedingt darauf, dass ihr die kleine Lücke in der Hecke nach rechts nicht verpasst. Gegenüber befindet sich eine Wiese. Ihr erreicht die Lücke etwa 400 Meter nachdem ihr dieses Waldstück betreten habt und es schon wieder ein wenig bergab geht. Über die Lücke gelangt ihr auf einen schmalen Pfad, der euch zu einem wundervollen Aussichtspunkt führt. Die weißen Felsen dort laden zum Staunen und Genießen ein. Und der Blick hinüber zum Walberla und zur Vexierkapelle ist einfach atemberaubend schön.
Wenn ihr euch umdreht und wieder dem Berg zuwendet, führt vom Aussichtspunkt ein schmaler Pfad nach rechts zurück zum Gelben Punkt. Diesem folgt ihr ein Stück auf dem märchenhaft anmutenden Waldweg, bis nach etwa hundert Metern bereits die nächste unbeschilderte Abzweigung nach rechts zu einem weiteren grandiosen Aussichtspunkt mit Blick hinüber zum Walberla führt. Auch von dort führt, wenn ihr euch umdreht, erneut ein Pfad, dieses Mal deutlich dichter bewachsen, nach rechts zurück zum Gelben Punkt. Noch einmal wandelt ihr durch den fantastischen Märchenwald, bevor ihr mit dem Gelben Punkt nach rechts unten wandert.

Zu den Kapuzinerfelsen Unten erwarten euch eine Bank und ein Schotterweg, in den ihr mit der Roten Raute, eurem neuen Wanderzeichen, nach links einbiegt. Ihr wandert etwa 150 Meter, bis sich rechts von euch eine weite Wiese öffnet. Rechts am Wegesrand führt euch ein unmarkierter, mit Gras bewachsener Fahrweg zwischen zwei metallenen Torpfosten auf und geradewegs über die Wiese zu einer dichten Hecke. Direkt wo der Fahrweg auf die Hecke trifft, öffnet sich vor euch im innig ineinander verzweigten Grün eine schmale Schneise und führt euch auf einem Trampelpfad geradeaus über eine Pfadkreuzung zu einem schönen Aussichtspunkt mit Bank. Ihr kehrt ein paar Meter zur Pfadkreuzung zurück und biegt nun auf der Innenseite der Hecke links in den dicht

Blick von den Kapuzinerfelsen hinüber zum Walberla

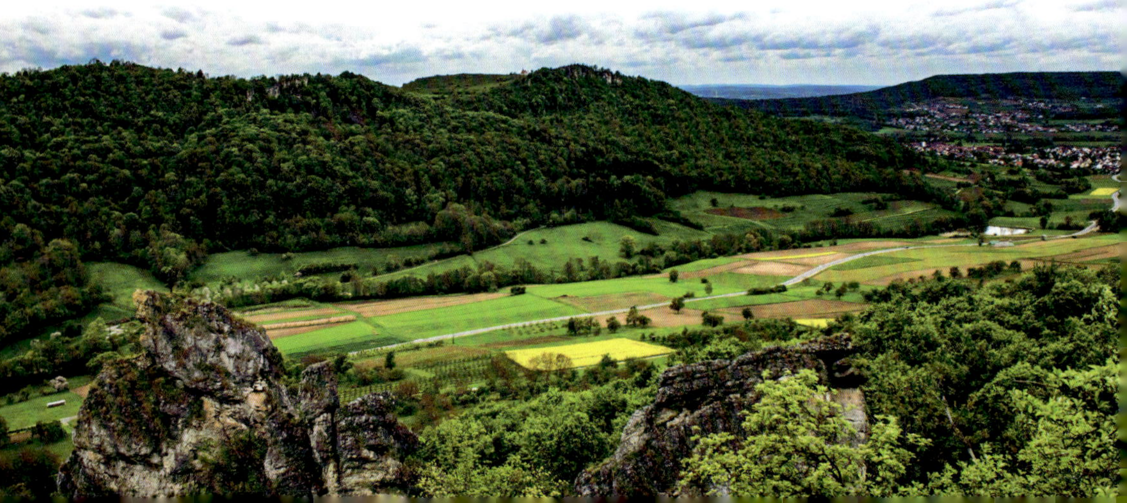

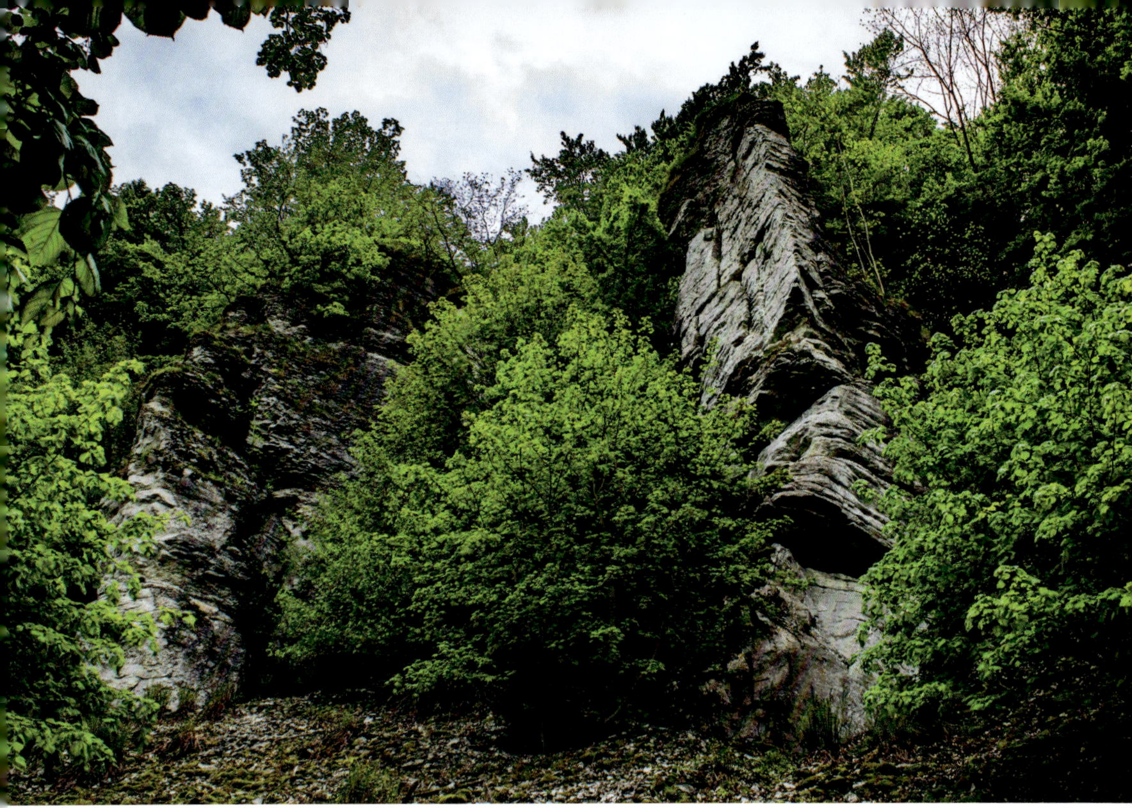

Das Felsmassiv des Roßsprungs

bewachsenen Pfad ab. Nach etwa 30 Metern zweigt ein schmaler und steiler Geröllweg nach links unten ab. Dieser führt euch geradewegs zu den Kapuzinerfelsen. Ihr passiert linker Hand einen stattlichen Felsen. Von hier geht es geradeaus weiter. Hier müsst ihr ein wenig kraxeln. Dann folgt ein schmaler Pfad, an dessen Ende euch der Himmel durch das dichte Grün des Gebüschs entgegenleuchtet. Und schon befindet ihr euch auf einem kleinen Felsvorsprung, von dem es kerzengerade nach unten geht. Schwindelfreiheit ist hier oben eindeutig von Vorteil. Doch dafür bekommt ihr von den Kapuzinerfelsen eine weitere, wundervolle Aussicht geboten. Neben dem Walberla könnt ihr dieses Mal links von euch auch die Felsentürme des Naturdenkmals Roßsprung erkennen.

Zum Roßsprung Von den Kapuzinerfelsen kehrt ihr auf dem Trampelpfad zur großen Wiese zurück und überquert diese auf demselben Weg, auf dem ihr gekommen seid, hinüber zu den zwei Torpfosten. Ihr erreicht wieder den Schotterweg mit der Roten Raute, in den ihr nach rechts einbiegt. Ein paar Meter weiter, an der nächsten Gabelung, verlasst ihr die Rote Raute, die nach links abgeht, und haltet euch ohne Wegzeichen auf dem Schotterweg geradeaus, vorbei an einem kleinen Häuschen mit einladenden Sitzgelegenheiten. Der Weg trägt euch ohne Wanderzeichen wieder in den Wald und schließlich, etwa 800 Meter nachdem ihr das Häuschen passiert habt, an eine Weggabelung. Hier stoßt ihr auf euer nächstes Wanderzeichen, das Rote und das Weiße Dreieck des IFS-Wegs. Nun erwartet euch ein spannender Abstecher zum Felsmassiv des Roßsprungs. Dieses erreicht ihr, indem ihr dem IFS-Weg von der Weggabelung scharf nach rechts unten in eine rechts und links des Weges von schroffen Felsen beherrschte Schlucht folgt. Nach etwa

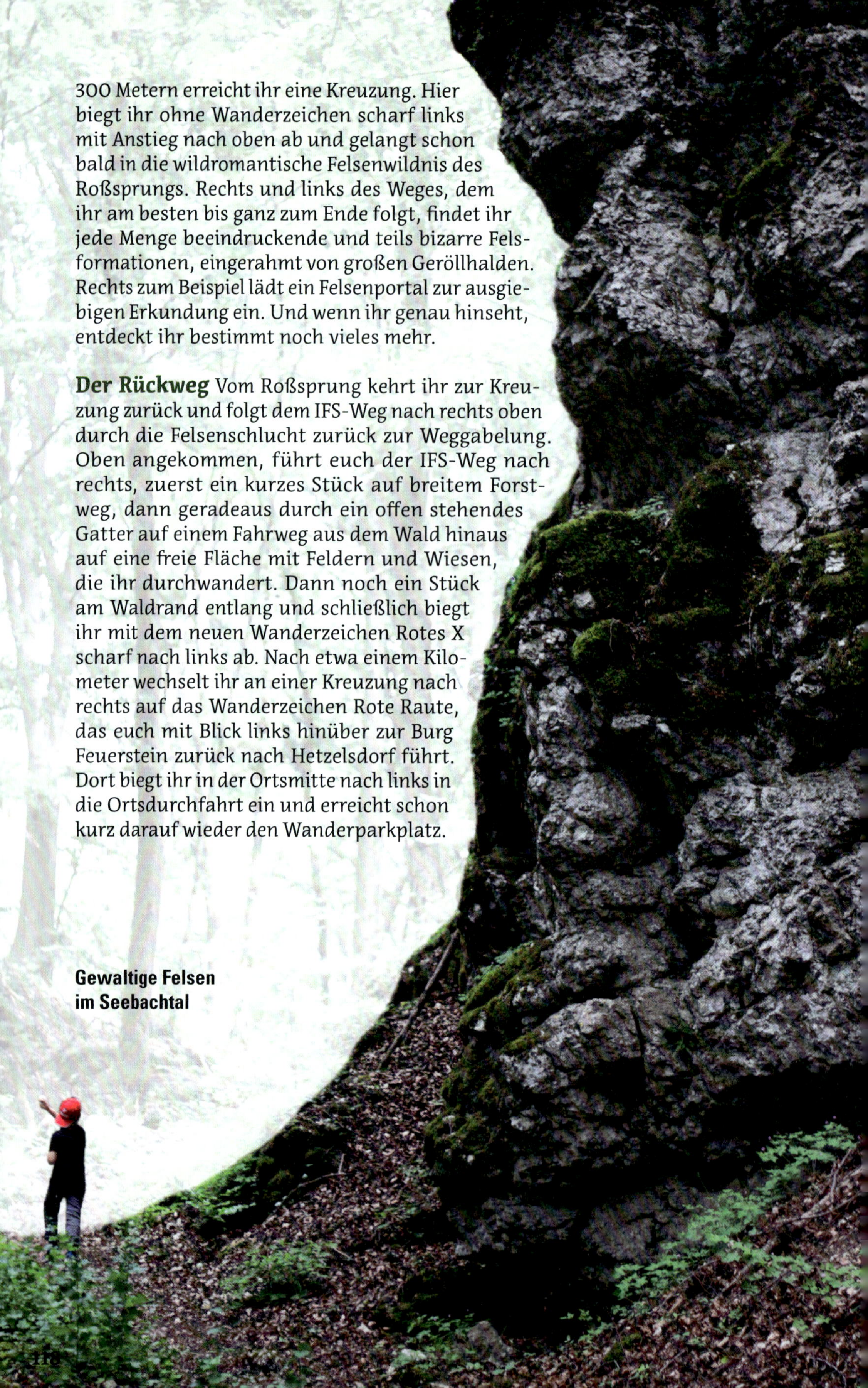

300 Metern erreicht ihr eine Kreuzung. Hier biegt ihr ohne Wanderzeichen scharf links mit Anstieg nach oben ab und gelangt schon bald in die wildromantische Felsenwildnis des Roßsprungs. Rechts und links des Weges, dem ihr am besten bis ganz zum Ende folgt, findet ihr jede Menge beeindruckende und teils bizarre Felsformationen, eingerahmt von großen Geröllhalden. Rechts zum Beispiel lädt ein Felsenportal zur ausgiebigen Erkundung ein. Und wenn ihr genau hinseht, entdeckt ihr bestimmt noch vieles mehr.

Der Rückweg Vom Roßsprung kehrt ihr zur Kreuzung zurück und folgt dem IFS-Weg nach rechts oben durch die Felsenschlucht zurück zur Weggabelung. Oben angekommen, führt euch der IFS-Weg nach rechts, zuerst ein kurzes Stück auf breitem Forstweg, dann geradeaus durch ein offen stehendes Gatter auf einem Fahrweg aus dem Wald hinaus auf eine freie Fläche mit Feldern und Wiesen, die ihr durchwandert. Dann noch ein Stück am Waldrand entlang und schließlich biegt ihr mit dem neuen Wanderzeichen Rotes X scharf nach links ab. Nach etwa einem Kilometer wechselt ihr an einer Kreuzung nach rechts auf das Wanderzeichen Rote Raute, das euch mit Blick links hinüber zur Burg Feuerstein zurück nach Hetzelsdorf führt. Dort biegt ihr in der Ortsmitte nach links in die Ortsdurchfahrt ein und erreicht schon kurz darauf wieder den Wanderparkplatz.

Gewaltige Felsen im Seebachtal

Wissen für Angeber

Wie alt ist die Hetzelsdorfer Matthäuskirche? Dieser neugotische Prachtbau, der im ersten Moment so gar nicht in das kleine verträumte Hetzelsdorf passen will, hat eine besondere Geschichte. Die auch „Jura-Dom von Hetzelsdorf" genannte Kirche stammt nicht etwa aus dem 12. Jahrhundert, sondern wurde erst 1901 eingeweiht. Sie wurde groß genug gebaut, um allen evangelischen Christen des unteren Trubachtals darin Platz zu bieten. Die Kirche ist dem heiligen Matthäus gewidmet. Er war ein ehemaliger Zöllner und einer der zwölf Jünger. Er wurde in Äthiopien getötet, als er gegen die Vermählung des neuen Königs mit der Tochter des verstorbenen Vorgängers predigte. Der repräsentative Charakter des Baus inmitten des beschaulichen Ortes hinterlässt beim überraschten Besucher einen bleibenden Eindruck.

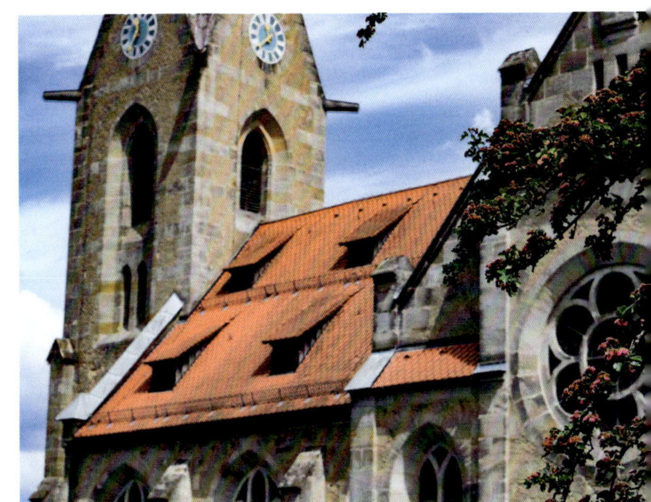

KOMPASS

Wann wandern?
Im Frühsommer ist es auf den leuchtend grünen Waldwegen wunderschön und auf den Feld- und Wiesenwegen in der Sonne noch nicht zu heiß.

Was beachten?
Beim Abstecher zum Kapuzinerfelsen erwartet euch eine kleine Kraxelei. Hier sind Trittsicherheit und Schwindelfreiheit erforderlich.

Wo rasten?
Am schönsten lässt es sich an den Aussichtspunkten gegenüber dem Walberla pausieren.

Wo einkehren?
Penning-Zeißler in Hetzelsdorf,
Telefon 09194 252

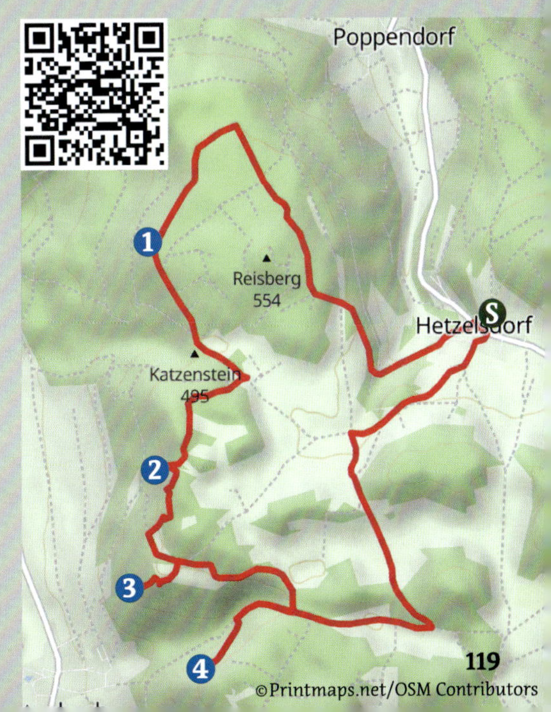

15

Sinterstufen und Burgställe rund um Sankt Moritz bei Leutenbach

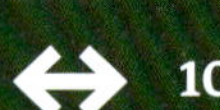 10 km

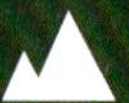 177 Hm

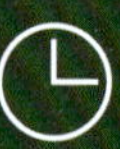 3–4 h

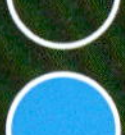 leicht

Eckdaten:

- **Sonne/Schatten: immer wieder schattige Waldwege**
- **Start-/Endpunkt: Wanderparkplatz an der Sankt-Moritz-Quelle bei 91359 Leutenbach (kostenlos)**
- **Parkplatzgröße: ca. 15 Pkw**
- **Buggy: nein**

Von Hetzelsdorf aus gelangt ihr auf stillen Wegen und durch abwechslungsreiche Landschaften zu einigen der schönsten Aussichtspunkte hoch über dem Ehrenbachtal mit unvergleichlichem Blick hinüber zum berühmten Walberla. Auf markierten Wegen und unmarkierten Pfaden entdeckt ihr Kleinode der Fränkischen Schweiz, die vielen anderen verborgen bleiben.

Highlights:

1. Der Orakelbrunnen bei Sankt Moritz
2. Die Wallfahrtskirche Sankt Moritz
3. Die Sinterstufen bei Sankt Moritz
4. Der Schlossberg bei Haidhof
5. Der Burgstein der Edelfreien von Leutenbach

Die Sage

Die Geistermesse zu Sankt Moritz Oberhalb der Wallfahrtskirche Sankt Moritz liegt das Örtchen Ortspitz. Da das Dörfchen, bestimmt aufgrund seiner geringen Größe, keine eigene Kirche sein Eigen nennen kann, mussten die Gläubigen des Ortes sich für einen Kirchenbesuch schon immer auf den durchaus beschwerlichen Weg hinunter nach Leutenbach machen.

Es war vor vielen Jahren in der Nacht vor Weihnachten, am Heiligen Abend. Da wollte eine Frau aus Ortspitz spät abends noch hinunter nach Leutenbach, um dort an der Christmette teilzunehmen. Es hatte den ganzen Tag geschneit. Trotzdem machte sie sich auf den Weg. Ein Heiliger Abend ohne Christmette? Das kam für die brave Christin nicht infrage. Doch wie schwer fiel ihr der Weg; so hoch stand der Schnee, dass sie bei jedem Schritt bis zu den Knöcheln darin versank. Jeder Schritt war eine Qual. Und so brauchte sie für einen Meter genauso lange wie sonst für zehn. Die Zeit verstrich und schließlich hörte sie bereits die Glocken aus dem Tal zur Messe läuten. Schlagartig wurde ihr klar, dass sie es nicht rechtzeitig hinunter schaffen würde.

Auf ihrem Weg durchs Moritztal kam sie an der Wallfahrtskirche Sankt Moritz vorbei. Obwohl dort noch nie die Christmette abgehalten worden war, brannten im Inneren Lichter, welche die Farben der Kirchenfenster in der finsteren Nacht hell erleuchteten. Um in dieser Heiligen Nacht überhaupt noch an einem Gottesdienst teilnehmen zu

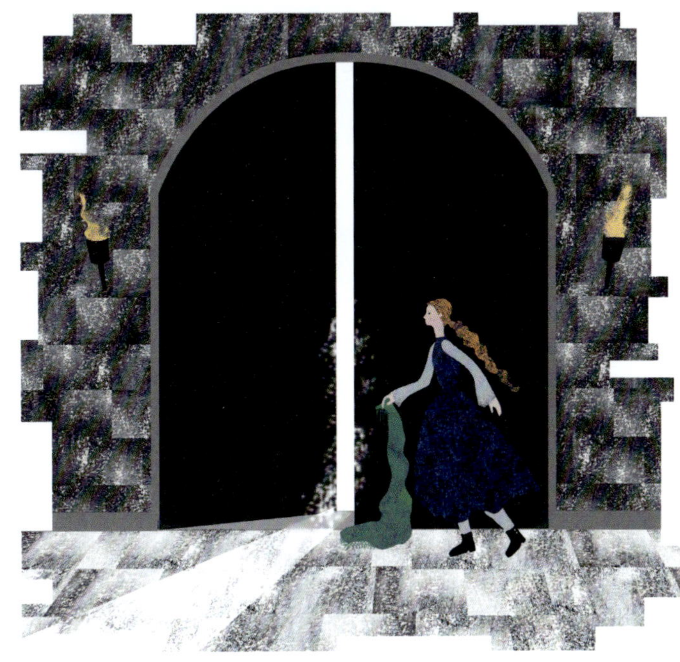

können, beschloss die Frau, in diesem Jahr der Christmette in Sankt Moritz beizuwohnen. Und so durchschritt sie das Tor der Kirchenmauer, huschte vorbei an den die Kirche umgebenden Gräbern zum Kirchenportal und öffnete ganz leise und vorsichtig die Kirchentür. Die Messe hatte bereits begonnen. Und so schlich sich die Frau zu einer der letzten Bänke und nahm dort vorsichtig Platz, um den Gottesdienst nicht zu stören. Doch wie seltsam wurde ihr nach einigen Minuten zumute. Im Kirchenraum herrschte Totenstille. Es wurde weder laut gebetet noch gesungen. Auch die Orgel, die sonst zur Christmette erhebende Melodien spielte, blieb stumm. Statt in zufriedene Gesichter der anderen Gottesdienstbesucher blickte sie in aschfahle und tieftraurige Mienen, deren ausdruckslose Augen kummervoll zu Boden gerichtet waren. Immer unheimlicher wurde der Frau die seltsame Stimmung dieses Gottesdienstes. Nun sah sie sich etwas genauer um. Der Pfarrer am Altar kam ihr eigenartig bekannt vor. Sie erschrak. Da vorne am Altar stand niemand anderes als der vor einigen Jahren verstorbene Pfarrer aus Leutenbach. Eiskalt lief es der Frau den Rücken hinunter. Sie sah sich weiter um und musterte ihre Banknachbarn. Da saß ihre alte Nachbarin, die erst im Frühling nach langer und schwerer Krankheit gestorben war. Und noch einige weitere alte Bekannte, deren Gebeine schon längst auf dem Friedhof vor der Kirchentür vermoderten, saßen ganz in ihrer Nähe. Totenbleich und stumm. Ihr Schrecken wurde immer größer.

Da wurde sie plötzlich von einer der Toten angesprochen. Es war ihre Tante, die es zeitlebens gut mit ihr gemeint hatte. Sie sprach: „Geh Kind! Sonst bist du verloren. Und sei leise beim Aufstehen und Verlassen dieser unheiligen Messe! Lasse unbedingt etwas aus Deinem Besitz auf der Kirchenschwelle zurück, sonst hilft Dir auch das Wegrennen nichts." Die von Grauen erfasste Frau tat wie ihr geheißen. Ganz still und vorsichtig stand sie auf und schritt, den Blick immer vor zum Altar gerichtet, rückwärts zur Kirchentür. Mit zitternden Fingern zog sie ihr grünes Trachtentuch aus ihrer Tasche. Da plötzlich blickte der tote Pfarrer auf und wurde ihrer gewahr. Er hob den Arm in geisterhafter Langsamkeit nach oben, streckte den Zeigefinger nach ihr aus, öffnete den leblosen Mund und stieß einen markerschütternden Schrei aus. Die tote Kirchengemeinde wandte sich zu ihr um und jeder Einzelne der Toten blickte sie mit immer gieriger werdenden Augen an. Die Wiedergänger erhoben sich von ihren Bänken und kamen mit ausgestreckten Armen auf die Verzweifelte zu.

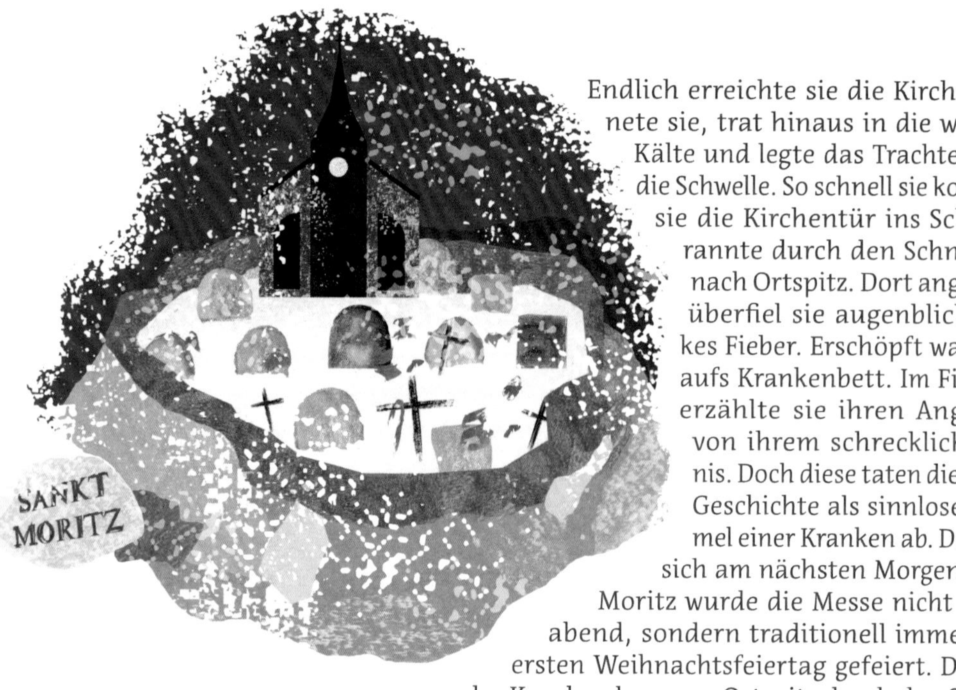

Endlich erreichte sie die Kirchentür, öffnete sie, trat hinaus in die winterliche Kälte und legte das Trachtentuch auf die Schwelle. So schnell sie konnte, warf sie die Kirchentür ins Schloss und rannte durch den Schnee hinauf nach Ortspitz. Dort angekommen überfiel sie augenblicklich starkes Fieber. Erschöpft warf sie sich aufs Krankenbett. Im Fieberwahn erzählte sie ihren Angehörigen von ihrem schrecklichen Erlebnis. Doch diese taten die schaurige Geschichte als sinnloses Gestammel einer Kranken ab. Das änderte sich am nächsten Morgen. In Sankt Moritz wurde die Messe nicht an Heiligabend, sondern traditionell immer erst am ersten Weihnachtsfeiertag gefeiert. Die Familie der Kranken kam von Ortspitz durch den Schnee zur Wallfahrtskirche Sankt Moritz herunter. Wie entsetzt waren sie, als sie tatsächlich das grüne Trachtentuch ihrer Angehörigen auf dem Kirchenfriedhof fanden. Doch nicht in einem Stück, sondern zerrissen und in Fetzen auf den Gräbern der Toten verteilt.

Die Wegbeschreibung

Zu den Sinterstufen bei Sankt Moritz Direkt am Wanderparkplatz findet ihr den idyllisch angelegten Orakelbrunnen von Sankt Moritz. Zur Osterzeit wird er besonders schön und festlich dekoriert. Doch auch ohne Osterschmuck entfaltet das Ensemble seinen Zauber. Vom Orakelbrunnen führen zwei Wege zur sichtbaren Wallfahrtskirche Sankt Moritz. Ihr wählt den rechten Weg, an dessen Seite ein Wanderzeichenbaum steht. Euer erstes Wegzeichen ist der Gelbe Querstrich. Dieser führt euch unterhalb der Kirche weiter nach rechts. Ein schmaler Pfad zweigt nach links oben ab und führt euch hinauf zur Kirchenmauer und auf den die Kirche umgebenden Friedhof, der heute noch genutzt wird. Nach dem kurzen Abstecher zur Wallfahrtskirche kehrt ihr zum Gelben Querstrich zurück und folgt dem bereits vernehmbaren Plätschern und Rauschen der Sinterstufen des Moritzbachs. Schon wenige Meter später erreicht ihr den Moritzbacher Wasserfall, der sich munter gurgelnd seinen Weg hinunter Richtung Leutenbach bahnt. Neben den Sinterstufen führt eine hölzerne Treppe hinunter. Dort unten erwartet euch auch eine schöne Sitzgruppe vor einem sicher aus gutem Grund verschlossenen Höhlenportal. Hier zu sitzen und dem Wasser dabei zuzusehen, wie es sich über die natürlichen Kaskaden nach unten ergießt, hat schon fast meditativen Charakter. In jedem Fall lässt es sich hier hervorragend sitzen und entspannen.

Zum Schlossberg bei Haidhof Vom Moritzbacher Wasserfall steigt ihr auf der Treppe wieder nach oben und folgt dem Gelben Querstrich auf geschottertem Weg nach rechts. Schon bald geht es den Hang hinauf. Ihr erreicht eine Schranke und dahinter eine Teerstraße, in die ihr nach rechts, leicht bergab einbiegt. Schon nach einer Kurve wechselt ihr mit dem Gelben Querstrich von der Teerstraße wieder nach links in einen Schotterweg. Rechts von euch lichtet sich bald der Baum- und Buschwuchs und gibt den Blick hinüber zum Walberla frei. Immer weiter führt euch der Schotterweg, der zum Großteil durch schattigen Wald verläuft. Das Schöne an diesem unaufgeregten Wegstück sind die Ruhe und die Entspannung, die euch beim Wandern begleiten. Dann erreicht ihr wieder eine Straße, die ihr nach oben überquert. Dort folgt ihr dem Gelben Querstrich weiter nach rechts. Nun öffnet sich der Weg. Das Landschaftsbild verändert sich Stück für Stück. Der Wald weicht felsigen Hängen und schließlich erreicht ihr einen sonnig gelegenen Rastplatz, von dem aus ihr den gegenüberliegenden Hetzleser Berg hervorragend sehen könnt.

Und weiter geht es mit dem Gelben Querstrich. Und wieder gelangt ihr an eine Straße. Dieses Mal ändert sich euer Wanderzeichen. Aus dem Gelben Querstrich wird nun der Gelbe Punkt. Ihr überquert die Straße nach links und folgt dem schmalen Pfad mit eurem neuen Wanderzeichen in den Wald. Bald erreicht ihr einen Holzplatz. Hier biegt ihr bei der ersten Möglichkeit vom Gelben Punkt nach rechts ab. Nach wenigen Metern erkennt ihr am Wegesrand das Wanderzeichen Rotes X. Es begleitet euch jedoch nur gut 200 Meter. Dann zweigt ihr mit dem Grünen Ring nach links ab. Noch ein kleines Stück bergan und schon erreicht ihr den mit Sitzgruppen zum idyllischen Rastplatz ausgebauten Vorplatz des Schlossbergs bei Haidhof. Der Schlossberg gilt als echter Kraftort und ist mit seinen Treppen und schmalen Felsenpfaden bestens dazu angetan, um die Fantasie zu beflügeln. Links vom Eingang findet ihr einen Graben, in dem euch ein hoher, ehemaliger Brückenpfeiler ins Auge fällt. Einst soll dieser Stein von den Kelten als Opferstein genutzt worden sein. Diese Vorstellung ist gar nicht so abwegig, wurden auf dem Schlossberg doch Besiedlungsspuren aus dem fünften Jahrhundert vor der Zeitenwende gefunden. Ihr folgt dem mit Geländern gesicherten Felsenpfad und gelangt schließlich auf den traumhaft auf einem langen Felsensporn gelegenen Aussichtspunkt.

Zum Burgstein der Edelfreien von Leutenbach Vom Vorplatz des Schlossbergs wandert ihr mit dem Grünen Ring nach rechts und stoßt bald wieder auf Schotterweg und den Gelben Punkt, dem ihr nach

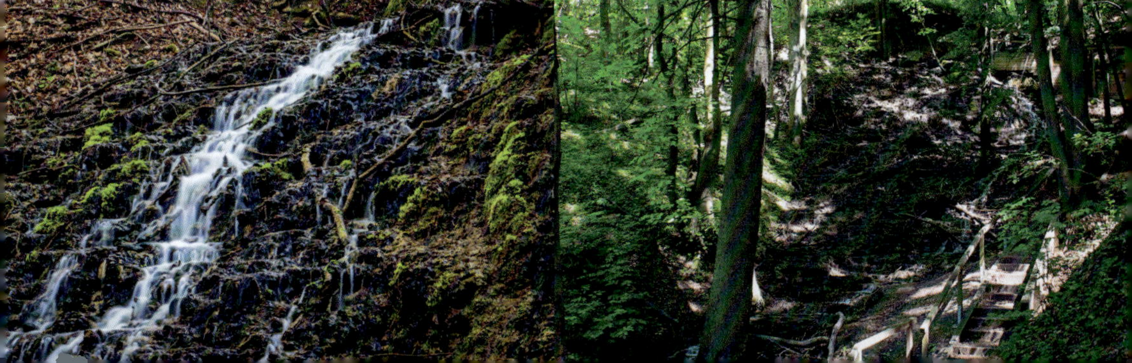

Die Sinterstufen des Moritzbaches und der Moritzbachwasserfall im Sommer

15

rechts folgt. Schon nach etwa hundert Metern biegt ihr, gegenüber einem Jägerstand, mit dem Gelben Punkt nach links in einen schmalen Waldweg ein. Bei der nächsten Weggabelung biegt ihr, weiterhin mit dem Gelben Punkt, nach rechts ab. Dieser Weg führt euch durch ein schönes Waldstück und schließlich zwischen Waldrand und Feld entlang. Bei der nächsten Gelegenheit, hier stehen links ein Wanderzeichenbaum und rechts am Waldrand eine Bank, biegt ihr nach links Richtung Seidmar ab und gelangt geradeaus in den Ort. In der Ortsmitte befindet sich der Dorfladen. Vor diesem überquert ihr die Straße und wandert hinter dem Dorfladen mit dem Blauen Ring nach rechts den Hang hinauf und wieder aus dem Ort hinaus.
Der Blaue Ring führt euch zuerst auf gepflastertem Weg am Waldrand entlang und dann nach rechts in den Wald hinein. Hier wird der Weg zum schmalen Waldpfad, der euch sanft hinüber zum Burgstein der Edelfreien von Leutenbach trägt.
Leider ist von der einstmals beeindruckenden Anlage kaum etwas erhalten geblieben. Der Sage nach soll die Burg Oberleutenbach, wie der Burgstein einst hieß, von dem Herrn zu Reifenberg in Schutt und Asche gelegt worden sein. Besonders hinterlistig daran war, dass er den Burgherren von Oberleutenbach, seinen eigenen Bruder, währenddessen zum Abendmahl auf Burg Reifenberg eingeladen hatte und ihn nach der Schandtat im Reifenberger Kerker verhungern ließ.
Dank der liebevollen Gestaltung mit Bänken und Informationstafeln, die einen Eindruck davon vermitteln, wie imposant dieser Ort war, kommt die einst so schmählich zerstörte Burg heute zu späten Ehren. Die eigentliche Attraktion dieses Ortes allerdings ist der fantastische Blick hinüber zum Walberla, dem Berg der Franken. Besonders zur goldenen Stunde und zum Sonnenuntergang begeistert diese Aussicht und lässt einen gerne etwas länger an diesem zauberhaften Ort verweilen.

Der Rückweg Vom Burgstein folgt ihr dem Blauen Ring über eine lange Treppe hinunter zur ehemaligen Vorburg. Auch hier bietet sich euch noch einmal ein herrlicher Ausblick – wenn nicht sogar der schönere. Von dort gelangt ihr, weiterhin mit dem Blauen Ring, über einen wundervollen Pfad und Steig nach unten zum Wanderparkplatz.

Blick vom Schlossberg bei Haidhof

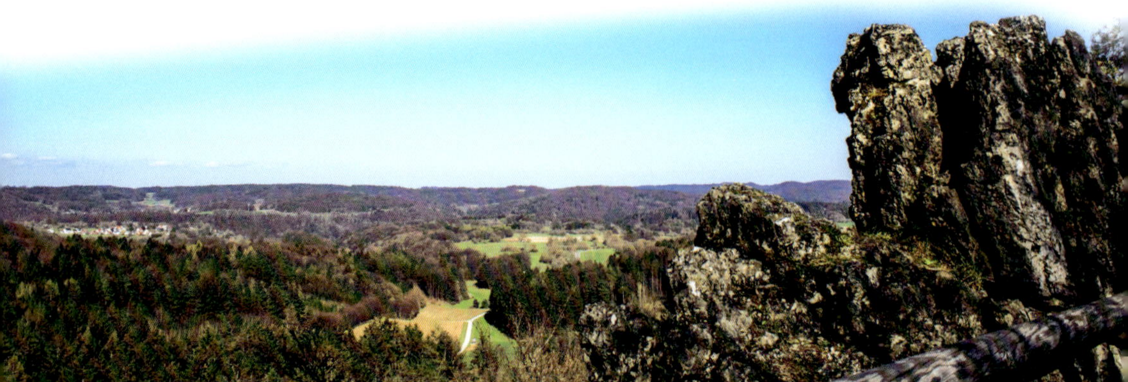

Wissen für Angeber

Wie entstehen Kalksinterstufen?

Sinter besteht aus Mineralien im Wasser. Meist handelt es sich um Kalk. Umspült ein nach unten fließender Bachlauf einen Ast oder einen anderen Gegenstand, lösen sich durch das Aufschäumen kleinste Mineralienteilchen aus dem Wasser und bleiben an dem Gegenstand hängen. Dadurch verkrustet die Oberfläche und vergrößert sich. Es bleiben immer mehr Mineralienteilchen hängen. Die dadurch entstehenden Barrieren entwickeln sich zu kleinen Becken und mit der Zeit zu Sinterstufen, über die das Wasser in Kaskaden hinunterfließt.

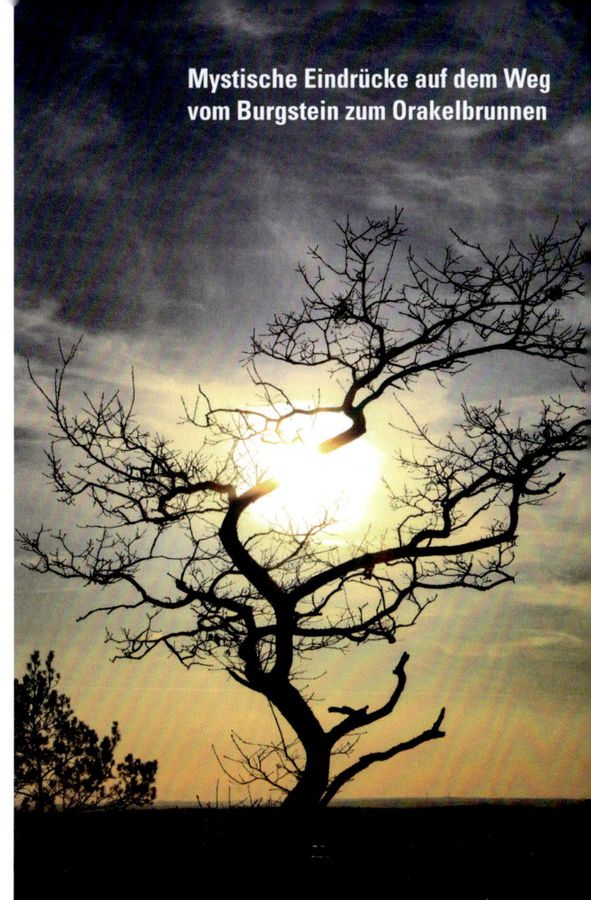

Mystische Eindrücke auf dem Weg vom Burgstein zum Orakelbrunnen

KOMPASS

Wann wandern?

Ganzjährig wanderbar.

Was beachten?

Die hölzerne Treppe, die neben den Sinterstufen entlangführt, kann bei Nässe und Schnee sehr rutschig werden.

Wo rasten?

Direkt an den Sinterstufen bei Sankt Moritz gibt es eine Sitzgruppe, eine weitere befindet sich am Eingang des Schlossbergs bei Haidhof. Und auch auf dem Aussichtspunkt des Burgstalls Burgstein bei Sankt Moritz lässt es sich gut rasten.

Wo einkehren?

Auf dem Weg gibt es leider keine Einkehrmöglichkeit.

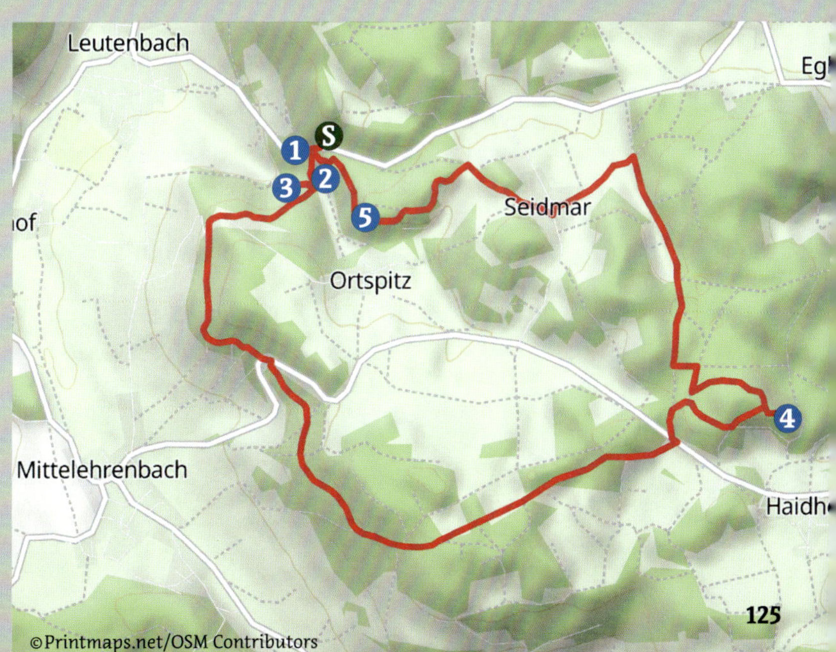

16

Im Tal des Affalterbachs bei Egloffstein

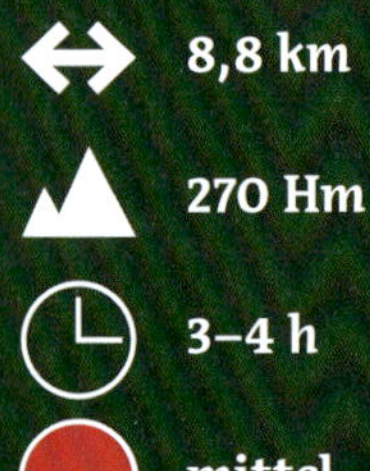

8,8 km

270 Hm

3–4 h

mittel

Eckdaten:

- **Sonne/Schatten: größtenteils schattige Waldwege**
- **Start-/Endpunkt: Wanderparkplatz Talstraße, 91349 Egloffstein**
- **Parkplatzgröße: drei große Stellflächen bieten für etwa 100 Pkw (kostenlos)**
- **Handtuch: ja**
- **Buggy: nein**

In einem idyllischen Seitental des gut besuchten Trubachtals bahnt sich der quirlige Affalterbach munter seinen Weg und fließt dabei über einen wunderschönen Wasserfall der Trubach entgegen. Dieser etwas versteckte Wasserfall ist nur eines der Highlights, die euch auf dieser Tour erwarten.

Highlights:

1. Egloffsteiner Felsenkeller
2. Felsentor
3. Frauenhöhle
4. Gerhard-Stude-Gedächtnissteig
5. Spiegelfels
6. Affalterbachquelle
7. Affalterbach-Wasserfall
8. Egloffsteiner Wasserrad

Die Sage

Der Schatzkrug Drei Männer aus Egloffstein unterhielten sich einst auf einem Spaziergang durchs Trubachtal darüber, dass das Geld doch unbedingt das höchste Gut auf Erden sei. Wie aus dem Nichts ging plötzlich ein Fremder neben ihnen her und sprach sie an. Er wäre nicht umhingekommen, ihr Gespräch mitzuhören, und, viel wichtiger, er wisse, wie man schnell und ohne große Mühe über Nacht zu Reichtum komme. Gierig, wie sie waren, fragten sie den Fremden, wie das funktionieren solle. Der hob sogleich an: „Wenn Ihr um Mitternacht innerhalb von einer Stunde drei Friedhöfe ablaufen könnt, dann wird es Euch gelingen."
Und so kam es, wie es kommen musste. Pünktlich zur Mitternacht trafen sich die drei auf dem Thuisbrunner Friedhof und wanderten von dort hinüber zum Egloffsteiner Totenacker. Anschließend stiegen sie hinauf zum Friedhof in Affalterthal. Als sie diesen wieder verließen, hockte ein kleines, garstiges Männlein am Wegesrand und drückte ihnen wortlos einen zerschlissenen Steinkrug in die Hand. Da freuten die drei sich riesig. Denn in dem Steinkrug müsse wohl ein Schatz sein. Unterwegs wurde der Krug jedoch immer schwerer, sodass sie sich mit dem Tragen abwechseln mussten. Als sie

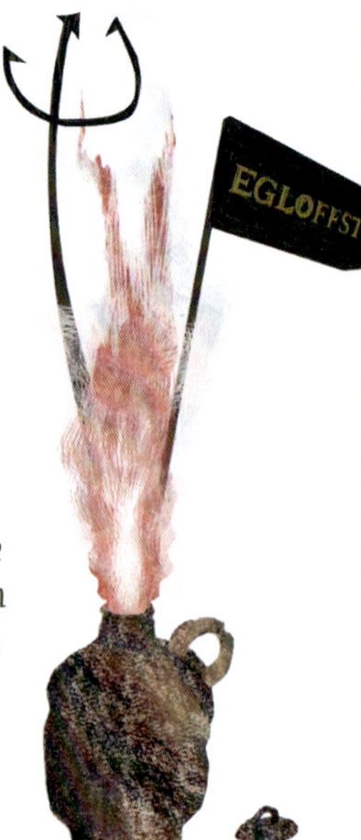

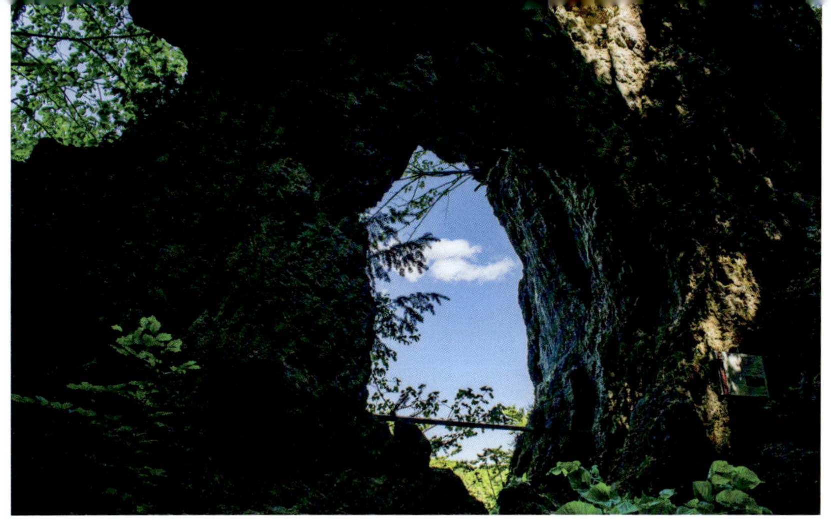

Das Felsentor bei Egloffstein

endlich daheim angekommen waren, stellten sie den Krug in der Stube auf den Tisch und öffneten ihn vorsichtig. Heraus stob eine gleißend helle Flamme. Es zischte und aus dem Krug fuhr eine finstere Gestalt. Das war der leibhaftige Teufel. Sogleich begann er, die Unglücklichen zu quälen. Er sprang von einer Ecke in die andere und zwickte und zwackte die drei Männer mit glühenden Zangen. Die angst- und schmerzerfüllten Schreie der Gepeinigten gellten durch den Ort. Erst als der herbeigeholte Priester jeden Winkel des Hauses mit Weihwasser bespritzt hatte, fuhr der Teufel aus dem Haus und in die Nacht hinaus.

Die Wegbeschreibung

Zu den Egloffsteiner Felsenkellern Eure Wanderung beginnt auf dem großen Wanderparkplatz Talstraße am Ortsrand von Egloffstein. Ihr überquert die Straße und geht nach rechts bis zu einem Wanderzeichenbaum. Mit eurem ersten Wanderzeichen, dem Rundweg Nr. 1, und der Beschilderung Richtung Freibad biegt ihr nach links in die Badstraße ein und folgt dieser, bis ihr das Freibad erreicht. Diesem gegenüber führt euch der Rundweg Nr. 1 nach links über eine Brücke und an die Talstraße. Hier verlasst ihr den Rundweg Nr. 1 für eine Weile, denn während dieser nach rechts verläuft, überquert ihr die Talstraße und steigt auf der gegenüberliegenden Seite über eine Treppe hinauf zu den Portalen der Egloffsteiner Felsenkeller. Sie führen euch tief in den Fels hinein. Überall locken weitere Keller und schmale Wege immer tiefer hinein in diese faszinierende Unterwelt. Schon im frühen Mittelalter soll diese weitläufige Kelleranlage mit ihren vielen Gängen und Parzellen angelegt worden sein. Zuerst wurden sie gegraben, um Sand für den Bau der Burg Egloffstein zu gewinnen. Erst später wurden sie als Zufluchtsstätten und Lagerort für Bier, Fleisch, Kartoffeln und Rüben genutzt.

Zum Felsentor Aus den Felsenkellern heraustretend, folgt ihr der Treppe rechts von euch hinauf zur Felsenkellerstraße, in die ihr an der Tourist-Info nach links oben einbiegt. Unterhalb des nahen Marktplatzes mit dem Egilofbrunnen, den das Denkmal eines edlen Ritters schmückt,

16

biegt ihr ohne Wanderzeichen scharf rechts in die Rabensteinstraße ein. Hier trefft ihr nach einem Stück wieder auf den von rechts einbiegenden Rundweg Nr. 1. Vor dem vorletzten Haus biegt ihr mit dem Rundweg und der Beschilderung zum Felsentor auf einer Treppe nach links oben ab. Bald folgt ihr eurem Wegzeichen nach rechts Richtung Felsentor und schon hundert Meter weiter geht es nach links auf einer langen Treppe hinauf zum beeindruckenden Felsentor.

Zur Frauenhöhle Vom Felsentor geleitet euch Rundweg Nr. 1 vorbei an einer nahen, lauschigen Grotte und weiter hinauf zu einem schönen Aussichtspunkt mit Bank. Dann geht es noch ein wenig nach oben, bis ihr die Kante des Trubachtals erreicht. Hier gabelt sich der Weg. Ihr folgt dem Rundweg Nr. 1 entlang der Kante auf einem wundervoll romantischen Steig nach rechts. Gut 300 Meter wandert ihr auf diesem herrlichen Pfad, dann folgt ihr dem Rundweg Nr. 1 und der Beschilderung zur Frauenhöhle auf einem schmalen Steig nach rechts unten. Nach einem kurzen, steilen Stück, zuletzt zwischen moosbewachsenen Felsen hindurch, erreicht ihr das imposante Portal der Oberen Frauenhöhle. Hinter dem Eingangsbereich führt der Höhlengang steil nach unten in den Fels. Besonders beeindruckend ist der Blick von unten hinauf zum hell leuchtenden Höhlenportal. Die Frauenhöhle verdankt ihren Namen einer alten Sage, nach der dort eine habgierige Bäuerin vom Höhlengeist zur Strafe für ihren Geiz zu Stein verwandelt wurde. Von der Oberen Frauenhöhle kommend, führt euch der Steig weiter nach unten und dem holzgerahmten Portal der Unteren Frauenhöhle entgegen. Die in die Höhle führenden Schienen mögen im ersten Moment verwundern. Sie zeugen noch davon, dass die Frauenhöhle einst zur Schauhöhle ausgebaut werden sollte. Auf den Schienen wurden die Loren bewegt, die zum Abtransport des aus dem Fels geschlagenen Steins benutzt wurden.

Blick vom Trubachtal hinauf zur Burg Egloffstein

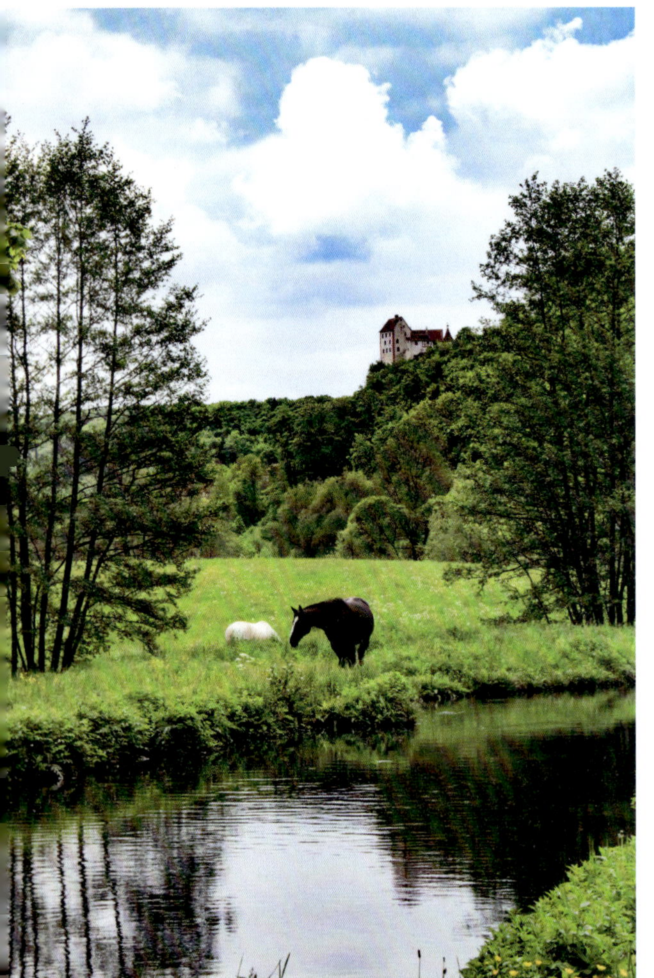

Auf dem Gerhard-Stude-Gedächtnissteig zum Spiegelfels Von der Unteren Frauenhöhle trägt euch der Steig weiterhin steil nach unten und mündet in einen breiten Fahrweg. Diesem folgt ihr mit dem Rundweg Nr. 1 nach links. Nach etwa 400 Metern verlasst ihr den Rundweg Nr. 1 und biegt schräg gegenüber einer Felswand mit einem unmarkierten Fahrweg nach rechts unten ab. Dieser schwingt bald in einer scharfen Kurve nach rechts und wird dann zum schmalen Waldweg, der euch geradewegs an den Ortsrand von Mostviel trägt. Vorbei an der Diakonie gelangt ihr an die Ortsdurchfahrt, überquert diese mit dem Fußgängerüberweg und geht nach links über die Trubach hinüber zum Gasthof Schlossblick. Hier biegt ihr, dem Wanderzeichen Roter Längsstrich und der Beschilderung zum Spiegelfelsen/Gerhard-Stude-Gedächtnissteig folgend, scharf nach rechts oben ab und steigt auf einem schönen Hangweg hinauf. Links an einer Bank vorbei folgt ihr dem Roten Längsstrich über eine Wiese in den Wald. Hier biegt ihr mit dem Roten Längsstrich nach rechts in einen Fahrweg ab. Nach 300 Metern verlasst ihr diesen und biegt mit der Beschilderung zum Spiegelfelsen/Gerhard-Stude-Gedächtnissteig und eurem neuen Wanderzeichen, dem Schwarzen Ring, nach links oben ab. Vorbei an einer Sitzgruppe steigt ihr nun auf einer langen Treppe, die sich abenteuerlich am Fuß gewaltiger Felswände nach oben windet, den fordernden Gerhard-Stude-Gedächtnissteig empor. Oben angekommen verlasst ihr den Steig nach links und erreicht die grandiose Aussichtsplattform des Spiegelfelsens, auf der eine Sitzgruppe zum Rasten und Verweilen einlädt.

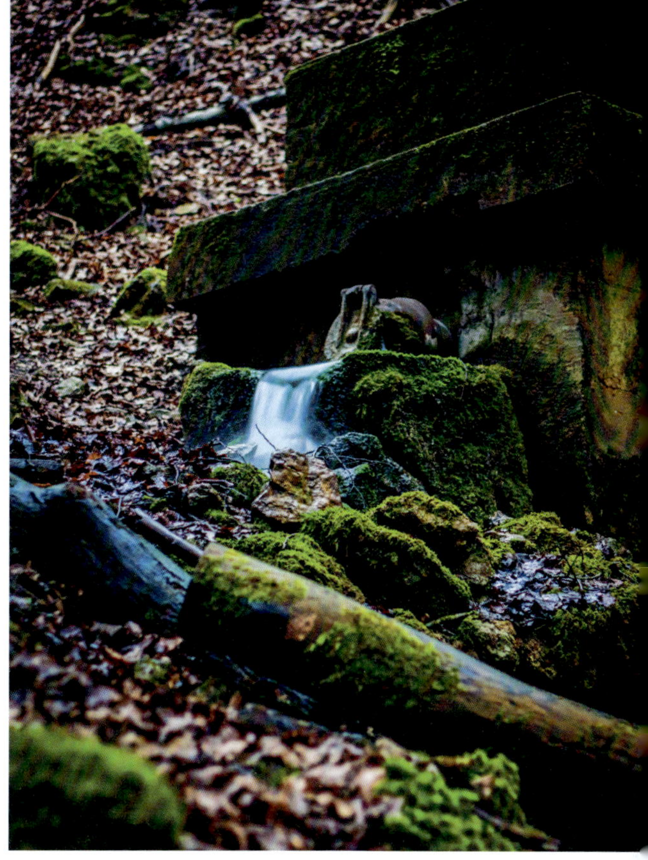

Die Affalterbachquelle

Zur Affalterbachquelle Von der Aussichtsplattform kommend folgt ihr dem Schwarzen Ring geradeaus bis zu einem Fahrweg, in den ihr, weiterhin mit dem Schwarzen Ring, nach rechts einbiegt. Dieser Weg führt euch auf gut 1,5 Kilometern bequem an den Ortsrand von Affalterthal und auf einer geschwungenen Straße steil nach unten an einen Parkplatz. Hier verlasst ihr den Schwarzen Ring und biegt ohne Wanderzeichen nach links ab. Kurz darauf erreicht ihr eine Kreuzung, an der ihr mit dem Senkrechten Rotstrich scharf nach rechts oben abbiegt. Ihr passiert den Waldspielplatz und verlasst die Straße bei der zweiten Möglichkeit mit dem Rundweg Nr. 2 scharf nach rechts. Letzterer trägt euch aus dem Ort hinaus, zuerst auf einem Wiesenweg am Waldrand entlang, dann nach links unten und in den Wald. Bald erreicht ihr über ein paar Stufen eine Kreuzung. Hier verlasst ihr den Rundweg Nr. 2 vorerst und biegt ohne Wegzeichen nach rechts unten ab. Auf einem spannenden, mit Wurzeln durchzogenen Hangweg steigt ihr an der rechten Kante einer Felsenschlucht hinunter ins Brunnleitental. Dort gelangt ihr an ein Wasserpumpenhäuschen am Rand einer großen Lichtung. Links von euch, am Eingang der Felsenschlucht, sprudelt es munter aus der Affalterbachquelle. Zusammen mit den vielen moosgrünen Felsen bildet sie ein wundervoll romantisches Ensemble.

Zum Wasserfall des Affalterbachs Links vom Wasserpumpenhäuschen führt euch der Rundweg Nr. 2 über den Affalterbach hinweg nach links wieder in den Wald. Vorbei an magischen Baumhöhlen trägt euch der Weg rechter Hand an ein kleines Nadelwäldchen. Rechts von euch öffnet sich in dem Wäldchen bald eine Schneise mit einem Trampelpfad. Diesem folgt ihr einige Meter bis zum schmalen Affalterbach, der sich leicht überqueren lässt. Dahinter geht ihr ein kurzes Stück links am Rand des Wäldchens entlang und folgt bei der nächsten Gelegenheit einem stark bewachsenen Weg nach links ins Unterholz und hinab zum Wasserfall des Affalterbachs, dessen Rauschen ihr bereits deutlich hören könnt. Faszinierend, wie das Wasser über die Kaskaden seinen Weg findet. Stufe für Stufe gurgelt, sprudelt und fließt es nach unten.

Der Rückweg vorbei am Egloffsteiner Wasserrad Vom Wasserfall kehrt ihr auf demselben Weg, über den ihr gekommen seid, zum Rundweg Nr. 2 zurück und folgt diesem zwischen dichtem Buschwuchs hindurch nach rechts unten. Schließlich trägt euch der Rundweg Nr. 2 sanft hinunter ins Trubachtal und dort entlang der Trubach nach links Richtung Egloffstein. Auf diesem Wegstück ist das Wanderzeichen des Rundwegs Nr. 2 meist auf der euch abgewandten Seite der Bäume angebracht. Schon nach 200 Metern biegt ihr noch für einen Abstecher zum Egloffsteiner Wasserrad über eine Brücke nach rechts und gleich dahinter wieder rechts in einen Pfad ein, der euch direkt zum großen Egloffsteiner Wasserrad führt. Von dort kehrt ihr zum Rundweg Nr. 2 zurück und folgt diesem nach rechts zurück nach Egloffstein. Besondere Erwähnung gebührt der schön gestalteten Kneippanlage am Ortsrand, die an Sommertagen den erhitzten Füßen kühle Erfrischung garantiert. Dahinter passiert ihr mit dem Rundweg Nr. 2 das Freibad und folgt dem Wanderzeichen auf der Badstraße geradewegs zurück zum Wanderparkplatz Talstraße.

Das Egloffsteiner Wasserrad im Winter

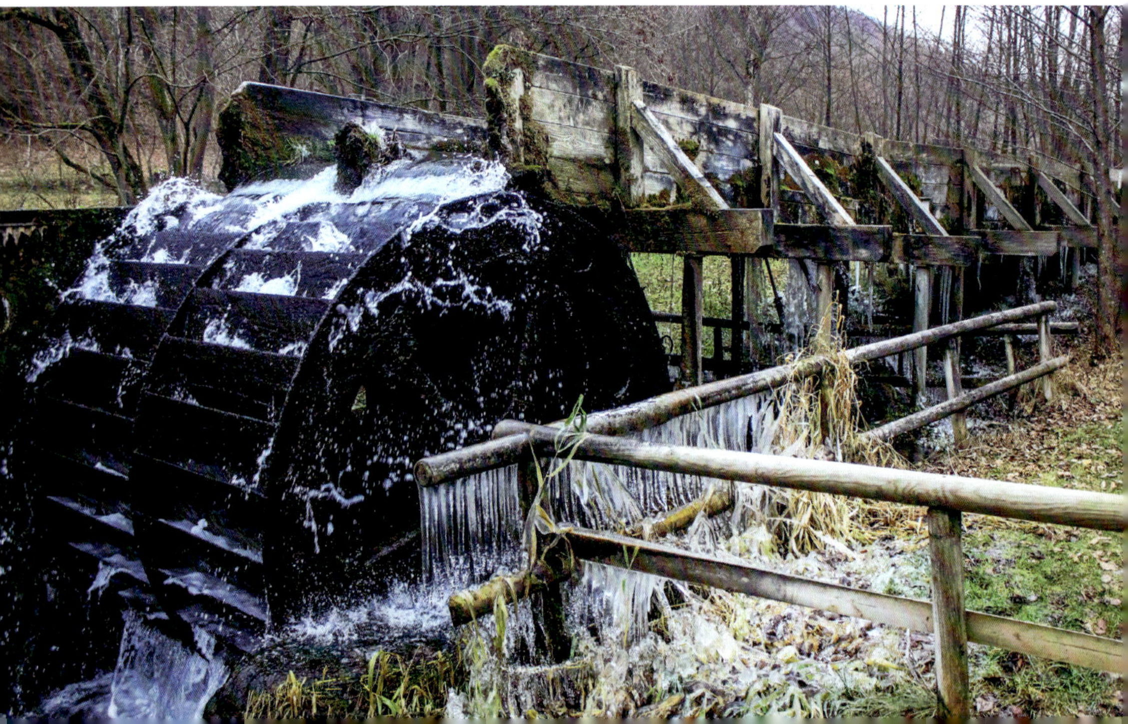

Wissen für Angeber

Das Wasserrad **Erfunden wurde das Wasserrad im alten Griechenland vor mehr als 2300 Jahren. Diente es zu Beginn nur der Bewässerung in der Landwirtschaft, erkannten später die Römer sein Potenzial als Mahlwerk. Im Mittelalter und spätestens mit Einsetzen der Industrialisierung wurde die mechanische Energie, die durch das von der Wasserkraft angetriebene Mühlrad entstand, für viele verschiedene Anwendungen wie Hämmern, Schleifen und Sägen verwendet. Diese Mühlen sind die Vorläufer moderner Wasserkraftwerke, in denen Wasserkraft in elektrischen Strom umgewandelt und über Leitungen praktisch überall genutzt werden kann.**

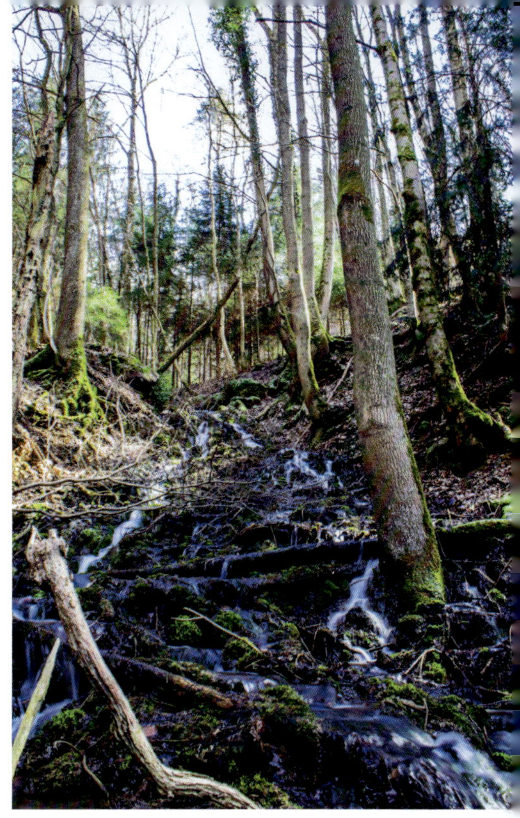

Der Affalterbach-Wasserfall im Winter

KOMPASS

Wann wandern?

Empfehlenswert ist diese Wanderung vor allem in den Frühlingsmonaten, wenn der Wasserfall des Affalterbachs möglichst viel Wasser führt.

Was beachten?

Der Gerhard-Stude-Steig erfordert eine gewisse Trittsicherheit. Die vielen Treppen hinunter ins Tal können anstrengend werden.

Wo rasten?

Besonders schön rasten lässt es sich auf der Aussichtsplattform des Spiegelfelsens.

Wo einkehren?

Gasthof Schlehenmühle in Egloffstein, Telefon: 09197 291

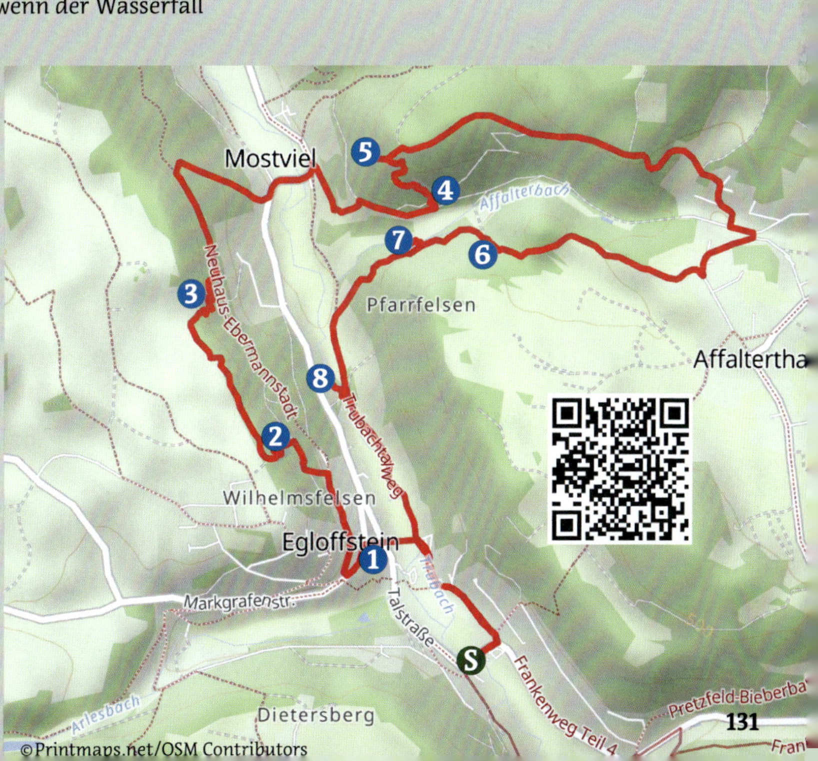

17

Gewaltige Felsen und Wasserspiele rund ums Todsfeld bei Egloffstein

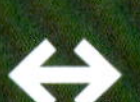 6,5 km

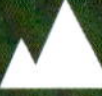 135 Hm

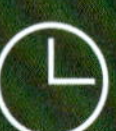 2–3 h

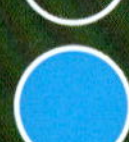 leicht

Eckdaten:

- Sonne-/Schatten: ausgeglichenes Verhältnis zwischen sonnigen Wiesenwegen und schattigen Waldpfaden
- Start-/Endpunkt: Wanderparkplatz an der Talstraße in 91349 Egloffstein
- Parkplatzgröße: drei große Stellflächen bieten Platz für etwa 100 Pkw (kostenlos)
- Handtuch: ja
- Buggy: nein

Zwischen Egloffstein und Thuisbrunn findet ihr wunderschöne und abwechslungsreiche Landschaften. Gewaltige Felsmassive wechseln sich ab mit idyllischen Tälern, schmale und üppig bewachsene Waldpfade mit malerischen Wiesenwegen.

Highlights:

1. Augustusfelsen
2. Kugelspiel
3. Burgruine Thuisbrunn
4. Büttnerloch
5. Todsfelder Tal mit Sinterterrassen

Die Sage

Das unheimliche Niesen Eines Abends lenkte ein Bauer, der in Thuisbrunn gezecht hatte und nun nach Egloffstein zurückkehren wollte, seine Schritte ins Todsfelder Tal. Auch wenn viele Leute davon abrieten, den Weg in den Abendstunden oder gar in der Nacht zu gehen, war er diese Strecke schon oft gegangen. Schließlich war es die kürzeste Verbindung von einem Ort zum anderen. Und so war er auch an diesem Abend – die Sonne war bereits untergegangen und dunkle Schatten senkten sich über das Tal – auf dem bequemen Pfad am Fuß der gewaltigen Felsen unterwegs. Das Zwitschern der Vögel verstummte langsam und links von sich hörte er das muntere Plätschern des Wasserwiesenbachs. Als ihn sein Weg in das Waldstück in der Nähe des Hohenschwärzer Grabens führte, hörte er ganz in der Nähe plötzlich einen kräftigen Nieser. „Helf Gott!“, sagte der Bauer, wie er es immer tat, wenn jemand nieste. Doch woher kam das Niesen? Er war doch ganz allein im Tal unterwegs und hatte auch noch niemanden auf seinem Weg getroffen.

Da er nach dem Zechgelage in Thuisbrunn nicht mehr ganz nüchtern war und am liebsten schnell nach Hause in seine Kammer wollte, um seinen Rausch auszuschlafen, zuckte er mit den Achseln und ging zügig weiter. Da hörte er den Nieser ein zweites Mal. Dieses Mal war das Niesen lauter und es schien auch deutlich näher zu sein als beim ersten Mal. Zum zweiten Mal sagte er, weil er so gewohnt war: „Helf Gott!“

Nun wurde es dem Bauern allerdings doch ein wenig unheimlich. Vielleicht hatten die Leute ja doch recht, wenn sie davon abrieten, in der Dunkelheit durchs Todsfeld zu gehen. Vielleicht trieben sich in dem von

hohen Felsen gesäumten Tal ja doch allerlei unheimliche und geisterhafte Gestalten herum. Er zog seinen Kragen hoch und beschleunigte seinen Schritt, um möglichst schnell aus dem Todsfeld und zurück nach Egloffstein zu gelangen.
Da nieste es ein drittes Mal, dieses Mal direkt neben ihm. Er schrak zusammen. Nun ergriff in Panik und er rief dem unsichtbaren Nieser zu: „Helf dir Gott in Himmel nauf! Wennst runterfällst, kummst nimmer nauf!" Für einen Moment herrschte Stille. Dann erklang neben ihm eine tiefe Stimme und sprach: „Gott sei Dank. Nun hast Du meine Seele erlöst." Daraufhin wurde es wieder still.
Der Bauer fasste sich und gelangte schließlich nach Egloffstein zurück. Ähnliche Geschichten um unsichtbare Nieser gibt es in der Fränkischen Schweiz immer wieder. Die meisten enden jedoch damit, dass das dritte „Helf Gott!" vor lauter Angst nicht ausgesprochen und die betroffene arme Seele nicht erlöst wird.

Die Wegbeschreibung

Zum Augustusfelsen Vom Wanderparkplatz biegt ihr nach links in die Talstraße ein, überquert die Brücke und verlasst diese schon nach wenigen Metern mit dem Wanderzeichen Roter Ring nach links. Der Rote Ring, übrigens bis zum Kugelspiel euer Wanderzeichen, biegt gleich wieder scharf rechts nach oben in den Paradiesweg ab. Immer die schöne Burg Egloffstein vor Augen marschiert ihr gut 50 Meter bergauf, bevor ihr scharf links in die Angerstraße abbiegt. Am Ende der Angerstraße, vor dem letzten Haus, zweigt ein schmaler, mit dem Wanderzeichen Roter Ring gekennzeichneter Weg, rechts am Grundstück entlang, in den Wald ab. Wenn es im Sommer richtig heiß ist, tun gerade die ersten Schritte in der angenehmen Kühle des Waldes besonders gut. Die frische Waldluft belebt den ganzen Körper.

Der Augustusfelsen

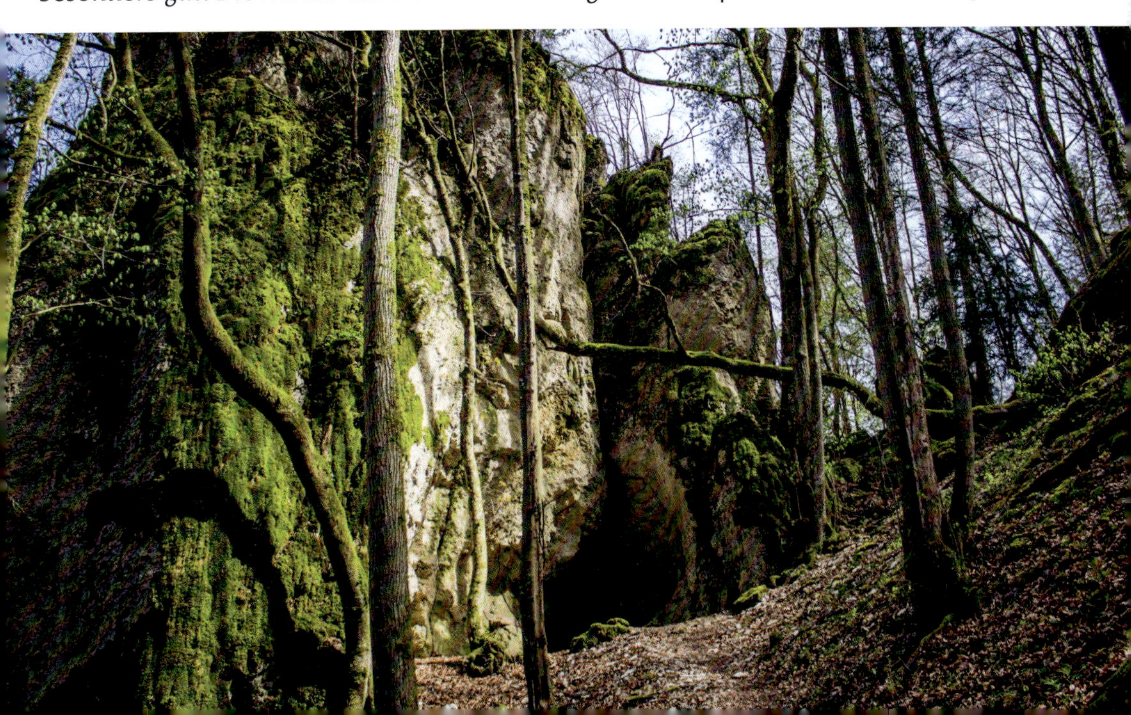

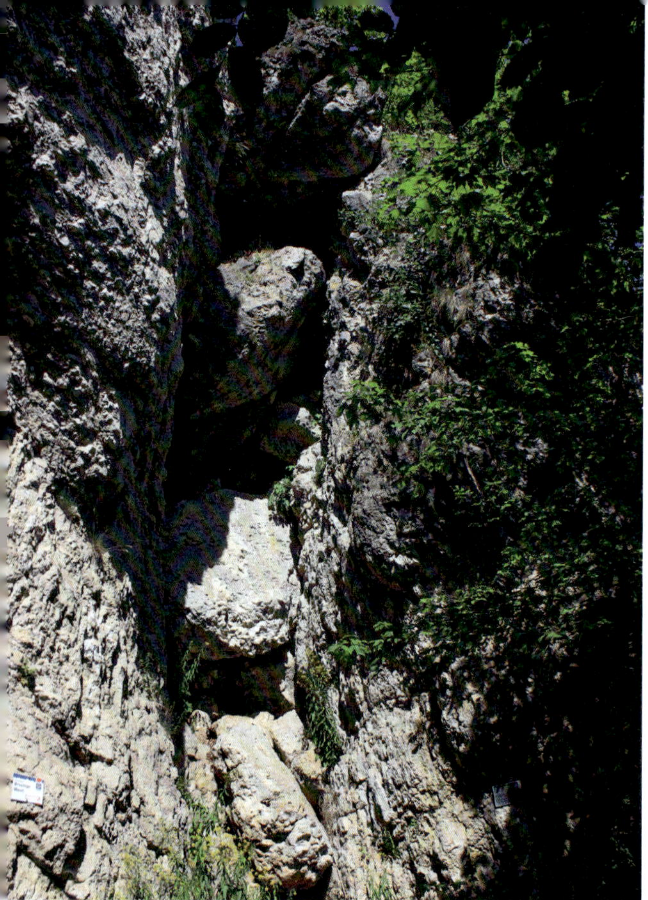

Das Kugelspiel

Im Wald geht es mit dem Rotring geradeaus weiter. Dann, vorbei an einer Bank, über schmale Kehren immer weiter steil nach oben. Schon bald erhebt sich über euch am Hang der gewaltige Augustusfelsen. Majestätisch ragt er aus dem Waldboden empor. Wenn ihr den Augustusfelsen erreicht, gibt er sein wahres Geheimnis preis. Ein großes Portal an der Oberseite gewährt euch den Zutritt hinein in eine fantastische Durchgangshöhle, an deren Ende ihr tief nach unten blicken könnt. Eine schöne Ansicht bietet sich auch, wenn ihr euch im Inneren der Höhle umdreht und zum Eingang zurückblickt.

Zum Kugelspiel Ihr folgt dem Roten Ring weiter hinauf. Zuletzt geht es über eine wildromantische Treppe zwischen zwei Felsen hindurch aufs Plateau. Oben angekommen biegt ihr mit eurem Wanderzeichen an einer Bank nach links ab. Auf schönen Waldwegen wandert ihr am Hang entlang. Auf diesem Wegstück gesellt sich zum Roten Ring ein weiteres wichtiges Wanderzeichen, der Rundweg Nr. 4. Schließlich erkennt ihr links von euch ein hübsches weiß-rotes Fachwerkhaus. Abenteuerlustigen Wanderern sei eine Erkundungstour links des Hauses empfohlen: Nach oben Richtung Felskante erreicht ihr einen tollen Aussichtspunkt, nach links unten und auf schmalem Hangweg gelangt ihr durch ein kleines Felsentor in einen faszinierenden Felsenkessel. Vor dem Haus steht bereits ein hölzernes Schild, das den Ort als Kugelspiel ausweist. Dieses Felsenspektakel erreicht ihr am besten, indem ihr, das Fachwerkhaus im Rücken, dem Weg noch etwas weiter nach links folgt und dann gegenüber von der Abzweigung aufs freie Feld mit einem unbeschilderten Pfad scharf nach unten links steigt. Dieser Abstecher führt euch, vorbei an gewaltigen Felswänden, in Kehren steil direkt hinunter zum beeindruckenden Massiv des Kugelspiels.

Zur Burgruine Thuisbrunn Vom Kugelspiel steigt ihr den Pfad wieder hinauf und folgt den Wanderzeichen nach links am Waldrand entlang. Bald zweigt der Rote Ring nach rechts aufs freie Feld ab. Ihr folgt jedoch weiter dem Rundweg Nr. 4 geradeaus auf die Thuisbrunner Leite. Eine Leite ist ein steiler Berghang und wird meist nur als Weidefläche für Schafe und Ziegen genutzt. Oberhalb dieser steilen Hänge, an denen einige Bänke zum Verweilen einladen, wandert ihr hinüber nach Thuisbrunn. Bei der nächsten Gelegenheit biegt ihr mit dem Rundweg Nr. 4 nach links unten ab und gelangt schließlich auf geteerter Straße in den Ort Thuisbrunn. Bei der nächsten Gabelung biegt ihr mit der Beschilderung zum Burgweg scharf nach links unten ab. Ihr überquert ein Bächlein und steigt eine Treppe nach oben. Dort biegt ihr nach rechts in den Burgweg ein. Ihr umrundet den Burgberg und folgt schließlich der Beschilderung nach links auf die Aussichtsplattform am Fuß der Burgruine Thuisbrunn. Vor fast 700 Jahren wurde die Burg erstmals erwähnt. Sie wurde in der Vergangenheit immer wieder zerstört und eingenommen. Im Zweiten Weltkrieg wurde sie sogar von amerikanischen Truppen beschossen. Und doch steht sie auch heute noch hoch über dem Ort und bietet einen prächtigen Anblick.

Zum Büttnerloch Von der Burg steigt ihr wieder hinunter und biegt mit der Beschilderung zum Büttnerloch nach links in den Burgweg ein. Diesen verlasst ihr bei der nächsten Gelegenheit ohne Wegzeichen an einem Zaun entlang nach rechts unten und geht zwischen den Häusern hindurch. Gleich wieder rechts und unten nach links in die Durchfahrtsstraße. Dieser folgt ihr, vorbei am Gasthof Seitz und der zugehörigen Brauerei Elchbräu. Hinter der Brauerei befindet sich ein geschotterter Parkplatz. An dessen Ende führt ein kaum erkennbarer Pfad nach rechts zum Waldrand und zu einem Wanderzeichen, das ein paar Blumen (Kuhschellen) zeigt. Folgt diesem Pfad ein Stück hinauf und dann links. Er führt euch direkt zum Büttnerloch. In dieser Höhle wurden Knochentrümmer, Geweihstücke, mehrere Artefakte und das Skelett einer aufrecht sitzend bestatteten, alten Frau gefunden, das viele Tausend Jahre in dieser Höhle überdauert hat und somit die älteste bekannte Bewohnerin Thuisbrunns darstellt. Das Büttnerloch ist ein ganz besonderer Ort. Die Leiter, über die man nach unten in den Höhlengang steigt, das Felsentor, das man dabei durchquert – das alles hat eine eigene Magie.

Durchs Todsfelder Tal Vom Büttnerloch geht ihr zurück zum Gasthof Seitz und biegt dort mit eurem neuen Wanderzeichen, dem Grünen Ring, nach rechts oben ab. Nach etwa 200 Metern biegt ihr mit dem Grünen Ring nach links Richtung Katharinenkirche ab. Hier ist euer Zielort Egloffstein bereits angeschrieben. An der Kreuzung bei der Kirche folgt ihr dem Grünen Ring geradeaus ins Todsfelder Tal und nach Egloffstein. Dieses Wanderzeichen wird euch bis zum Ende der Tour begleiten.

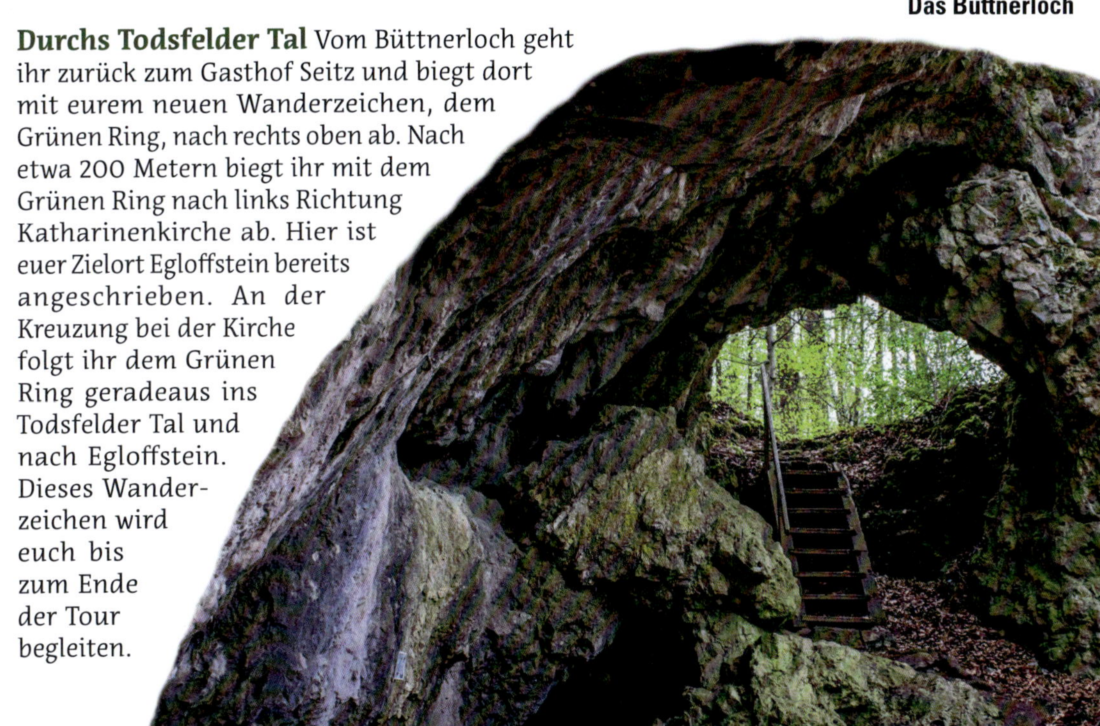

Das Büttnerloch

17

Für den Ursprung des unheilvollen Namens des Todsfelder Tals gibt es verschiedene Erklärungsansätze. Der spannendste stammt von August Sieghardt und berichtet, dass in diesem Tal einst eine hunnische Reiterschar von den Egloffsteiner Bürgern niedergemacht wurde. Unterhalb des Kugelspiels wurde eine große Anzahl menschlicher Gebeine, Pferdeknochen und Hufeisen gefunden, die diese Theorie untermauern. Sogar in der Schlosschronik von Egloffstein gibt es entsprechende Verweise.

Links von euch erhebt sich die Thuisbrunner Leite, an deren Fuß der Wasserwiesenbach munter gurgelnd hinab fließt. Dann seht ihr schon vor euch auf der linken Talseite das Felsmassiv Brüchige Wand mit dem Kugelspiel. Was für ein erhabener Anblick! Ihr erreicht den Wald. Ab diesem Moment nimmt der Wasserwiesenbach neben euch Fahrt auf und strömt über einige Sinterterrassen überraschend wild hinab. Ein echtes Naturschauspiel, wie der Bach sich am Ende als regelrechter Wasserfall seinen Weg hinab bahnt. Ihr folgt weiter dem Weg mit dem Grünen Ring nach unten. Bald beruhigt sich der Bach wieder und ein Rastplatz direkt am Bachlauf lädt zum letzten Verweilen vor Erreichen des Parkplatzes ein. Hier habt ihr auch die Gelegenheit, eure erhitzten Füße in der Frische des Baches abzukühlen – eine verdiente Wohltat. Das letzte Stück eurer Wanderung führt euch mit dem Grünen Ring auf schattigen Wegen, teils sogar unter wahren Laubengängen hindurch – links neben euch das muntere Gurgeln des Bewässerungskanals – zurück nach Egloffstein und zum Parkplatz.

Im Todsfelder Tal

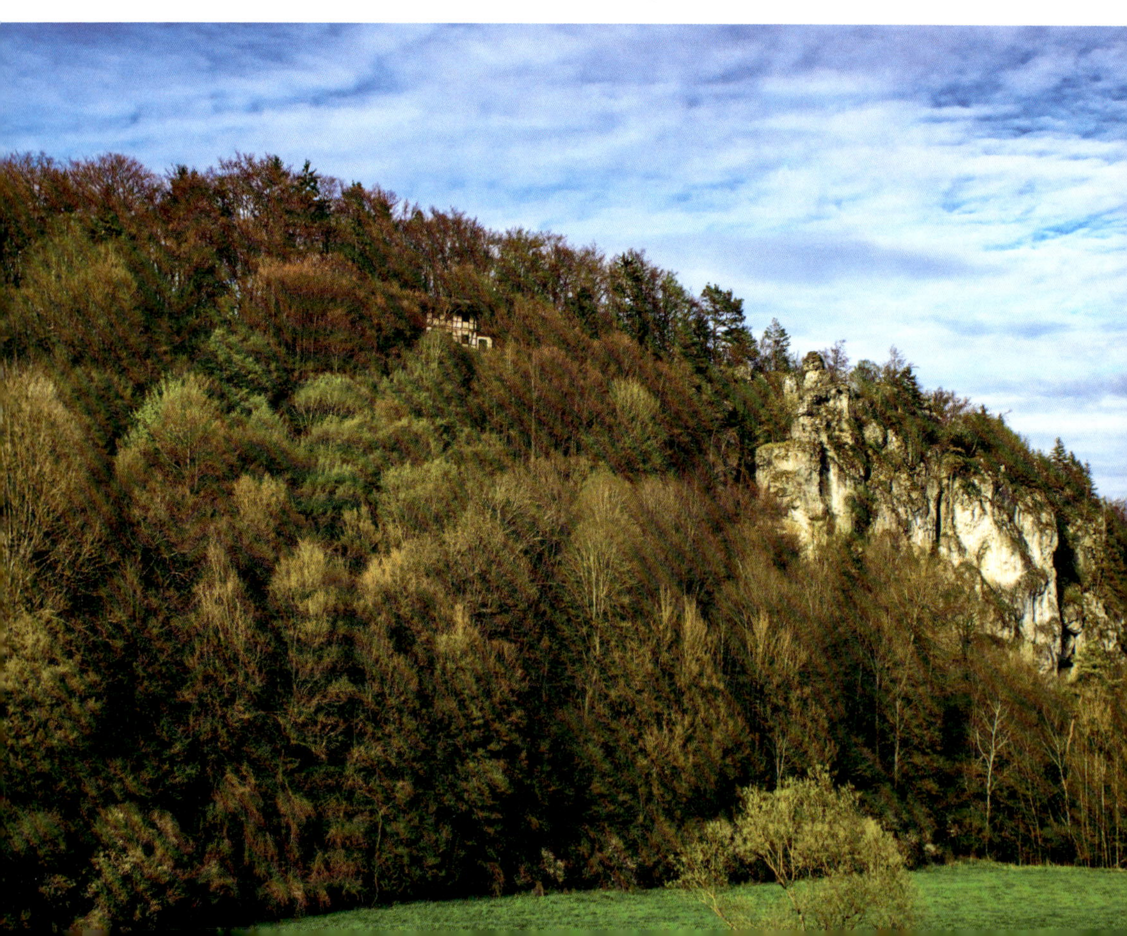

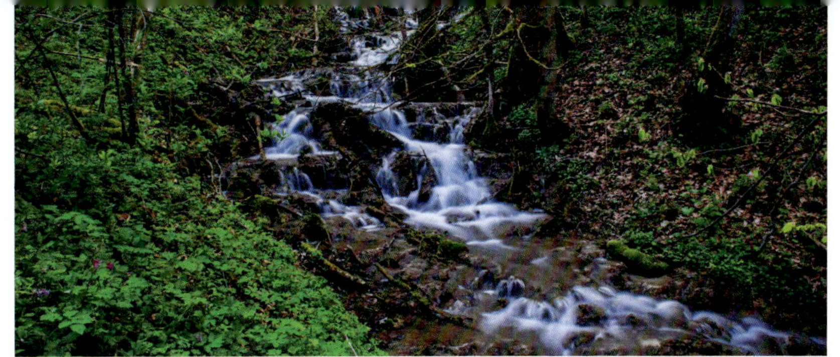

Sinterterrassen im Todsfelder Tal

Wissen für Angeber

Warum bestatteten die frühen Menschen ihre Toten in Höhlen? Schon die Neandertaler bestatteten ihre Verstorbenen, anstatt sie dem Verfall und den Tieren zu überlassen. Mit der Zeit entwickelten sich Begräbnisrituale, bei denen die Toten zum Beispiel mit roter Farbe bemalt wurden. Höhlen, die von Neandertalern und auch von unseren direkten Vorfahren, dem modernen Menschen, als Behausung genutzt wurden, eigneten sich hervorragend als Begräbnisstätten. Vermutlich legten die frühen Menschen Wert darauf, ihre Verstorbenen in ihrer unmittelbaren Umgebung zu wissen. Vielleicht lag es daran, dass die Grenzen zwischen Leben und Tod für unsere Vorfahren noch nicht so klar definiert waren wie für uns heute. Vielleicht war es ihnen auch wichtig, ihre Ahnen stets um sich zu haben, um deren Schutz zu genießen. Theorien gibt es viele. Sicher ist, dass der Brauch, seine Verstorbenen nahe bei sich zu behalten, mancherorts noch länger anhielt. Immer wieder stoßen Archäologen bei ihren Grabungen in verschiedenen Ländern auf Behausungen, unter deren Böden Verstorbene bestattet wurden.

KOMPASS

Wann wandern?
Besonders schön ist die Wanderung in den Monaten April und Mai, wenn die Sumpfdotterblumen blühen.

Was beachten?
Der steile Abstieg zum Kugelspiel kann sehr rutschig werden.

Wo rasten?
Auf diesem Weg findet ihr jede Menge Bänke und Rastgelegenheiten.

Wo einkehren?
Gasthof Seitz in Thuisbrunn, Tel. 09197 221

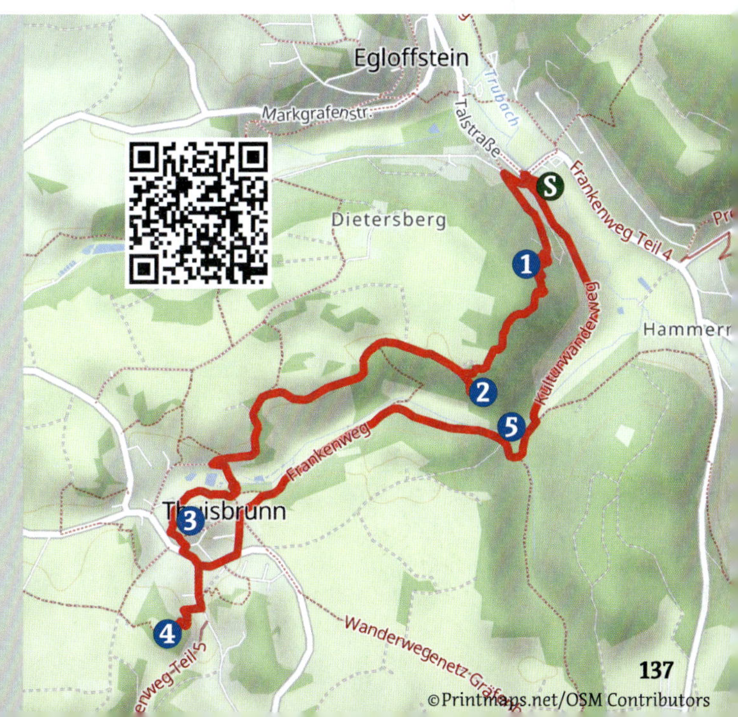

18

Von Untertrubach über die Hohle Kirche zu den Drei Zinnen

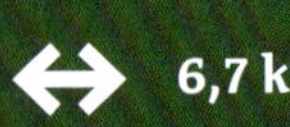
6,7 km

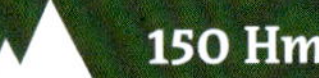
150 Hm

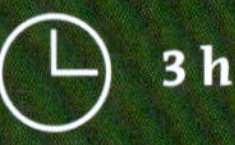
3 h

leicht

Eckdaten:

- **Sonne/Schatten:** In der ersten Hälfte hauptsächlich schattige Waldwege. In der zweiten Hälfte meist sonnenbeschienene Wege.
- **Start-/Endpunkt:** Wanderparkplatz zwischen Haselstauden und Untertrubach (91286 Obertrubach)
- **Parkplatzgröße:** mindestens 20 Pkw (kostenlos)
- **Handtuch:** ja
- **Buggy:** nein

Die Hohle Kirche oberhalb des Trubachtals zählt für viele zu Recht zu den schönsten Fleckchen in der Fränkischen Schweiz. Auf dieser Wanderung entdeckt ihr auf idyllischen Waldwegen und im malerischen Großenoher Tal noch weitere wundervolle Orte.

Highlights:

1. Fürther Turm
2. Hohle Kirche
3. Burggraf
4. Die Drei Zinnen
5. Das idyllische Großenoher Tal

Die Sage

Der Vogt ... ist das Schreckgespenst der Wälder rund um Egloffstein. Im Auftrag des Egloffsteiner Schlossherrn soll er einst den Zehnt, also die Steuer, von den Untertanen eingetrieben haben: die zehnte Garbe, das zehnte Schaf, die zehnte Henne. Von allem, was die Untertanen besaßen, holte sich der Vogt den zehnten Teil. Als wäre das für die armen Bauern der Gegend nicht schon schlimm genug gewesen, zwang er die Verzweifelten mit aller Härte dazu, ihm sogar noch mehr von ihren Habseligkeiten herauszugeben. Diesen Teil behielt der gierige und verschlagene Vogt für sich und häufte auf diese Weise ein ungeheures Vermögen an.

Jahr für Jahr trieb er gnadenlos die Steuern ein. Wer ihm etwas schuldig blieb, musste mit dem Schlimmsten rechnen. Jeden säumigen Untertanen, auch wenn er sich noch so tief in den Wäldern des Trubachtals versteckte, spürte er auf und beraubte ihn. Selbst die Ärmsten plünderte er noch aus. Welcher Tod den Habgierigen schließlich ereilte,

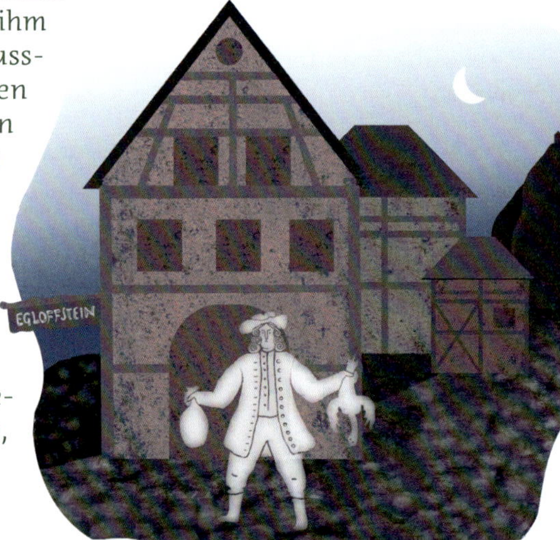

ist zwar nicht bekannt, doch sind sich die alten Geschichten in einem einig: Zur Strafe für seine Erbarmungslosigkeit und seine Gier findet der Geist des Vogts niemals Ruhe. Nachts spukt er durch die Gassen von Egloffstein und in den Wäldern des Trubachtals unruhig umher. Immer auf der Suche nach neuen Opfern, die er um ihre Habe erleichtern kann. Wenn im Ort besonders hartherzige Menschen versterben und der Leichenzug durchs Dorf zieht, vernimmt man das schreckliche Hohngelächter des Vogts, das einem durch Mark und Bein geht.

Die Wegbeschreibung

Zum Fürther Turm Vom Wanderparkplatz geht ihr in den kleinen Ort Untertrubach. Hinter der Ortskirche St. Felicitas biegt ihr nach rechts den Hang hinauf ab und ein paar Meter weiter am Ortsrand erneut nach rechts. Sofort seid ihr mitten im Wald. Hier stoßt ihr auf euer erstes Wanderzeichen: Der Grüne Ring wird euch nun bis nach Großenohe führen und begleiten. Ein bequemer Waldweg mit genau der richtigen Breite, um sich darauf wohlzufühlen und nebeneinander herzulaufen, führt euch am Fuß des Hangs entlang. Über euch tauchen bald einige stattliche Felsen auf. Eine Einstimmung auf kommende Ansichten. Ein paar Hundert Meter weiter führen euch linker Hand jede Menge Treppenstufen in elegant wirkenden Schwingen den Hang hinauf. Neben der Treppe, vor allem links von euch, säumt ein wahres Meer moosbewachsener Felsen euren Weg. Schließlich erhebt sich vor euch aus dem Waldboden der Fürther Turm, der sich scheinbar unaufhaltsam nach oben in das Blätterdach schraubt.

Zur Hohlen Kirche Vom Fürther Turm tragen euch die Treppenstufen nach oben einem Felsmassiv entgegen. Oben angekommen, haltet ihr euch an der Weggabelung erst einmal rechts und folgt einem schmalen Pfad hinüber zu einer massiven Wand. Der Pfad führt euch nach rechts um die Wand herum. Ein Holzgeländer steigert die

Durch die Hohle Kirche

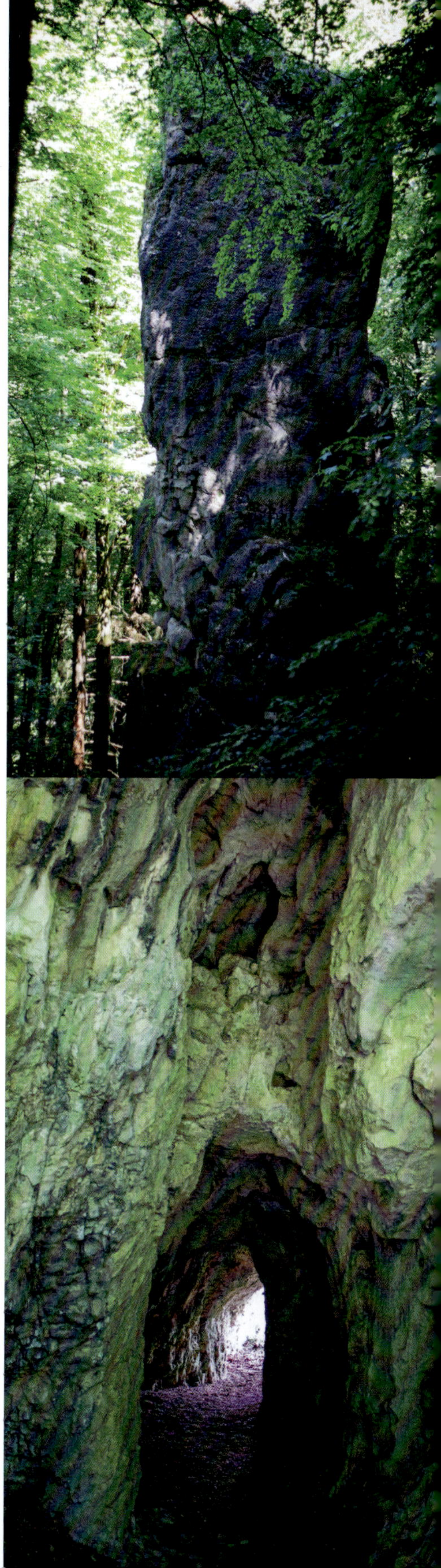

Spannung. Und dann steht ihr plötzlich vor dem Eingang der Durchgangshöhle Hohle Kirche. Großartig, wie am Ende des Ganges das Licht von der anderen Seite lockt. Geht hindurch, am besten schön langsam, um die Kraft des massiven Gesteins intensiv spüren zu können. Dahinter gelangt ihr auf einen kleinen, gesicherten Aussichtspunkt, der euch einen atemberaubenden Blick hinab ins Trubachtal bietet. Ein perfekter Ort, um auf der hier stehenden Bank zu verweilen und die Ruhe tief in euch aufzunehmen.

Der Burggraf Nach diesem erhebenden Moment geht ihr zurück zur Weggabelung und dann, dem Grünen Ring folgend, weiter. Ihr passiert den Burggraffelsen. Ein weiterer stattlicher Stein, an dem seinerzeit der Burggraf Friedrich von Nürnberg sein Lager aufgeschlagen haben soll, um die Burgen, die er mit seinem Gefolge ins Visier genommen hatte, Burg Egloffstein, Burg Wolfsberg und die Straße nach Leienfels, immer im Blick zu haben.

Nach Großenohe Ihr überquert den Gipfel des Burggrafen und verlasst schon bald den schönen Wald. Nun wandert ihr mit dem Grünen Ring auf der Ebene zwischen Feldern und Hecken hindurch. Dann folgt erneut ein Waldstück. Wenn ihr aus diesem Wald hinaustretet, findet ihr euch auf einem Schotterweg wieder, in den ihr nach rechts einbiegt. Schon nach wenigen Metern stoßt ihr geradeaus wieder auf den Grünen Ring, der euch über Wiesen sanft hinunter nach Großenohe trägt.

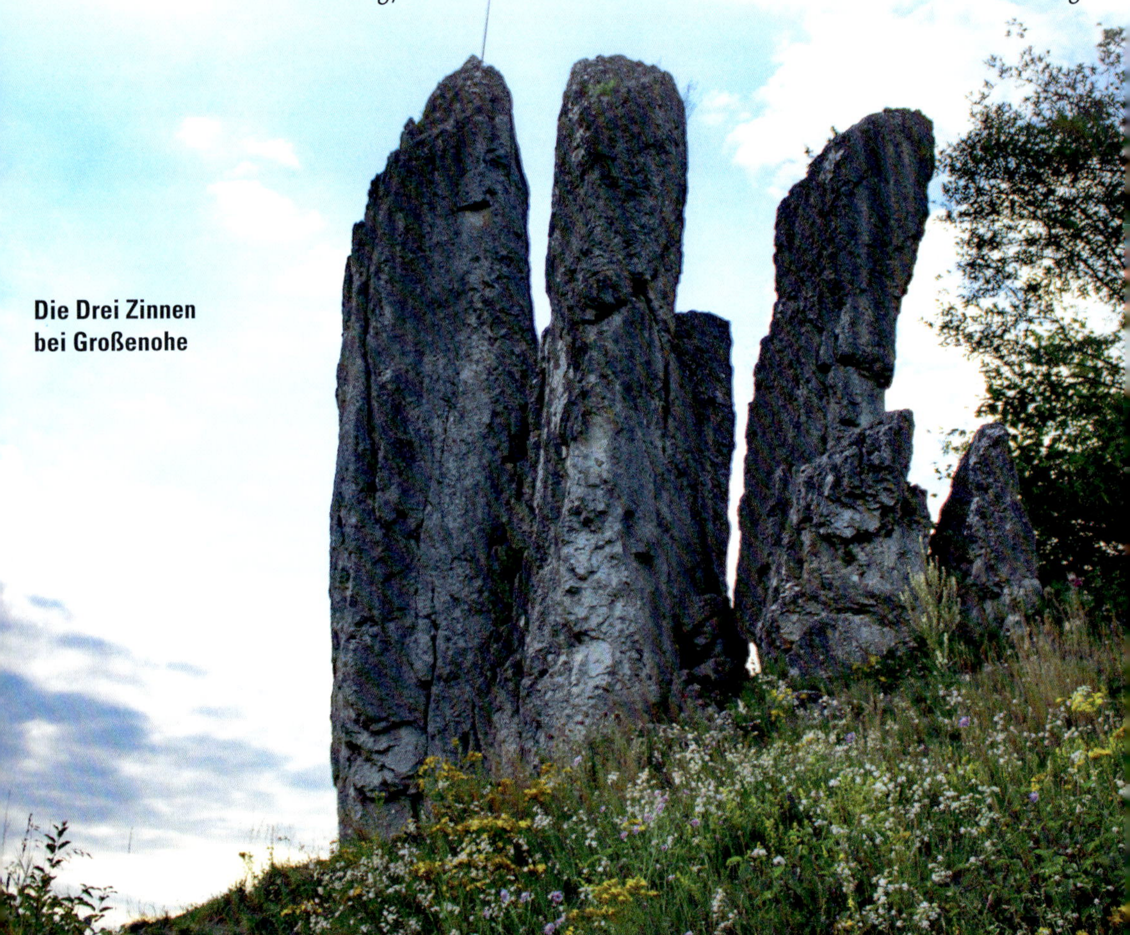

Die Drei Zinnen bei Großenohe

Zu den Drei Zinnen Großenohe liegt inmitten eines malerischen Tals. Eine wahre Perle der Fränkischen Schweiz. Unten angekommen, haltet ihr euch erst einmal rechts und stoßt auf einen munteren Bach, an dessen Ufer ihr Richtung Gasthaus Sägemühle wandert. Die nächste Möglichkeit, nach dem Gasthof „Zur Sägemühle" scharf links abzubiegen, nehmt ihr wahr und steigt zuerst auf einem Schotterweg, dann rechts über einen Pfad zur faszinierenden Felsformation „Drei Zinnen" hinauf. Man muss über keinerlei Klettererfahrung verfügen, um zu verstehen, warum diese Felsen unter Kletterern beliebt sind.

Der Rückweg durch das Großenoher Tal Von den Drei Zinnen steigt ihr wieder hinab nach Großenohe und biegt nach rechts in die Straße ein. Ihr passiert die „Sägemühle" und biegt dann an einer Verkehrsinsel mit dem Grünen Querstrich Richtung Egloffstein nach links ab. Vorbei an der noch arbeitenden Spiesmühle gelangt ihr so aus dem Ort hinaus in ein wundervoll friedliches Tal, das vom Großenoher Bach durchflossen wird, befreit von jeglicher Hektik und Autolärm. An einer Furt lassen sich die Füße ein wenig abkühlen und erfrischen. In diesem Tal wandert es sich herrlich unaufgeregt und entspannt. Dieses letzte Wegstück entschleunigt und lässt euch neue Kraft tanken. Am Ende gelangt ihr auf die Straße, die euch nach rechts zurück nach Untertrubach und zu eurem Parkplatz führt.

Wissen für Angeber

Die großen Brüder der Drei Großenoher Zinnen … findet ihr in den Sextner Dolomiten an der Südtiroler Grenze in Italien. Sie heißen ebenfalls Drei Zinnen, gehören zu den beliebtesten Kletterzielen der Alpen und gelten als Wahrzeichen der Dolomiten.

KOMPASS

Wann wandern?

Diese Tour ist ganzjährig empfehlenswert.

Was beachten?

Auf dem Weg durch das Großenoher Tal passiert ihr eine Furt, die sich hervorragend fürs Wasserwaten eignet. Daher solltet ihr ein Handtuch für die nassen Füße dabei haben.

Wo rasten?

Auf einer kleinen Bank auf dem Aussichtsturm Hohle Kirche oder am Großenoher Bach in Großenohe

Wo einkehren?

Gasthof Zur Sägemühle in Großenohe, Telefon 09192 2370756

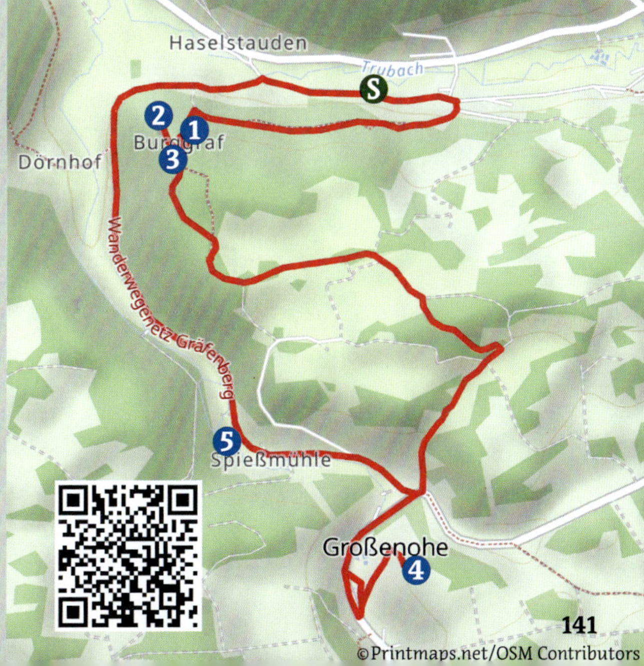

©Printmaps.net/OSM Contributors

19

Burgruinen, stille Täler und verborgene Felsenwunder rund um Leienfels

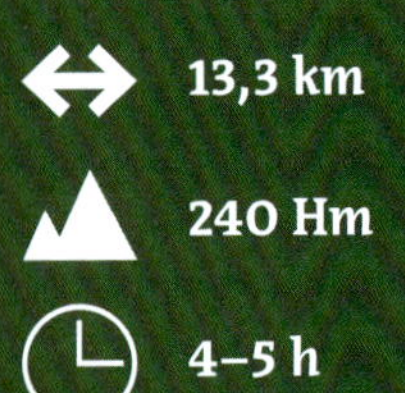

13,3 km

240 Hm

4–5 h

mittel

Eckdaten:

- Sonne/Schatten: größtenteils schattige Waldwege
- Start-/Endpunkt: Wanderparkplatz am nördlichen Ortsrand von 91286 Obertrubach
- Parkplatzgröße: mindestens 15 Pkw (kostenlos)
- Buggy: nein

Zwischen Obertrubach und Leienfels erwarten euch einige der beeindruckendsten Naturwunder der Fränkischen Schweiz. Auf dieser Tour bekommt ihr mehrere spektakuläre Felsenlandschaften sowie zwei romantische Burgruinen geboten.

Highlights:

1. Stilles Gründleintal
2. Bärnfelser Wände
3. Burgruine Bärnfels
4. Reibertsloch
5. Graischer Bleisteinwände
6. Burgruine Leienfels
7. Idyllisches Pitztal

Die Sage

Das Gottesgericht zu Bärnfels Im finsteren Mittelalter, als aller Orten noch Aberglaube herrschte und die Folter als probates Mittel zur Wahrheitsfindung anerkannt war, gelang es dem Bärnfelser Henker einst, sich mit einer List der Verantwortung für die Hinrichtungen zu entziehen. Schon lange hatte er mit seinem Beruf und der damit einhergehenden Verantwortung gehadert. Schließlich kann es auch sicher einem Henker am Tag des Jüngsten Gerichts als negativ ausgelegt werden, dass er zu Lebzeiten eine große Anzahl von Verurteilten vom Leben in den Tod befördert hat.

Und so spannte der Henker eines Tages ein dickes Seil von der Spitze des Galgenbergs am Ortsrand von Bärnfels hinüber zur 300 Meter entfernten Spitze des Reibertsbergs. Von diesem Tag an wurde in Bärnfels weder gefoltert noch hingerichtet. Jeder Angeklagte musste sich nun an dem vom Henker gespannten Seil vom Galgenberg zum Reibertsberg hangeln. Schaffte er es, war er frei, denn Gott hatte seine Unschuld erkannt und ihm die Kraft gegeben, sich hinüberzuhangeln. Schaffte er es nicht, hatte Gott seine Schuld erkannt und das Urteil gleich selbst vollstreckt.

Die Wegbeschreibung

Durchs Gründleintal nach Bärnfels An dem Wanderzeichenbaum am Wanderparkplatz ist der Weg Richtung Bärnfels mit dem Wanderzeichen Grüne Raute bereits angeschrieben. Auf ebenem Weg wandert ihr ins Pitztal. Schon nach wenigen Metern lasst ihr die Geräusche der Straße hinter euch und wandert inmitten dieses herrlichen Tals, an dessen sanft nach oben führenden Hängen sich Laub- und Nadelbäume dicht an dicht in den Himmel schieben, mit der Grünen Raute vorbei an einem Flurkreuz. Nach etwa 400 Metern biegt ihr an einer Kreuzung mit dem euch abgewandten Wanderzeichen Grüne Raute nach links Richtung Bärnfels ab. Der Weg wird schmaler und nach wenigen Metern zur hohlen Gasse, die als Naturlehrpfad von einigen interessanten Informationstafeln gesäumt wird. Schon bald führt euch der Weg hinein in den Wald. Dichtes Wurzelwerk durchzieht den weichen Waldboden. Und besonders links von euch ragen gewaltige Felsformationen inmitten des Forstes bis hinauf in die Baumkronen. Zwischen den Felsen tun sich tiefe Spalten und sogar ein paar kleine Höhlen auf. Der Wald öffnet sich und ihr betretet das idyllische Gründleintal, das sich seinen Weg sanft geschwungen zwischen den teils felsigen Hängen hindurch bahnt. Dann gelangt ihr wieder in den Wald. Bereits nach wenigen Metern ragen rechts von euch die gewaltigen Felsen der Bärnfelser Wände in die Höhe. Links vor euch erhebt sich am Wegesrand zudem ein riesiger Felsenpilz, der Hosenknopfstein. Direkt hinter dem Hosenknopfstein biegt ihr scharf rechts nach oben ab und steigt hinter einer Infotafel links mit unmarkiertem Pfad nach oben in eine wahre Felsenburg mit Toren und Türmen. Nehmt euch am besten ein wenig Zeit für die Entdeckungstour durch dieses grandiose Massiv. Eine der Kletterwände trägt den klangvollen Namen „Schda Schdum". Und tatsächlich möchte man erst einmal nur stumm stehen und mit offenem Mund staunen, ganz in verzückter Ehrfurcht gefangen vor all dieser

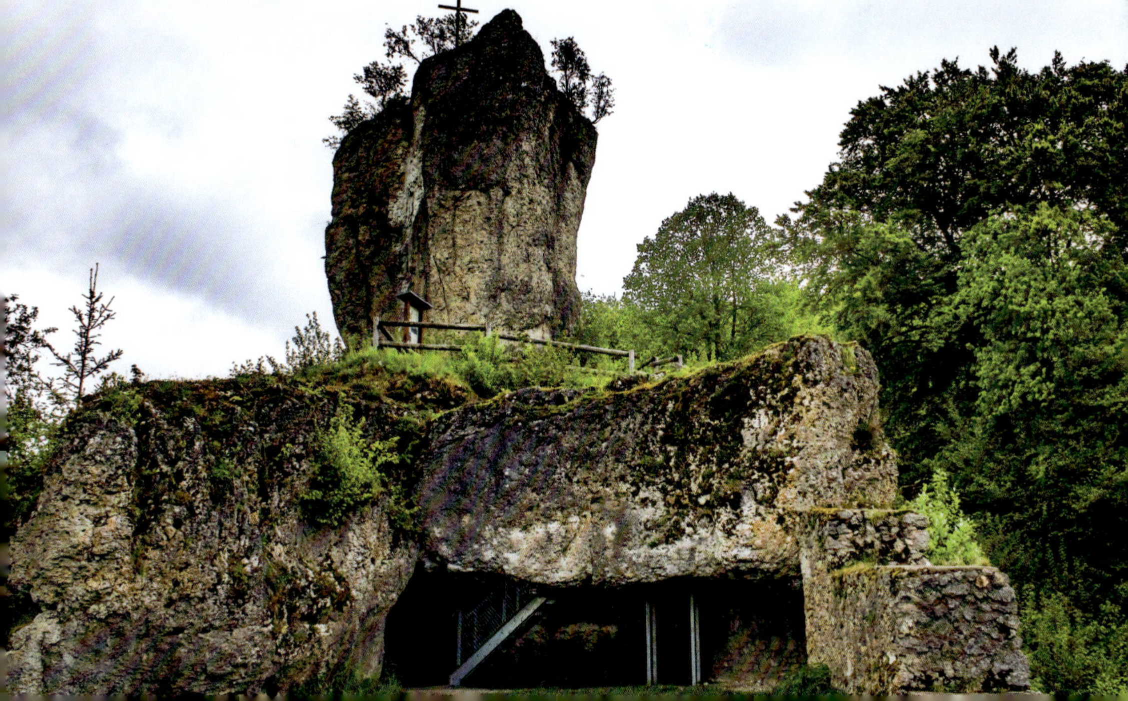

Burgruine Bärnfels

urtümlichen, prachtvollen Naturgewalt. Wenn ihr die Felsformation auf dem Pfad nach oben durchquert, gelangt ihr direkt oberhalb der Felsen auf einen unmarkierten Weg, auf dem ihr nach links, über eine Wiese, von oben zum großen Felsen der Burgruine Bärnfels gelangt. Besonders spannend ist die Architektur der Burg. Die in die Natur integrierte Wehranlage verschmilzt regelrecht mit dem Fels.

Zum Reibertsloch Über eine Treppe gelangt ihr von dem großen Felsen mit Gipfelkreuz in den Innenhof der Burg und von dort hinunter in den Ort Bärnfels. Dort wandert ihr mit dem Trubachweg nach rechts unten und auf die Dorfstraße, der ihr nach rechts oben folgt. Ihr erreicht das Ortsende. Am Ortsschild folgt ihr dem Blauen Ring für einen Abstecher zum Reibertsloch nach links oben in einen zuerst geteerten, dann geschotterten Weg, der euch hinauf zum Waldrand am Reibertsberg führt. Am Waldrand angekommen, biegt ihr mit dem Blauen Ring nach rechts ab und umwandert den Reibertsberg. Nach etwa 300 Metern zweigt vom Wanderweg ein Pfad nach links hinauf zu einer Hütte und zum Reibertsloch ab. Für den schönsten Blick geht ihr jedoch nicht die Treppe hinauf, sondern links an der Hütte vorbei und direkt dahinter auf einem steilen Pfad nach oben. Ihr erreicht einen tiefen Schlund, von dem ihr das hohe Seitenportal des Reibertslochs bewundern und hinabsteigen könnt.

Zum Galgenberg Vom Reibertsloch wandert ihr auf demselben Weg zum Ortsende von Bärnfels und biegt mit dem Trubachweg nach links in die Straße Richtung Soranger ein. Nach etwa hundert Metern verlasst ihr die Straße mit dem Trubachweg nach rechts in einen Feldweg, der euch bald in den Wald und nach links hinauf auf den Galgenberg führt.

Zum Wolfstein Auf dem Galgenberg angelangt, biegt ihr mit Blick auf die Häuser mit dem Trubachweg nach rechts in die Straße Richtung Wald ab. Schon nach wenigen Metern verlasst ihr die Straße und folgt dem Weg in den Wald. Ihr passiert eine Bank und eine Infotafel und biegt ein kleines Stück dahinter ohne Wanderzeichen nach links oben ab. Auf einem schmalen, wurzeldurchzogenen Pfad gelangt ihr an das Felsmassiv des Wolfsteins. Von vorne ist der Wolfstein ein beeindruckender Felsenturm. Wenn

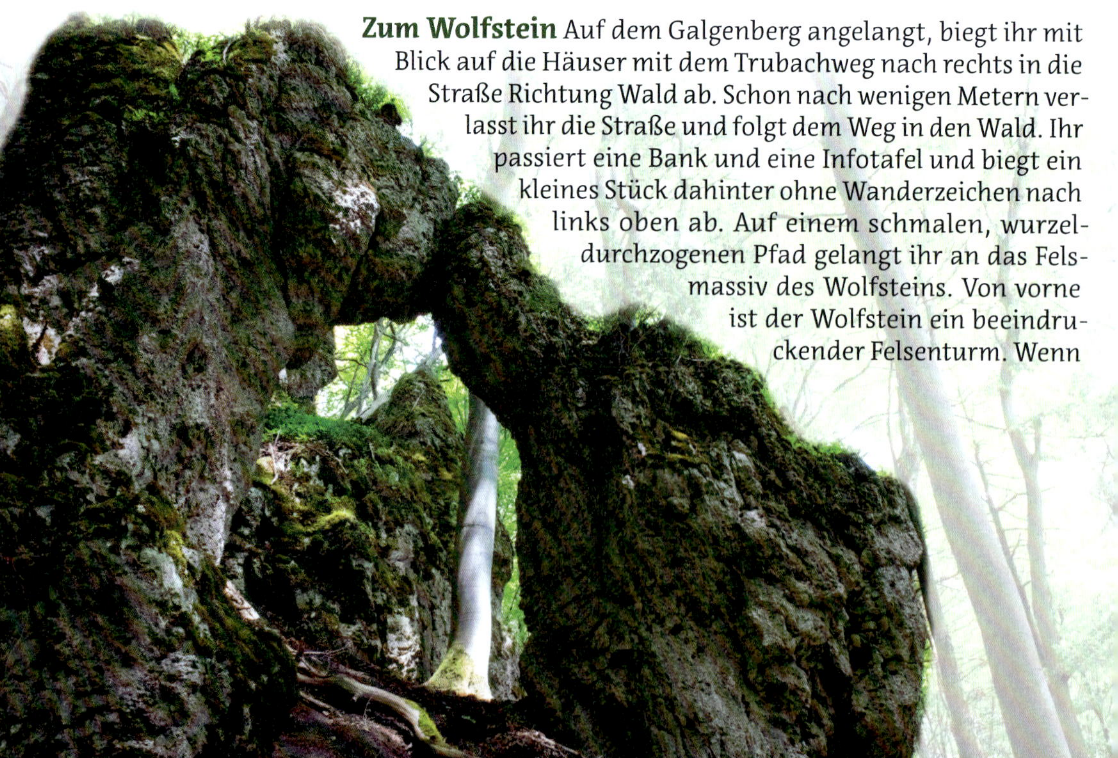

Das Felsentor an den Graischer Bleisteinwänden

ihr ihn umrundet, stellt ihr fest, dass sich auf der Rückseite ein wundervoller Felsengarten befindet.

Zu den Graischer Bleisteinwänden Nachdem ihr den Wolfstein ausgiebig erkundet habt, kehrt ihr auf demselben Pfad, auf dem ihr den Wolfstein erreicht habt, zurück zum Trubachweg und folgt diesem nach links unten. Ihr erreicht den Rand einer Freifläche und wechselt an einem Wanderzeichenbaum vom Trubachweg nach links auf den Blauen Punkt, der euch auf etwa einem Kilometer bequem hinüber nach Soranger trägt. Dort angekommen, folgt ihr dem Blauen Punkt nach links in die Straße und gleich wieder nach rechts in die Durchfahrtsstraße. Ihr durchquert den Ort und geht noch ein Stück Richtung Weidenhüll an der Straße entlang. Etwa 400 Meter nachdem ihr Soranger verlassen habt, biegt ihr ohne Wanderzeichen scharf rechts in einen Schotterweg ein, der sich bald gabelt. Haltet euch links und wandert bergan. Kurz darauf seht ihr rechts von euch die Graischer Bleisteine, ein gewaltiges Felsmassiv. Über eine Schneise gelangt ihr nach rechts hinauf an den Fuß der Bleisteine. Dann geht ihr links an dem großen Vorturm entlang nach oben. Ihr gelangt in einen Felsenkessel mit einer schmalen und stimmungsvollen Durchgangshöhle, in deren Spalt einige Felsbrocken festgekeilt sind. Genau das macht das Durchqueren dieser Höhle zu einem echten Abenteuer. Auf der anderen Seite gibt es jede Menge Interessantes zu erkunden. Euer Weg führt euch auf dem unteren Hangweg nach links an den hohen Felswänden entlang. Hier herrscht eine ganz besondere Atmosphäre – die schroffen Felsen und die Bäume, die sich mit ihren knorrigen Wurzeln verzweifelt an dem Gestein festzuklammern scheinen. Dazu das Felsentor und ein weiterer Durchgang mit einem Querstein auf der Kante, der auf die andere Seite des Bleisteinmassivs führt. Daran vorbei gelangt ihr auf eurem Hangweg zur Bleisteinnadel, einer beeindruckend schlanken und hohen Felsnadel.

Zur Steinkirche Von der Bleisteinnadel steigt ihr auf steilen Kehren nach rechts hinunter zum Schotterweg, in den ihr ohne Wegzeichen einbiegt. Er führt euch nach wenigen Metern an eine Straße, der ihr, weiterhin ohne Wegzeichen, nach links in den kleinen Ort Graisch folgt. Kurz hinter dem letzten Haus im Ort zweigt ihr mit einem unmarkierten Pfad nach rechts in den Wald und zu den nächsten, teils recht bizarren, Felsformationen ab. Besonders eindrucksvoll ist kurz vor dem Ende dieses Pfades, oberhalb einer Kreuzung, ein Felsental, an dessen linker Flanke ein großes Portal den Weg in eine Höhle freigibt. Auf der rechten Seite des Tals ragen Felsentürme imposant empor. Von dem Felsental geht ihr nach links unten, folgt dem Pfad nach links in eine Senke und gleich wieder in den Wald.
Hier erreicht ihr das Massiv des ehrfurchtgebietenden Graischensteins. Von dort geht es weiter zur Straße, in die ihr nach rechts einbiegt und, vorbei an einem Wanderparkplatz, erneut nach Graisch hinübergeht. Im Ort angekommen, biegt ihr mit dem Roten Punkt links hinauf nach Leienfels ab. Ihr gelangt zur Gasthof-Pension „Zur Burgruine" in Leienfels. Hier biegt ihr links ab und macht einen Abstecher zur Stein-

19

kirche. Ihr erreicht nach 300 Metern einen Wanderparkplatz. Links neben einer Sitzgruppe und Infotafeln führt ein unmarkierter Pfad hinunter in den Wald. Diesem folgt ihr ein Stück leicht nach rechts und geradeaus durch eine Senke an den Rand eines Felsenkessels. Ein schmaler Hangweg windet sich in den Kessel und zu der imposanten Steinkirche mit ihrem herrlich geschwungenen Felsentor.

Zur Burgruine Leienfels Von der Steinkirche kehrt ihr zur Gasthof-Pension „Zur Burgruine" zurück, geht an dieser vorbei und der Beschilderung folgend hinauf zur Burgruine Leienfels. Der Name der Burg leitet sich von Löwenfels ab. Im Lauf ihrer Geschichte wurde sie mehrmals zerstört. Zum Beispiel, weil sie Raubrittern als Unterschlupf diente. Anfang des 17. Jahrhunderts wurde die Anlage dem Verfall preisgegeben. Nach einem kurzen Anstieg erreicht ihr die Ruine. Stattlich steht sie da und empfängt euch mit offenem Portal. Vieles gibt es hier zu entdecken. Die Ruine ist ein wahres Füllhorn, randvoll mit schönen und geheimnisvollen Ecken und Winkeln. Und dann diese Aussicht. Was für ein grandioser Blick in die Fränkische Schweiz – einfach wunderschön. Kaum, dass man sich sattsehen kann.

Durchs Pitztal zurück Wenn ihr auf der malerischen Burgruine Leienfels genug Energie getankt habt und euch auf den Rückweg machen wollt, tretet ihr aus der Burg heraus, geht zurück zur Gasthof-Pension „Zur Burgruine" und dort nach rechts mit dem Gelben Kreuz zwischen Gasthof und Biergarten hindurch Richtung Waldrand. Ihr gelangt auf einen breiten Waldweg. Diesem folgt ihr nach unten, bis ihr an einer Weggabelung mit dem Gelben Kreuz sehr scharf nach rechts abbiegt. Diesem Wanderzeichen folgt ihr, vorbei an einem wundervollen Aussichtspunkt, dann zwischen zwei Tümpeln hindurch in den Wald und ziemlich steil bergab. Hier im Wald grüßt euch links von einer Anhöhe noch ein schönes Felsentor. Dann gelangt ihr nach unten und dort an eine Kreuzung. Hier biegt ihr mit dem Blauen Dreieck nach rechts unten ab. Dieses Wanderzeichen führt euch durch das herrliche Pitztal zurück zum Wanderparkplatz. Besonders erwähnenswert ist auf diesem

Sturm auf der Burgruine Leienfels

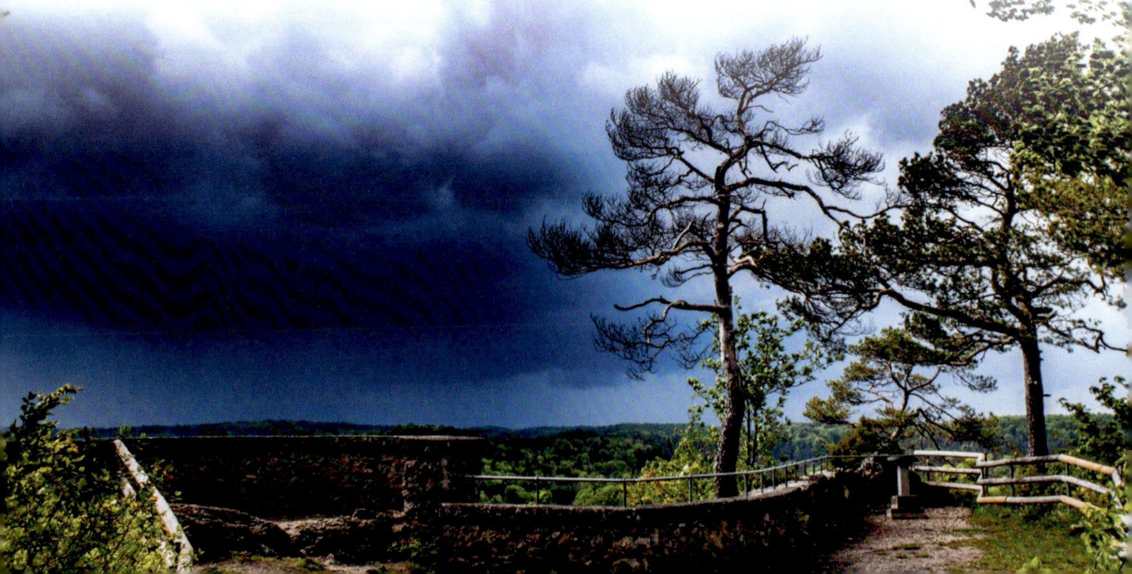

letzten Wegstück ein traumhaft schöner Laubengang, unter dem ihr hindurch wandert und den ihr noch einmal so richtig genießen könnt. Besonders wenn die Strahlen der Abendsonne behutsam über das dichte Grün des natürlichen Laubenganges streichen und durch das Geäst den Weg erhellen, verfällt man schnell vom zügigen Wandern in entspanntes Schlendern. So wird diese Wanderung zu einem angenehm zufriedenstellenden Ende geführt.

Wissen für Angeber

Ein Franzose rettet Obertrubach **Zum Ende des Zweiten Weltkriegs rettete ein französischer Kriegsgefangener den Ort Obertrubach vor einer Strafaktion. Die US-Truppen, die nahezu unaufhaltbar Stück für Stück ins Herz des Dritten Reiches vordrangen, zogen gerade in den friedlichen Ort ein. Plötzlich schoss ein fanatischer SS-Soldat aus dem Hinterhalt auf den Konvoi und tötete einen amerikanischen Soldaten. Von einem Moment auf den anderen kippte die friedliche Stimmung. Die Amerikaner gingen in Gefechtsbereitschaft. Die unbewaffnete Zivilbevölkerung des Ortes war starr vor Schreck. Doch der französische Kriegsgefangene, der im örtlichen Pfarrhaus Unterschlupf gefunden hatte, trat vor und versicherte den Amerikanern die Freundlichkeit und den guten Willen der Bürger. Nur diesem couragierten Auftreten verdankt Obertrubach, dass es an diesem Tag nicht einer Vergeltungsaktion der Amerikaner zum Opfer gefallen war.**

KOMPASS

Wann wandern?
Zu jeder Jahreszeit ein Genuss.

Was beachten?
Am besten plant ihr eure Tour zeitlich so, dass ihr den Sonnenuntergang auf der Burgruine Leienfels erleben könnt. Von dort sind es nicht einmal drei Kilometer zurück zum Parkplatz, die auch noch größtenteils bequem bergab verlaufen.

Wo rasten?
Auf der Burgruine Bärnfels und auf der wundervollen Burgruine Leienfels.

Wo einkehren?
Gasthof-Pension Zur Burgruine in Leienfels, Telefon 09244 366

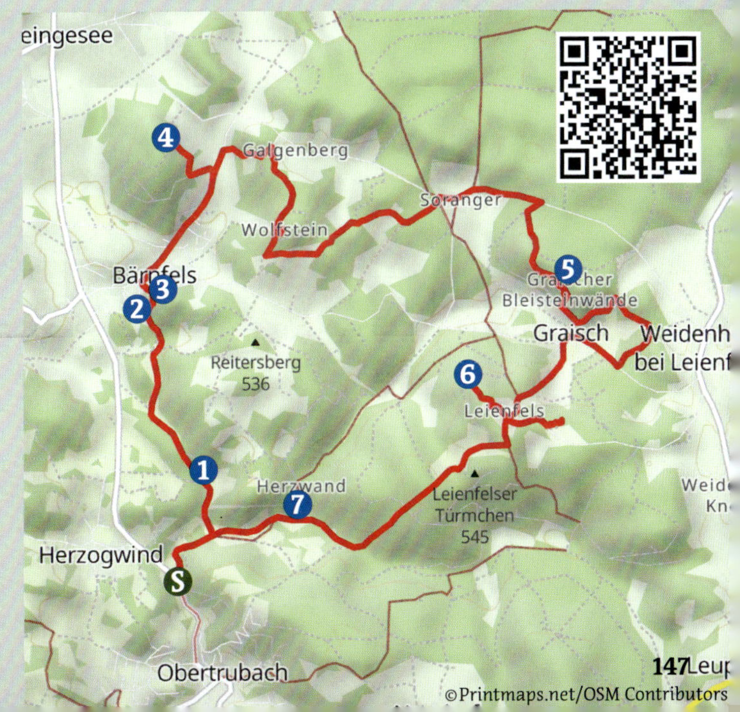

20

Das Felsenriff des Langen Bergs und die Burgruine Stierberg

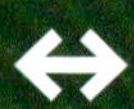 8,3 km

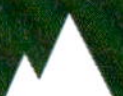 193 Hm

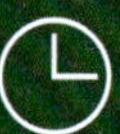 3 h

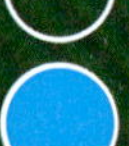 leicht

Eckdaten:

- **Sonne/Schatten: zur Hälfte schattige Waldwege, zur Hälfte sonnige Feldwege**
- **Start-/Endpunkt: Wanderparkplatz Langer Berg zwischen Münchs und Stierberg, 91282 Betzenstein**
- **Parkplatzgröße: 10–15 Pkw (kostenlos)**
- **Buggy: nein**

Der Ort Stierberg bietet nicht nur eine wundervoll auf dem Fels gelegene Burgruine, sondern in der näheren Umgebung auch zwei grandiose Felsformationen. Die Felsenriffe des Langen Berges mit dem spektakulären Jura-Elefanten sind einigen Wanderern bereits bekannt. Doch die herrlichen Klüfte und Halbhöhlen auf der Rückseite der Leupoldsteiner Wand gelten noch immer als Geheimtipp.

Highlights:

1. Felsformation Langer Berg mit dem Jura-Elefanten
2. Naturdenkmal Wetterstein
3. Burgruine Stierberg
4. Aussichtspunkt am Langen Berg
5. Münchser Wand

Die Sage

Der Raubritter und das junge Ritterlein Auf dem Felsmassiv zu Leupoldstein, direkt gegenüber dem Wetterstein, thronte einst die Burg des Raubritters Dietrich. Dieser überfiel mit seinen Schergen in schöner Regelmäßigkeit die Kaufmannszüge, die auf dem Weg nach Nürnberg auch durch Leupoldstein ziehen mussten. Die Nürnberger Kaufleute fürchteten den Raubritter Dietrich und seine wilde Horde so sehr, dass sie ihre Kaufmannszüge alsbald mit einer starken Leibwache sicherten. Eines Tages überfiel der Raubritter mit seinem Lumpenpack einen derart gesicherten Kaufmannszug. Doch statt, wie es sonst geschah, den Räubern ohne großes Zaudern ihre Waren und Schätze zu übergeben, hetzten die Kaufleuten ihre gepanzerten Reiter auf das Diebesgesindel. Es entbrannte ein fürchterliches Hauen und Stechen, bei dem so mancher einen Arm, ein Bein, ein Auge oder gar sein Leben verlor.

Als Dietrich erkannte, dass er diesmal keine Beute machen würde, griff er sich einige der Kaufleute und verschleppte sie im Galopp hinauf in seine Burg. Umgehend sandte er einen Boten nach Nürnberg, der die Lösegeldforderung des Raubritters für die Freilassung der entführten Kaufleute überbringen sollte. Doch die Summe war den Kaufleuten zu hoch und so lehnten sie die Offerte ab. Unter den Entführten war auch Ulrich von Bergen, dessen Tochter Juliane, empört über die Haltung der Nürnberger Kaufleute, einen Plan ersann, um ihren Vater und die anderen Gefangenen zu befreien.

Sie schnitt sich die langen Haare kurz und verkleidete sich als Ritter. So gewandet ritt sie nach Leupoldstein, um sich vorgeblich der Bande des Raubritters anzuschließen. Und tatsächlich, das Husarenstück gelang. Weder Dietrich selbst noch seine Mannen durchschauten den Betrug. Und so nahmen sie das Ritterlein in die Raubritterbande auf. Und nicht nur das. Aufgrund des gesitteten Verhaltens und der edlen Art des neuen Ritterleins auf der Raubritterburg verfeinerten sich unter den vormals grobschlächtigen Gesellen Art und Sitten. Auf Anraten des gefälligen Ritterleins verlegten Dietrich und seine Räuber ihr Tagwerk vom Rauben und Plündern auf die hohe Kunst der Jagd. Sogar Gedichte wurden nun am Abend an den Feuern in der Raubritterburg verfasst und vorgetragen.

Eines Tages, da reuten den Raubritter schließlich sogar die entführten Kaufleute, die noch immer unten im dunklen Verlies der Burg darbten. Und so erwog er, Juliane, die noch immer unerkannt und ihm in der Zwischenzeit als treuer Freund ans Herz gewachsen war, nach Nürnberg zu schicken, um eine gemäßigtere Lösegeldforderung zu überbringen. Doch Juliane erbat sich zuerst einen Blick auf die verhungerten Gestalten, bevor sie gen Nürnberg reiten sollte. Schließlich gelte es zu überprüfen, ob denn wirklich noch alle entführten Kaufleute am Leben seien. Und so erschlich sie sich vom Raubritter die Kerkerschlüssel, stieg hinunter zu den Verliesen, befreite ihren Vater und die anderen Kaufleute und führte diese durch einen geheimen Gang, den sie auf ihren nächtlichen Streifzügen durch die Burg entdeckt hatte, in die Freiheit. Der Raubritter, der erst am nächsten Tag der tollkühnen Flucht gewahr wurde, versank in tiefer Trauer. Doch nicht, weil die Gefangenen so mir nichts, dir nichts entkommen waren. Vielmehr trauerte er um den Verlust des treuen und sanftmütigen Ritterleins, das er über die Zeit lieb gewonnen hatte. Alsbald verfielen er und seine Räuberbande wieder ihrer alten Unart und raubten und plünderten, was das Zeug hielt. Das Treiben ging so lange, bis König Wenzel, der Namensgeber des Wenzelschlosses in Lauf an der Pegnitz, die Raubritterburg belagern, erobern und schleifen ließ, sodass kein Stein auf dem anderen blieb.

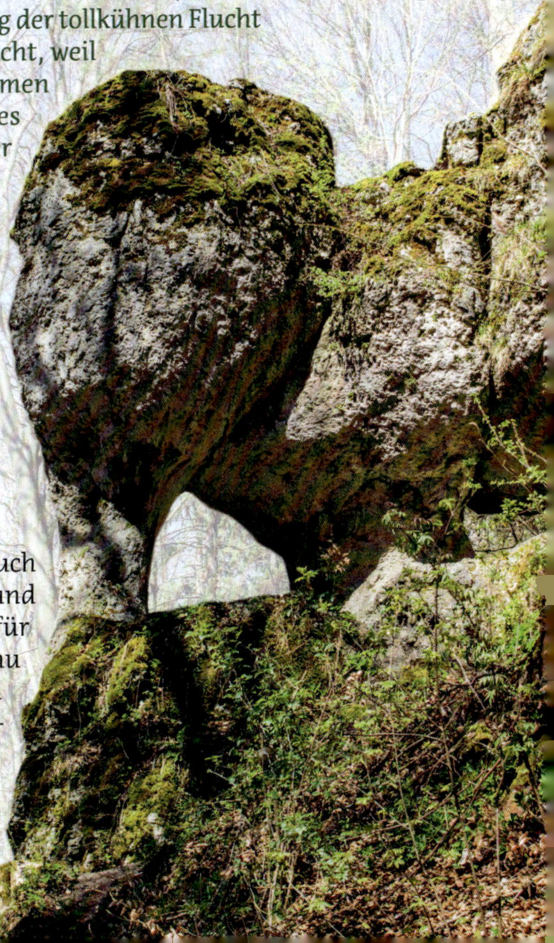

Der Jura-Elefant am Langen Berg

Die Wegbeschreibung

Der Lange Berg Vom Wanderparkplatz führt euch das Wanderzeichen Buchenblatt in den Wald und schon nach wenigen Metern einen kurzen, dafür recht steilen Hang hinauf und gewaltigen, grau schimmernden Felsen entgegen. Hier im Wald findet ihr schon die Beschilderung zum Fuchsweg, der euch um das Felsmassiv des Langen Bergs herumführen wird. Oben angekommen, gabelt sich der Weg. Ihr folgt dem Buchenblatt

Die einmaligen Felsentunnel am Langen Berg

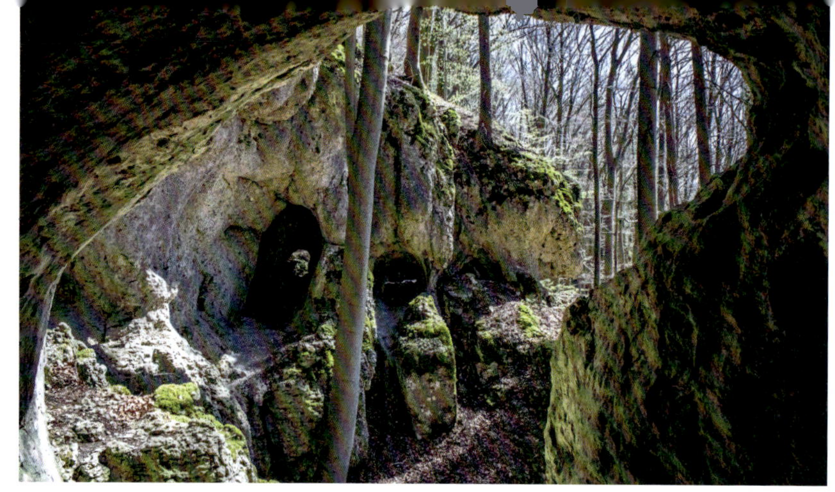

nach links. Der Weg wird zu einem schmalen Pfad, der sich bald unterhalb beeindruckender Felsformationen durch dichtes Gebüsch windet. Besonders im Frühling, wenn es zu sprießen beginnt und sich zartes Grün an den Ästen der Büsche abzeichnet, ist dieser Weg bezaubernd schön. Zum einen erlebt ihr das Erwachen des Frühlings, zum anderen könnt ihr die über euch in den Himmel ragenden Felsen in ihrer vollen Pracht erleben und bewundern. Folgt einfach weiter dem Buchenblatt. Es geht im weiteren Verlauf nahtlos in den Fuchsweg über. Und nun scheinen die Felsen auch zutraulicher zu werden und sich dem Pfad langsam anzunähern. Grün leuchtend heißen sie euch auf dem Fuchsweg willkommen. Immer wieder schlängeln sich Trampelpfade durch die kleineren Felsen hindurch und den beeindruckenden Felswänden dahinter entgegen. Besonders bei Kindern wecken diese Pfade den Entdeckerdrang. Überall kann gekraxelt und Neues in Augenschein genommen werden. In einer Kletterwand lässt sich eine spannende Durchgangshöhle finden. Einfach großartig, wie man hier die Zeit vergessen und den Augenblick genießen kann.
Weiter geht es auf dem Fuchsweg und dem grandiosen Jura-Elefanten entgegen. Dieser wundervolle Fels sieht dank seiner Auswaschungen tatsächlich wie ein stattliches Rüsseltier aus. Kurz hinter dem Jura-Elefanten folgen eine romantische Treppe und ein enger Felsendurchlass. Danach durchschreitet ihr eine wahre Felsenwildnis und umrundet schon bald das Felsmassiv nach rechts. Ihr gelangt in ein gewaltiges Felsental. Hier gibt es jede Menge herrliche Eindrücke und Ansichten zu entdecken. Besonders empfehlenswert sind die Pfade, die nach rechts hinauf in die Nischen zwischen den Felsgiganten führen. Denn hier erwarten euch einmalige Durchgangshöhlen, die sich wie aufeinanderfolgende Tunnel durch die Felsen ziehen.

Zum Naturdenkmal Wetterstein Der Fuchsweg führt euch nach links aus dem Felsental hinaus und nach unten einem breiten Schotterweg entgegen, in den ihr mit dem Fuchsweg nach rechts einbiegt. Nach etwa 50 Metern, an einem Jägerstand, gabelt sich der Weg. Hier verlasst ihr den Fuchsweg und biegt mit dem Grünen Punkt nach links ab. Das Wanderzeichen führt euch bald aus dem Wald hinaus auf die offene Ebene und dem Ort Stierberg entgegen. Oberhalb des Ortes könnt ihr bereits den Turm und die Felsen der Burgruine Stierberg erkennen. Ihr erreicht eine Straße, in die ihr nach rechts einbiegt und in den Ort hinein wandert. In der Ortsmitte von Stierberg findet ihr eine Sitzgruppe und ein liebevoll gestaltetes „Verschenk-Häuschen", in dem allerlei Secondhand-Artikel der Dorfgemeinschaft verschenkt werden. Eine kleine Spende ist herzlich willkommen, aber keine Pflicht. Was für eine schöne Idee. Direkt hinter dem „Verschenk-Häuschen" stoßt ihr auf euer neues Wanderzeichen, den Blauen Schrägstrich. Mit diesem biegt ihr nach links ab und wandert aus dem Ort hinaus, zwischen Streuobstwiesen hindurch und am Hüllweiher vorbei. Schließlich führt euch dieser Weg an die Straße, der ihr für etwa 30 Meter nach rechts folgt. Vor dem Steigungs-Verkehrszeichen biegt ihr ohne Wanderzeichen rechts ab und folgt dem unmarkierten Feldweg. Links von euch, auf der anderen Seite der Grünfläche, befindet sich schon der Wetterstein. Auf der euch abgewandten Seite befindet sich die Leupoldsteiner Wand, die bei Kletterern sehr beliebt ist. Auf der euch zugewandten Seite finden Wanderer und Entdecker besonders spannende und abwechslungsreiche Felsformen. Nun ist es wichtig, den richtigen Weg durch das dichte Gebüsch in den Wald und zu den beeindruckenden Felsformationen des Wettersteins zu entdecken. Am besten achtet ihr nach etwa 200 Metern auf dem unmarkierten Feldweg, kurz vor einer Baumpflanzung, auf einen schmalen Spalt, der sich links im Gebüsch auftut. Durch diesen Spalt gelangt ihr in den Wald und auf einen Pfad, der euch in Kehren den Hang hinauf und den wundervollen Felsgebilden entgegen trägt. Wegzeichen gibt es hier keine. Doch überall verlaufen kleine Pfade. Und nahezu jeder birgt am Ende ein weiteres Highlight. Besonders schön ist auf der rechten Seite eine halbrunde Überhangshöhle mit großem Vorhof, in deren Decke ein langer Riss klafft. Ein wundervoller Ort, an dem es sich prima rasten lässt. Ihr verlasst den Hang über denselben Pfad, über den ihr gekommen seid, und biegt auf der Wiese wieder nach links in den unmarkierten Weg ein. Jetzt habt ihr noch die Gelegenheit, auf der anderen Seite des Wetterstein-Massivs die gewaltige Leupoldsteiner Wand zu bewundern.

Zur Burgruine Stierberg Von der Leupoldsteiner Wand kommend biegt ihr mit eurem neuen Wanderzeichen, dem Blauen Ring, rechts in den Schotterweg ein. Dieser führt euch sanft zwischen Wiesen und Äckern hindurch zurück nach Stierberg. In diesen Weg mündet auch der Streuobstwanderweg Stierberg.

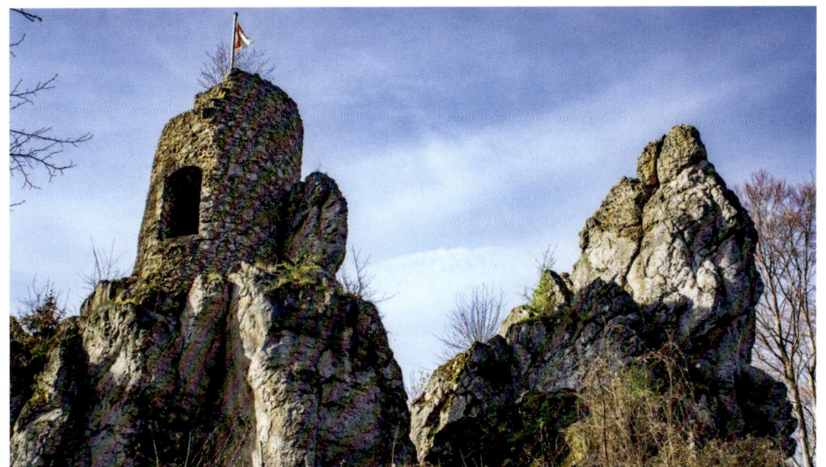

Burgruine Stierberg

Am Ortsrand bieten euch einige schön gestaltete Informationstafeln Wissenswertes zur Flora und Fauna der Streuobstwiesen. Ihr wandert geradeaus nach Stierberg hinein und durchquert den Ort. Hier ist die Burgruine bereits ausgeschildert und auch schon sichtbar. Am Ortsende weisen euch Schilder den Weg zur Burgruine nach links oben. Über eine steile Treppe erklimmt ihr den Stierberger Burgberg. Hier oben bietet sich euch ein tolles Ensemble. Zwar ist von der Burg selbst nur der alte Turm erhalten. Doch ist dieser, in Kombination mit den Dolomitfelsen, eine wahre Augenweide. Und einen tollen Blick in die Ferne bekommt ihr hier auch geboten. Um den Turm herum führt ein Trampelpfad auf eine kleine Plattform direkt am Fuß des Turms. Rechts von der Ruine führt übrigens ein sehr schöner und abenteuerlicher Pfad über den Felsengrat. Ein kurzer Ausflug dorthin lohnt sich. Dann kehrt ihr zur Ruine zurück und geht nach links hinüber zu einem Sattel, von dem aus sich noch ein Felsenrücken emporschiebt. Auch diesen könnt ihr erklimmen. Der Pfad hinauf ist steil und schmal. Links fällt er im Verlauf steil ab. Gut, dass hier am Felsen ein Handlauf angebracht wurde, der den Aufstieg erleichtert. Linker Hand gibt es bald noch eine alte Mauer zu bestaunen, die als Verlängerung der Felswand wahrgenommen werden kann. Oben angekommen bietet euch eine Bank erneut Gelegenheit für eine kurze Rast.

Zum Aussichtspunkt des Langen Bergs Vom Plateau steigt ihr wieder hinab zum Sattel und von dort aus mit dem Wanderzeichen Nr. 7 nach rechts hinunter. Auf dem Weg nach unten könnt ihr noch einmal die gewaltigen Felsen bestaunen, auf denen die Burgruine thront. Unten biegt ihr mit der Gelben Raute nach rechts ab und gelangt schließlich an eine Straße, die ihr überquert. Auf der gegenüberliegenden Seite befindet sich ein Wanderzeichenbaum. Hier ist wieder der Fuchsweg ausgeschildert. Diesem folgt ihr bei der nächsten Weggabelung nach links in den Wald zum Massiv des Langen Bergs. Einfach wunderschön, diese beeindruckenden Felswände. Dazu das schimmernde Grün ihrer moosbewachsenen kleinen Brüder und das Rotbraun des gefallenen Laubes zwischen den Felsen. Der Fuchsweg führt euch nach links hinauf zu einem Sattel. Hier findet ihr ein Holzschild, das euch den Weg nach links oben zum Aussichtspunkt des Langen Bergs weist. Eine schön geschwungene Waldtreppe trägt euch hinauf und am Ende zwischen zwei Felsen dem Aussichtspunkt entgegen. Auf dem Weg nach oben offenbart sich euch noch einmal die ganze Pracht des Langen Bergs: zum einen die stattlichen und teils gezackten Felswände, die an uneinnehmbare Burgmauern erinnern, zum anderen der bei genauerer Betrachtung geheimnisvoll wirkende Baumwuchs. Hier oben findet ihr überwiegend Buchen und Kiefern. Letztere umgarnen die massiven Buchen regelrecht und umschlingen sie. Stellenweise wachsen die Bäume sogar zusammen. Dann erreicht ihr den Aussichtspunkt und könnt von der Bank den herrlichen Blick genießen.

Blick vom Aussichtspunkt des Langen Bergs

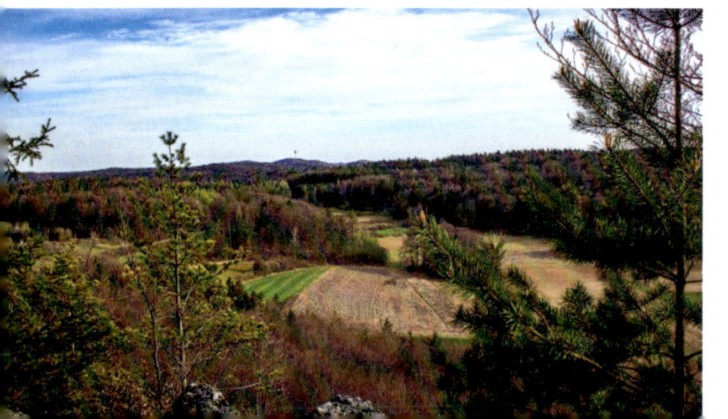

Der Rückweg vorbei an der Münchser Wand Vom Aussichtspunkt steigt ihr wieder hinab zum Sattel und biegt dort nach links unten ab. Nun bekommt ihr zu guter Letzt noch einen großartigen Blick auf die Münchser Wand geboten. Dahinter gelangt ihr an die Weggabelung, die euch steil hinab und zurück zum Wanderparkplatz führt.

Ganz klar, der absolute Höhepunkt dieser Wanderung ist und bleibt der Lange Berg. Er stellt sowohl Start- als auch Endpunkt eurer Tour dar. Viele bezeichnen diesen Ort als Kraftort. Sicher werdet auch ihr den Langen Berg nach dieser Wanderung dauerhaft positiv im Gedächtnis behalten.

Wissen für Angeber

Der Lange Berg war vor Urzeiten ein gewaltiges Kalksteinriff. Die Fränkische Schweiz bildete vor Jahrmillionen den Grund des weitläufigen Jurameers. Weichere Gesteinsteile im Fels wurden im Lauf der Zeit durch Erosion abgetragen und zurück blieben die härteren Dolomitfelsen mit ihrem charakteristischen und oft bizarren Erscheinungsbild.

KOMPASS

Wann wandern?

Um die atemberaubenden Felsformationen in ihrer vollen Pracht genießen zu können, empfiehlt sich diese Wanderung besonders für sonnige Frühlings- und Herbsttage. Dann strahlen die Felsen leuchtend weiß und sind, ohne von dichtem Laub verdeckt zu werden, in ihrer ganzen Pracht zu erkennen.

Was beachten?

Beim Kraxeln und bei Entdeckungstouren in den Felsen des Langen Berges und am Wetterstein ist Trittsicherheit absolut erforderlich. Am Wetterstein findet ihr unter Umständen gesperrte Bereiche. Bitte beachtet diese Sperrungen. Es gibt sicher einen guten Grund dafür.

Wo rasten?

Besonders schön rasten lässt es sich am Hüllweiher kurz nach der Ortsgrenze Stierberg Richtung Leupoldstein, im Vorhof einer Überhangshöhle am Wetterstein und auf dem Felsen der Burgruine Stierberg. Zuletzt auf dem Aussichtspunkt des Langen Berges kurz vor dem Tourende.

Wo einkehren?

Landgasthof Fischer in Stierberg, Telefon 09244 384

21

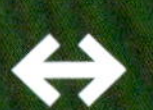 13,2 km

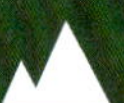 290 Hm

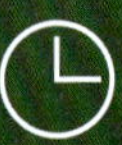 3–4 h

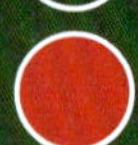 mittel

Eckdaten:

- Sonne/Schatten: ausgeglichenes Verhältnis zwischen sonnigen Feldwegen und schattigen Waldwegen
- Start-/Endpunkt: Parkplatz Skilift Spies, 91282 Betzenstein
- Parkplatzgröße: Platz für jede Menge Pkw (kostenlos)
- Buggy: nein

Stolze Burgruinen und faszinierende Höhlen bei Wildenfels

Rings um den kleinen, am Hang gelegenen Ort Wildenfels finden sich die Spuren mehrerer Burgen. Drei davon gilt es auf dieser Wanderung zu erklimmen. Dabei wandert ihr auf bequemen Wald- und Feldwegen und kraxelt auf einem abenteuerlichen Felsenpfad. Der eigentliche Höhepunkt dieser Wanderung jedoch ist die gewaltige Versturzhöhle mit dem klingenden Namen „Wolfsloch“, die euch oberhalb von Ittling erwartet.

Highlights:

1. Burgstall Strahlenfels mit Burghöhle
2. Burgruine Wildenfels mit Wirrlesloch
3. Wolfsloch bei Ittling
4. Burgstall Spies

Die Sage

Das Irrlicht von Wildenfels Einst lebte in der Ruine der ehemals stolzen Burg Wildenfels eine böse, verbitterte, alte Frau. Sie hatte sich inmitten der alten, verfallenen Mauern im „Wirrlesloch“ eine Wohnstatt eingerichtet. In dieser kleinen Höhle hauste die Frau, die von den Menschen der Umgebung „die Alte Funkin“ genannt wurde. Übles wurde der Funkin nachgesagt. So soll sie tagsüber, während die Bauern auf den Feldern arbeiteten und das Vieh versorgten, in die Häuser der braven Leute geschlichen sein und dort alles gestohlen haben, dessen sie habhaft werden konnte. Doch das war noch nicht alles. Sogar der Hexerei bezichtigte man die Alte. Sie soll in der Lage gewesen sein, das Wetter zu beeinflussen und die Kühe so zu verhexen, dass sie kaum noch Milch gaben.
Eines Tages – es waren in der Gegend rund um Wildenfels wieder einige seltsame Dinge vorgefallen – riefen die Bauern einen Zauberer herbei, der die Funkin bannen sollte. Und tatsächlich wurde sie seit der Nacht, in der der Zauberer mit wildem Geschrei und unter allerlei Mummenschanz seine Beschwörungen hinauf zur Ruine geschickt hatte, nicht mehr gesehen. Sie war und blieb verschwunden. Doch dafür zeigte sich in der Gegend um Wildenfels nachts immer häufiger ein umherfliegendes Licht. Ein Irrlicht, das späten Heimkehrern eifrig folgte, sie umkreiste, ihnen die Orientierung nahm und sie hinauf zur Ruine Wildenfels lockte. Die Bewohner der Umgebung glaubten,

das unheimliche Irrlicht sei der Geist der Alten Funkin, die durch den Bannspruch getötet worden sei und sich dafür an den Dörflern rächen wolle, und mieden den Burgberg.
Viele Monate danach wagten sich schließlich ein paar beherzte Burschen hinauf zur Ruine und hinein ins Wirrlesloch. Dort fanden sie zwar tatsächlich den Leichnam der alten Frau. Doch nicht, wie sie es angenommen hatten, in halb verwestem Zustand. Es war viel schauriger. Der Leichnam schien, als wäre die Alte erst wenige Stunden zuvor gestorben. Und neben der Toten stand eine verrostete Laterne mit brennender Talgkerze, das Irrlicht von Wildenfels.

Die Wegbeschreibung

Zum Burgstall Strahlenfels Vom Wanderparkplatz führt ein Schotterweg parallel zur Straße, vorbei an der Skilifthütte nach rechts. Nach wenigen Metern findet ihr am Wegesrand einen Wanderbaum, der bereits euer erstes Wanderzeichen trägt, den Grünen Querstrich. Dieser begleitet euch zuverlässig, bis auf eine kurze Unterbrechung in Strahlenfels, bis kurz vor die Burgruine Wildenfels. Die ersten zwei Kilometer dieser Wanderung führen euch mit dem Grünen Querstrich mit leichten Anstiegen im Wechsel durch Wald und Wiesen. Ihr kommt ganz gemächlich auf Touren. Vielleicht habt ihr Glück und erspäht das ein oder andere Reh im Gras oder im Gebüsch. Wenn ihr am frühen Morgen startet, ist die Luft herrlich frisch und durchströmt euch geradezu mit Energie.
Ihr gelangt an eine Straße, die ihr schräg nach links überquert. Auf der anderen Seite empfängt euch rechts ein Schotterweg, der euch vorerst ohne Wanderzeichen dem Wald entgegenträgt. Ihr wandert mit dem Schotterweg am Waldrand entlang und entdeckt an einem der Bäume wieder den Grünen Querstrich, dem ihr weiterhin folgt. Schließlich erklimmt ihr eine Anhöhe und biegt oben nach rechts in eine auf den ersten Metern geteerte Straße ein. Diese führt euch zur Landstraße

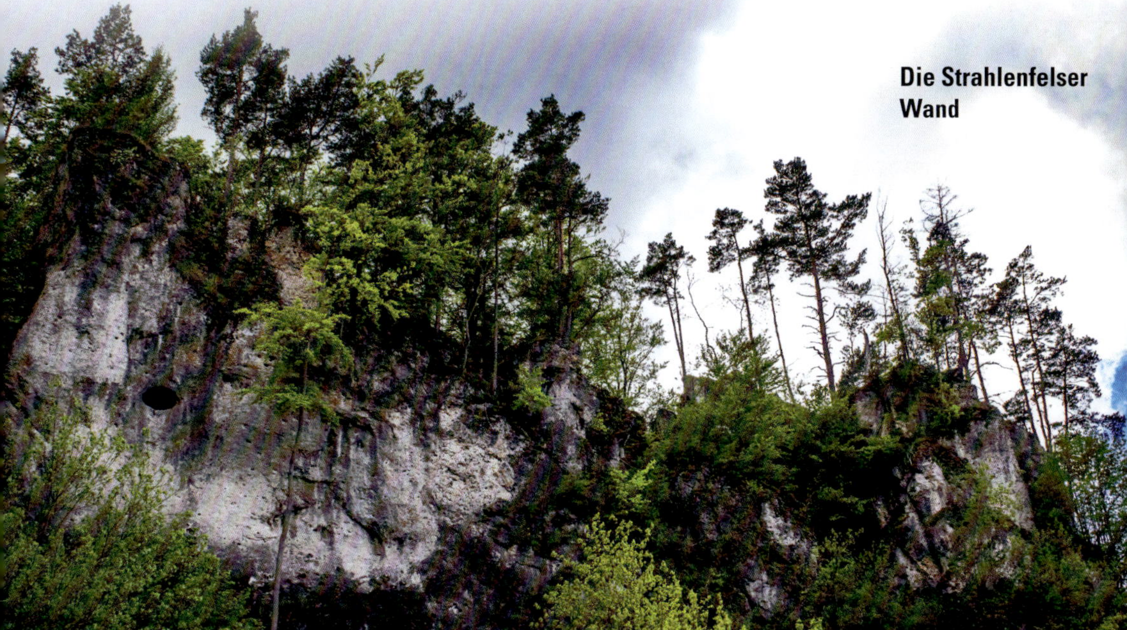

Die Strahlenfelser Wand

21

oberhalb des Ortes Strahlenfels, die ihr mit dem Grünen Querstrich nach links überquert, bevor ihr in den Wald hinein wandert. Bei der nächsten Gelegenheit, gegenüber einem Haus am Waldrand, verlasst ihr den Grünen Querstrich und zweigt ohne Wanderzeichen nach rechts ab. Dieser Weg führt euch unterhalb schroffer Felsen an den Fuß des Felsensporns, auf dem einst die Burg Strahlenfels thronte. Außer einer einzelnen Mauer und ein paar in den Fels gehauenen Stufen ist nichts von ihr übrig geblieben. Dafür bietet euch der Burgfelsen selbst ein echtes kleines Abenteuer. Direkt links am Felsensporn entlang umrundet ihn ein schmaler Pfad. Diesem abenteuerlichen Pfad folgt ihr und gelangt bald zur Strahlenfelser Burghöhle. Besonders tief ist sie nicht, und doch erfüllte sie zu der Zeit, als die Burg noch bewohnt wurde, einen wichtigen Zweck. Damals war sie nämlich von einer Mauer umgeben und diente den Burgbewohnern als Vorratskammer.

Zur Burgruine Wildenfels Von der Burghöhle folgt ihr dem felsigen Pfad weiter und verlasst ihn dann nach links unten Richtung Ortsrand. Wenn ihr euch nun noch einmal umdreht, entfaltet die Strahlenfelser Wand ihre ganze Pracht. Am Ortsrand von Strahlenfels angekommen, biegt ihr nach links in den Ort ab und schlendert zwischen einigen wirklich schönen alten und besonderen Häusern den Hang hinunter. Kurz bevor ihr in der Ortsmitte die Durchfahrtsstraße erreicht, entdeckt ihr rechts an einem Schuppen eine Wandertafel. Hier nehmt ihr mit dem Grünen Querstrich wieder den Weg Richtung Wildenfels auf. Der Grüne Querstrich führt euch nach rechts in die Durchfahrtsstraße, vorbei an einem schönen alten Haus mit der Aufschrift „Eben Ezer". Ihr folgt der Straße aus dem Ort Strahlenfels hinaus. Schon nach ca. 200 Metern biegt ihr mit dem Grünen Querstrich rechts Richtung Wildenfels ab. Bei der nächsten Gelegenheit folgt ihr dem Grünen Querstrich nach links. Nun geht es über Wiesen und in den Wald. Euer Wanderzeichen führt euch nach oben. Ihr gelangt an eine große Waldkreuzung mit Futterstelle. Hier verlasst ihr den Grünen Strich, den ihr erst wieder gegen Ende der Wanderung treffen werdet, und wandert mit der Nummer 9 auf schmalem Pfad nach links hinauf zu einer Anhöhe. Von dieser steigt ihr wieder ein wenig hinunter und folgt an einer Weggabelung der Nr. 9 nach rechts. Hier ist auch die Burg Wildenfels angeschrieben. Dann geht's an einer weiteren Weggabelung mit der Nr. 9 nach links und schon erreicht ihr den Burgberg der Ruine Wildenfels. Am Fuß des Bergs zweigt eine Treppe nach links oben ab. Auf der Ebene unterhalb der Burg findet ihr einen schönen Rastplatz mit wunderbarer Aussicht und links im Fels liegt das geheimnisvolle Portal des Wirrleslochs. Vom Portal führt der Zustieg nach unten in eine geräumige Felsenkammer. Oben auf dem Plateau des Burgbergs erwartet euch, über eine Treppe erreichbar, die Ruine der Oberburg mit der faszinierenden, einzeln stehenden, letzten verbliebenen Wand des ehemaligen Burgfrieds sowie weiteren Mauer- und Gebäuderesten. Hier oben findet ihr eine weitere Sitzgruppe, perfekt platziert, um zu rasten und die kraftvolle Atmosphäre dieses Ortes in euch aufzunehmen. Die Burg Wildenfels wurde gegen Ende des 13. Jahrhunderts erbaut. Zwischen ihr und der in Sichtweite gelegenen Burg Strahlenfels herrschte einige Jahre erbitterte Feindschaft. Diese endete erst, als die Strahlenfelser ihre Burg den Wildenfelsern überließen und nach Reichenschwand auswichen. Mitte des 16. Jahrhunderts wurde die Burg Wildenfels dann von Albrecht Alcibiades, dem Markgrafen von Brandenburg-Bayreuth, der im Zweiten Markgrafenkrieg sengend und mordend durch Franken zog, zerstört. Ein großer Teil der Burgen in der Fränkischen Schweiz wurde in diesem Krieg ein Raub der Flammen. Einige wurden danach wieder aufgebaut. Die Burg Wildenfels gehörte leider nicht dazu.

Zum Wolfsloch Wenn ihr euch von der Ruine Wildenfels verabschiedet habt, wandert ihr mit der Nr. 9 links hinunter in den gleichnamigen Ort, biegt nach links in die Durchfahrtsstraße ein und verlasst diese mit der Nr. 9 an der Bushaltestelle nach rechts Richtung Großengsee. Nun folgt ein längeres Stück ohne Wanderzeichen. Nachdem ihr etwa 600 Meter der Nr. 9 Richtung Großengsee gefolgt seid, biegt ihr, kurz vor einem Strommast und einem gegenüberliegenden Jägersitz, ohne Wegzeichen links ab und wandert auf einem Fahrweg bald am Waldrand entlang und etwas später in den Wald hinein. Etwa 20 Meter nachdem ihr den Wald betreten habt, biegt ihr an einem Grenzstein erneut ohne Wanderzeichen rechts ab. Nach einer Einzäunung biegt ihr mit dem breiten Weg nach links ab und gelangt, aus dem Wald heraustretend, an den Rand eines Feldes. Ihr wandert, dem Rand des Feldes zuerst nach rechts und dann nach links unten folgend, am Waldrand entlang und vorbei an einem Jägersitz sanft nach unten. Nach einer Linkskurve gabelt sich der Weg. Ihr geht weiter geradeaus in das nächste Waldstück. Eine Wiese und ein weiteres Waldstück später erreicht ihr eine Straße, in die ihr nach rechts einbiegt. Schon gut hundert Meter weiter verlasst ihr die Straße scharf links mit eurem neuen Wanderzeichen, der Nr. 8, in Richtung Ittling. Dieses führt euch über ein Feld dem Wald entgegen. Dort erwartet euch ein Anstieg, an dessen Ende ihr an einer Weggabelung mit der Nr. 8 an einer Einzäunung entlang nach links abbiegt. Der breite Weg wird plötzlich zum schmalen Pfad. Bald verlasst ihr den Wald und gelangt an eine Straße. Diese überquert ihr schräg nach links und biegt rechts auf der anderen Seite in einen unmarkierten Schotterweg ein, der euch hinüber zum Waldrand trägt. Dort, an einer schön gestalteten Sitzgruppe mit Panoramablick auf den Funkturm Riegelstein, verlasst ihr den linksabbiegenden Schotterweg und geht ohne Wegzeichen geradeaus in den Wald. Bereits nach wenigen Metern erkennt ihr rechts über euch oben am Hang die gewaltigen Felsen des Wolfslochs. Ein schwer erkennbarer Pfad zweigt nach rechts oben ab und mündet kurz vor dem Felsmassiv in einen breiten Fahrweg, auf dem ihr die letzten paar Meter zum Wolfsloch nach rechts geht. Was für einen überwältigenden Anblick die Versturzhöhle des Wolfslochs doch bietet. Wie eine natürliche Burganlage schmiegt sie sich in

Burgruine Wildenfels

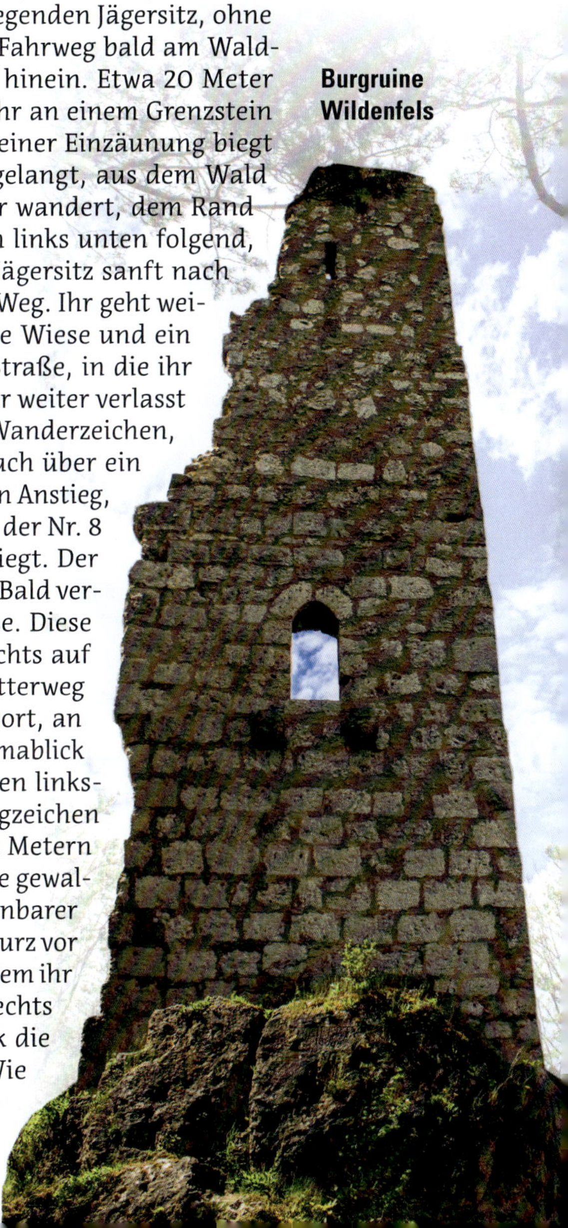

den rauen Dolomitfels. Fast meint man, ein Burgtor, den Burghof und den ehrfurchtgebietenden Burgfried zu erkennen. Einfach grandios, dieses Ensemble! Eine Infotafel an einem Baum informiert euch darüber, wie das Wolfsloch zu seinem Namen kam: Es wurde nach den Wirren des 30-jährigen Krieges Mitte des 17. Jahrhunderts, als die Anzahl der Wölfe in der Gegend überhandnahm und die Raubtiere zur regelrechten Landplage wurden, als Fallgrube verwendet. Bestückt mit einem lebenden Köder, meist einer Ziege, wurden Wölfe, Bären und Füchse im Wolfsloch gefangen und dann erschlagen.

Zum Burgstall Spies Vor dem Wolfsloch, gleich unter der Infotafel, weist euch die Beschilderung des Rundwanderwegs 1000 Jahre Ittling den Weg nach links unten hinab nach Ittling. Unten im Ort angekommen, biegt ihr mit eurem neuen Wanderzeichen, dem Blauen Querstrich, nach links in die Durchfahrtsstraße ein. Der Weg führt euch an einem Autohaus vorbei, entlang der Landstraße aus Ittling hinaus. 200 Meter nachdem ihr den Ort verlassen habt, zweigt von der Landstraße ein Fahrweg ohne Wegzeichen nach rechts zum Wald ab. Im Wald öffnet sich leicht rechts eine breite Schneise. Hier stoßt ihr wieder auf den Blauen Querstrich, der euch durch den Wald nach unten in ein idyllisches Tal trägt. Unten an einer Bank folgt ihr dem Blauen Querstrich nach links, erst über eine Wiese, dann nach rechts und nach oben in einen Schotterweg. Dieser führt euch auf einem fordernden Anstieg hinauf nach Spies. Auf dem Weg nach oben gesellt sich zum Blauen Querstrich der Blaue Punkt. Nach einiger Zeit seht ihr links den Funkturm. In Spies angekommen, erreicht ihr die Bushaltestelle. Hier biegt ihr mit dem letzten Wanderzeichen der Tour, dem Grünen Querstrich, nach links oben ab. Oben angekommen, biegt ihr ohne Wegzeichen nach rechts zum Spiel- und Bolzplatz ab. Der Weg führt euch zwischen Spielplatz und Wasserspeicher hinauf zum Burgstall der einst stolzen Burg Spies. Es empfängt euch der beeindruckende Felsenhof der Burganlage. Daneben führt eine Treppe hinauf zu dem grandiosen Aussichtspunkt der Burganlage, von dem ihr weit ins Land blicken könnt.

Blick vom Burgstall Spies hinüber zum Funkturm Rieglestein

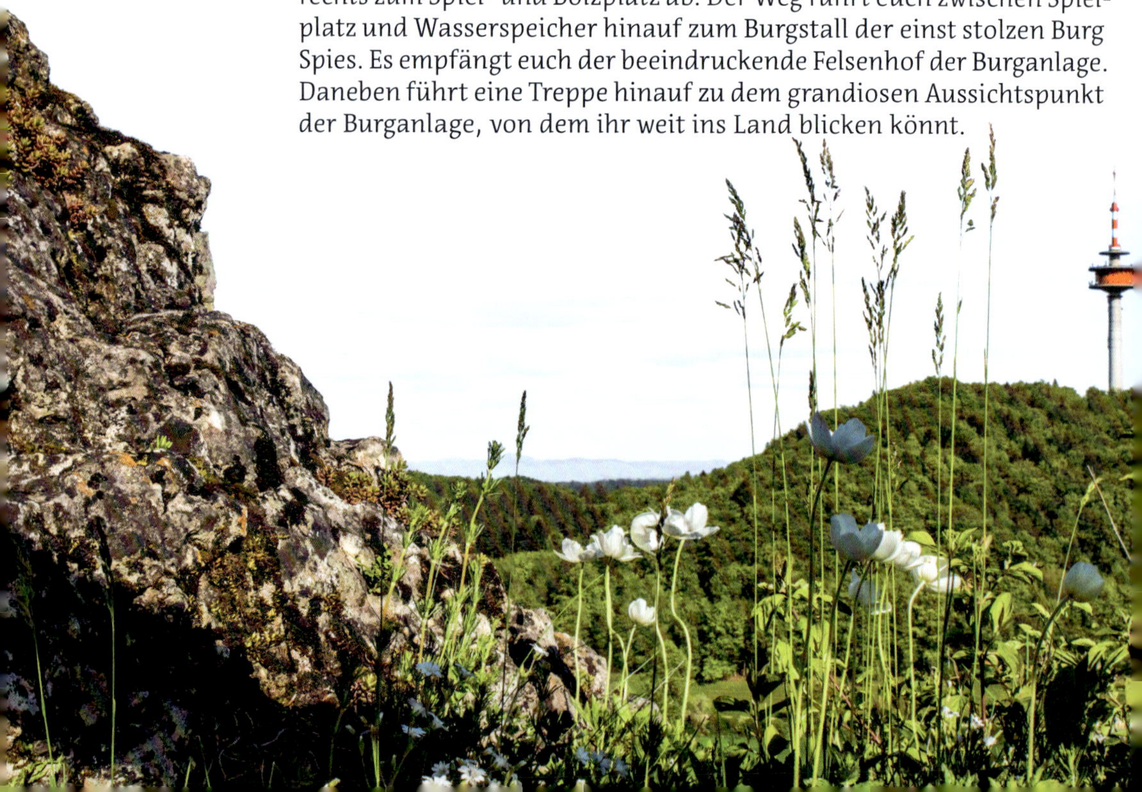

Ganze drei Mal wurde die Burg zerstört. Erst nachdem sie im Zweiten Markgrafenkrieg von den Nürnbergern gestürmt, geplündert und zum dritten Mal zerstört wurde, verzichtete man auf einen erneuten Aufbau und nutzte die Ruine als Steinbruch. Zuvor hatte sie eine wechselhafte Geschichte. Sogar vom stolzen König Wenzel – das Wenzelschloss in Lauf an der Pegnitz verdankt ihm seinen Namen – wurde sie einmal zerstört, als er die dort lebenden Raubritter belagerte.

Der Rückweg Ihr steigt von der Burgruine wieder hinunter, am Spiel- und Bolzplatz vorbei. Wieder an der Straße angekommen, biegt ihr mit dem Grünen Querstrich sehr scharf rechts ab. Dieser Weg führt euch noch ein Stück hinunter durch den Wald und dann, entlang des Spieser Skihangs, zurück zum Wanderparkplatz.

Wissen für Angeber

Der Burgfried von Wildenfels Der beeindruckende Burgfried von Wildenfels, von dem heute nur noch eine einsam emporragende Wand übrig ist, blieb bis ins Jahr 1827 nahezu vollständig erhalten. Er hatte die Burgzerstörung im Jahr 1552 und den Sturm der Gezeiten überstanden. Erst im besagten Jahr 1827 brachte ihn ein Blitzeinschlag zu Fall. Doch, wie ihr seht, nicht ganz. Die Ostwand trotzt auch weiterhin der Zeit und wird dies hoffentlich noch viele Jahre erfolgreich tun.

KOMPASS

Wann wandern?

Um die Höhlen besuchen zu können, solltet ihr diese Tour außerhalb der Fledermausschutzzeit wandern. Ab Mitte Mai blühen auf den zahlreichen Wiesen die schönsten Blumen in ihrer ganzen Farbenpracht.

Was beachten?

Auf dem Felsenpfad unterhalb der Strahlenfelser Wand wachsen jede Menge Brennnesseln und Dornen. Vom Tragen kurzer Hosen ist abzuraten.

Wo rasten?

Besonders schön ist der Rastplatz inmitten der alten Mauern der Burg Wildenfels.

Wo einkehren?

Gasthof Schermshöhe,
Tel. 09244 466

22

Auf dem fantastischen Eibgrat

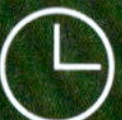 7,4 km

 240 Hm

2–3 h

schwer

Eckdaten:

- **Sonne/Schatten:** größtenteils schattige Waldwege
- **Start-/Endpunkt:** Wanderparkplatz Spies, 91282 Betzenstein (kostenlos)
- **Parkplatzgröße:** 10–15 Pkw
- **Schwindelfreiheit:** ja
- **Klettererfahrung:** empfehlenswert
- **Buggy:** nein

Auf märchenhaften Wegen erkundet ihr eines der großen Highlights der Fränkischen Schweiz. Der Eibgrat bezaubert jeden Besucher und verlangt euch beim Kraxeln einiges ab. Als einer der wenigen echten alpinen Felsensteige in der Fränkischen Schweiz ist er durchaus mit Vorsicht zu genießen. Doch für euren Respekt belohnt er euch mit herrlichen Ansichten und unvergesslichen Eindrücken.

Highlights:

1. Der Eibgrat
2. Zur „Schönen Aussicht"

Die Sage

Der kopflose Reiter In den dunklen Wäldern zwischen Plech und Betzenstein soll es zur Geisterstunde umgehen. Nicht nur die üblichen unheimlichen Geräusche der Nacht sollen hier zu vernehmen sein. Der Sage nach treibt ein kopfloser Reiter hier im dichten Wald sein Unwesen. Auf einem schwarzen Rappen ist er unterwegs. Die Augen des Geisterrosses strahlen tief in die Dunkelheit und die schweren Hufe lassen den Waldboden erzittern.

Schon lange war dieser Spuk in der Umgebung bekannt. Und doch wagte sich eines Nachts eine Magd vom Tanz in Plech allein durch den unheimlichen Wald auf den Heimweg nach Betzenstein. Das Mädchen hatte seit jeher die Geschichte vom Kopflosen als abergläubisches Geschwätz abgetan. Und auch wenn es ihr nun im Wald bei jedem Geräusch die Nackenhaare zu Berge stehen ließ, an den Spuk wollte und wollte sie nicht glauben. Doch da geschah es.

Plötzlich hörte sie hinter sich, wie sich etwas Schweres in den Waldboden grub. Das unheimliche Geräusch schien ihr in einigem Abstand zu folgen. Als sie sich schließlich umdrehte, um zu erspähen, was ihr nachstieg, blickte sie in die

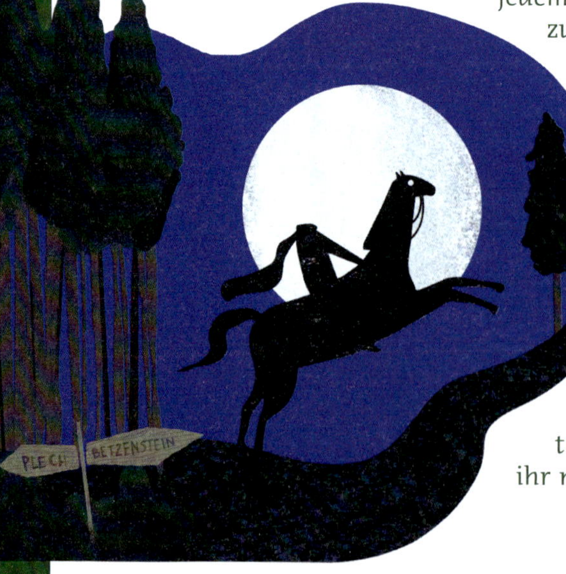

leuchtenden Augen des Geisterrosses, auf dessen Rücken der kopflose Reiter saß. Just in diesem Moment verfiel das Ross vom langsamen Traben in feurigen Galopp und raste auf sie zu. Die Magd, von Angst gepackt, rannte davon, so schnell sie konnte. Doch die Flucht wollte ihr nicht gelingen. Egal, wie schnell sie lief, egal, wie flink sie Haken schlug – stets war ihr der Kopflose dicht auf den Fersen. Noch bevor sie die Betzensteiner Stadtmauer erreichen konnte, hatte der Spuk sie fast eingeholt. Da erblickte sie eine Scheune am Wegesrand. Die Magd stürzte durch die offene Tür hinein, schlug die Tür ins Schloss und verbarrikadierte sie. Da hörte sie von außen eine Stimme rufen: „Komm mit, komm mit mir und erlöse mich.“ Doch um nichts in der Welt hätte sie die Tür geöffnet, auch nicht, als die Stimme ein weiteres Mal erklang und sie darum bat, herauszukommen. Da trat das Ross gegen die Scheune. Immer und immer wieder. Erst als die Kirchturmuhr eins schlug, ließ der Kopflose von der Scheune ab und verschwand mit lautem Seufzen im Dunkel der Nacht.

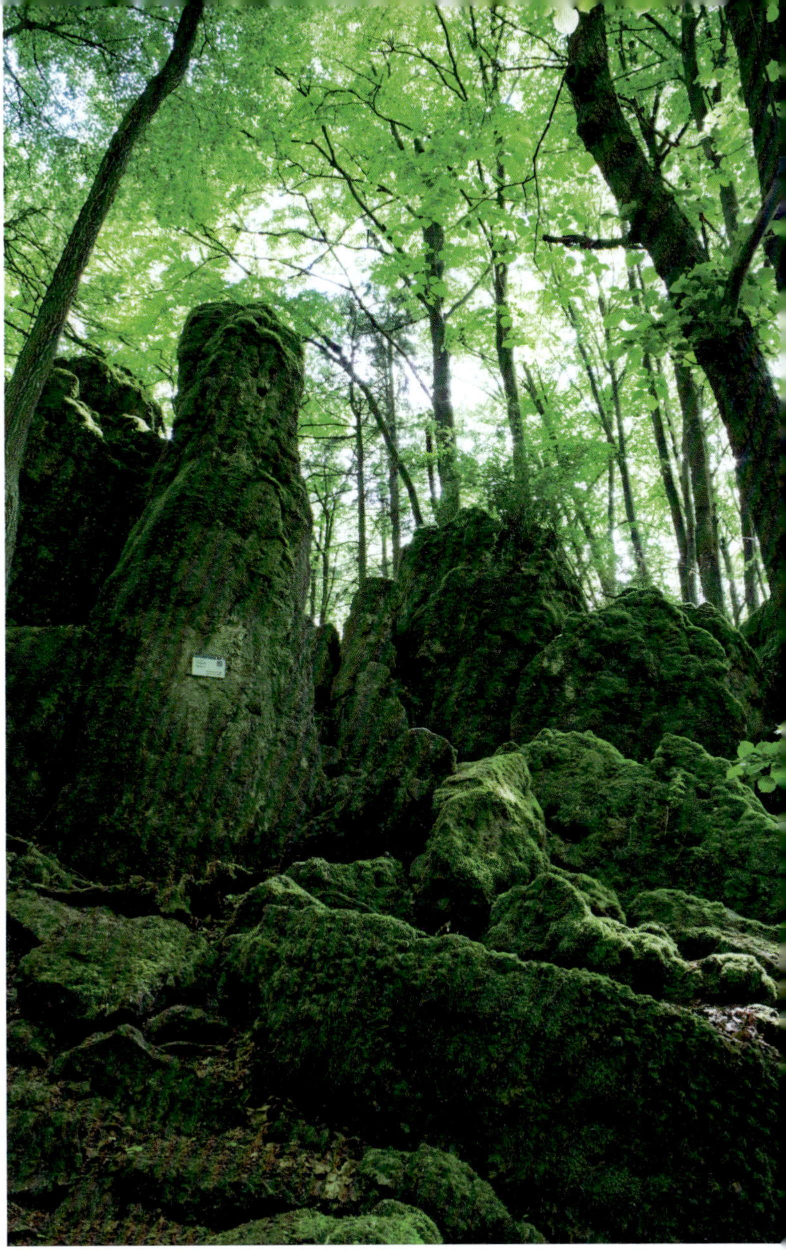

Der Einstieg des Eibgrats

Als der Bauer die Magd am nächsten Morgen vollkommen verängstigt und geschwächt – die Arme hatte vor Grauen die ganze Nacht nicht geschlafen – in der Scheune fand, erzählte sie ihm die ganze schauderhafte Geschichte. Der Bauer machte sich sogleich auf die Suche nach Spuren des Spuks. Und tatsächlich, in einem Eckpfeiler der Scheune fand er ein gewaltiges, schwarzes Hufeisen, das dort mit großer Kraft hineingetrieben worden sein musste. Unter Aufbietung all seiner Kräfte löste er das Hufeisen aus dem Pfeiler. Doch sobald ihm dies gelungen

war, sprang es ihm aus der Hand und versenkte sich erneut in den Pfeiler. Ein ums andere Mal ging das so.
Am Ende gab der Bauer den Wettstreit mit dem widerspenstigen Geisterhufeisen auf und ließ es in der Scheune stecken. Dort verblieb es noch viele Jahre. Erst als die Scheune nach dem Tod des Bauern abgerissen wurde, löste es sich vor den Augen der erstaunten Anwesenden in Luft auf.

Die Wegbeschreibung

Zum Eibgrat Ihr startet am Wanderparkplatz Spies mit Blick auf den Fernmeldeturm Riegelstein auf dem Schotterweg nach links. Am Waldrand entlang geht ihr leicht bergan. Hinter einer Sitzgruppe erreicht ihr eine Wandertafel. Hier trefft ihr auf euer erstes Wanderzeichen, den Roten Querstrich, das Zeichen des Eibgratweges. Schon bald führt es euch nach links zum beeindruckenden Einstieg in den Eibgrat-Steig. Der Eibgrat ist ein etwa 1,5 Kilometer langer Felsenkamm, auf dessen Grat ein einzigartig schöner Felsenpfad den schwindelfreien Wanderer von einer spannenden Kraxelei zur nächsten führt. Auf dem ersten Plateau erwartet euch ein Empfangskomitee in Form zahlloser kleiner Felsen. Wie Zwerge mit ihren langen Mützen ragen sie aus dem Berg und scheinen euch voller Freude über euren Besuch begrüßen zu wollen. Vom Plateau geht es ein wenig hinunter zum eigentlichen Grat. Hier erwartet euch ein schmaler Zustieg. Rechts und links eures Weges fallen die Felsen Meter für Meter steiler und tiefer hinab ins Eibental. Wie einem Märchen entsprungen wirkt dieser Weg. So viele Felsen, von dichtem Moos überwuchert und von scheinbar unsichtbaren Mächten aneinander und aufeinander gestapelt – das alles inmitten des zauberhaft leuchten-

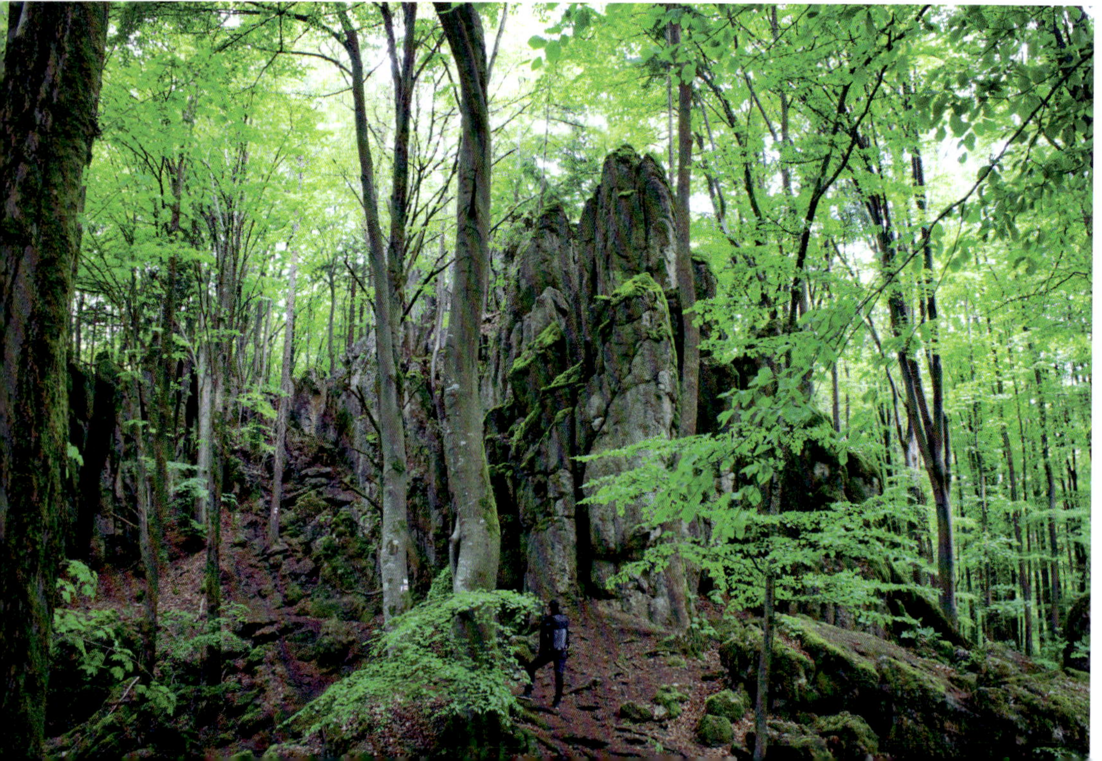

Gewaltige Felswände auf dem Eibgrat

den Grüns des Eibenwaldes. Immer weiter weist euch der Rote Querstrich den richtigen Weg über den Grat. Er führt euch nach einer Weile an eine lange Leiter, die euch zu einem Rastplatz hinaufträgt. Von dort habt ihr einen tollen Blick hinüber zu einer gewaltigen Felswand, auf der sich das nächste Ziel „Zur Schönen Aussicht" befindet. Hier, in der Mitte des Eibgrats, irgendwo tief unter euch im Fels, soll sich das Silberloch verstecken. In dieser Höhle lebt der Sage nach ein Berggeist, der schon so manchen entführt und später für seine unfreiwillige Gesellschaft reich entlohnt haben soll. Das Erschreckende daran ist, dass dort unten im Fels die Zeit viel schneller vergeht als an der Erdoberfläche. Ein Tag dort unten entspricht einem Jahr hier oben. Und so soll manch einer schon über Jahrhunderte hinweg verschwunden geblieben sein, um dann in einer anderen Zeit wieder zur Oberfläche zurückzukehren.
Nach einer kurzen Verschnaufpause geht ihr weiter über den Eibgrat. Noch einige Hundert Meter mit einmalig schönen Eindrücken und Aussichten erwarten euch. Am Ende verlasst ihr den Gratweg über eine schmale Pforte nach unten.

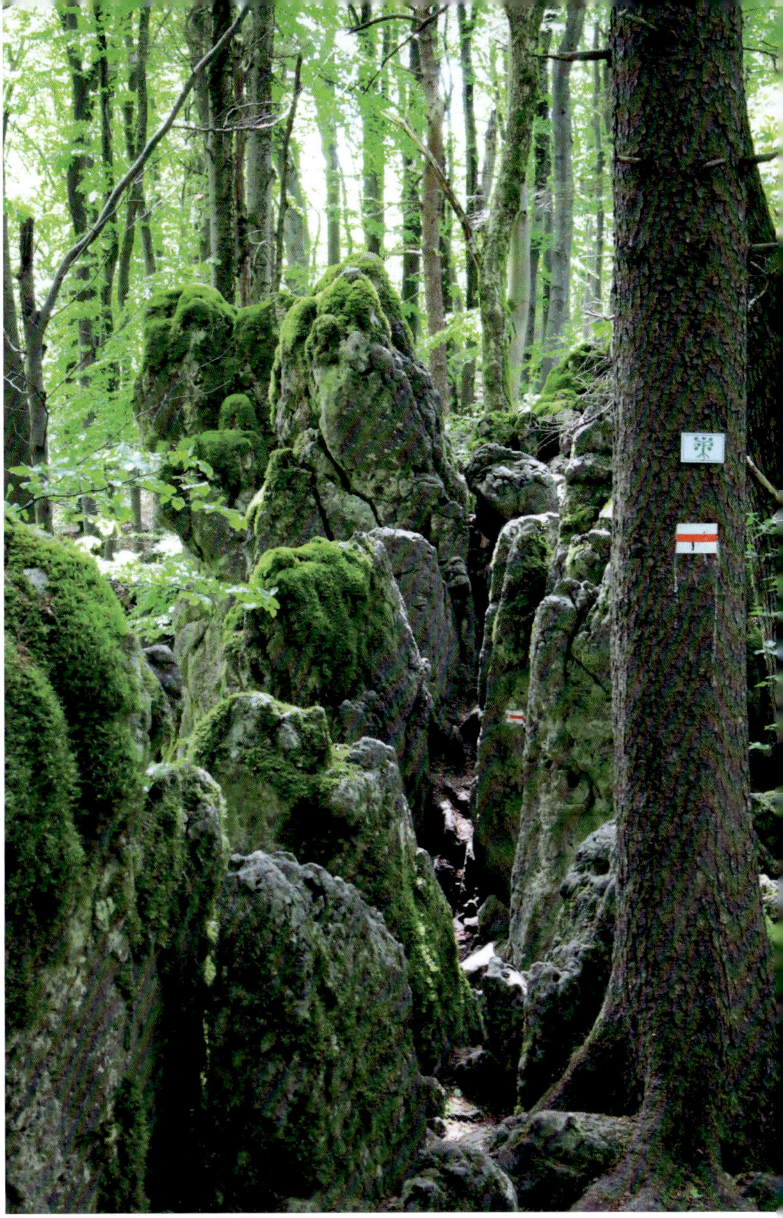

Schmale Felsenpfade auf dem Eibgrat

Zur Schönen Aussicht Nun haltet ihr euch mit eurem neuen Wanderzeichen, dem Blauen Punkt, links und schlendert gemütlich nach unten. An einer Einmündung folgt ihr dem Blaupunkt nach links. Kurz darauf, an einer Weggabelung, geht ihr mit dem Zeichen und der Beschilderung Richtung Plech nach rechts. Der Weg führt euch an einer Freifläche am Waldrand entlang. Erneut erblickt ihr die Felswand, die ihr schon vom Rastplatz auf dem Eibgrat aus bestaunen durftet. Nach einer Linkskurve folgt ihr dem Blauen Punkt nach rechts in den

22

Wald, den Hang hinauf und durch das Gebiet der „Schwarzen Ecken". Schließlich gelangt ihr an eine Einmündung mit einer Wandertafel. Hier wechselt ihr auf den Roten Punkt und folgt diesem nach links Richtung Reuthof. Schon bald wandert ihr mit eurem neuen Wanderzeichen bergan. Oben angekommen gabelt sich der Weg. Während der Rote Punkt nach rechts führt, biegt ihr auf unmarkiertem Weg nach links in den Wald ab. Kurz darauf haltet ihr euch an einer Gabelung links und gelangt ein Stück später an eine weitere Weggabelung. Hier haltet ihr euch rechts. Der Weg wird schmaler und führt euch auf einem Felsengrat entlang. Kurz nachdem der Grat endet, zweigt vom Weg ein unbeschilderter Pfad nach links hinüber zum Aussichtspunkt „Schöne Aussicht" ab. Mit seiner Bank und dem wundervollen Blick lädt dieser Ort zu einer ausgiebigen Rast ein.

Der Rückweg Vom Aussichtspunkt „Schöne Aussicht" kommend haltet ihr euch mit dem unmarkierten Weg links. Nach einer Rechtskurve, vorbei an einer Wiese, biegt ihr an einer Weggabelung, weiterhin ohne Wegzeichen, nach links ab. Schon bald trefft ihr wieder auf den Roten Punkt, dem ihr nach links folgt. Nach einer Weile trägt er euch hinunter an eine Einmündung. Rechts sind es nur ein paar Meter zum Gasthaus Reuthof. Nach links führt euch das neue Wanderzeichen, das Weiß-Blaue M/D des Main-Donau-Wegs zurück zum Wanderparkplatz. Flankiert wird es für etwa hundert Meter vom Blauen Ring. Dann trennen sich die beiden Wanderzeichen. Ihr folgt dem Zeichen des Main-Donau-Wegs nach links unten. Nach 800 Metern gelangt ihr an eine Sitzgruppe und eine Koppel. Hier findet ihr eine Wandertafel. Zum Main-Donau-Weg gesellt sich der Blaue Querstrich, der zum Eibgrat West führt. Ihr geht mit den beiden Wanderzeichen nach rechts an der Koppel entlang. An deren Ende biegt ihr mit euren Wanderzeichen nach links ab.

Die Schöne Aussicht

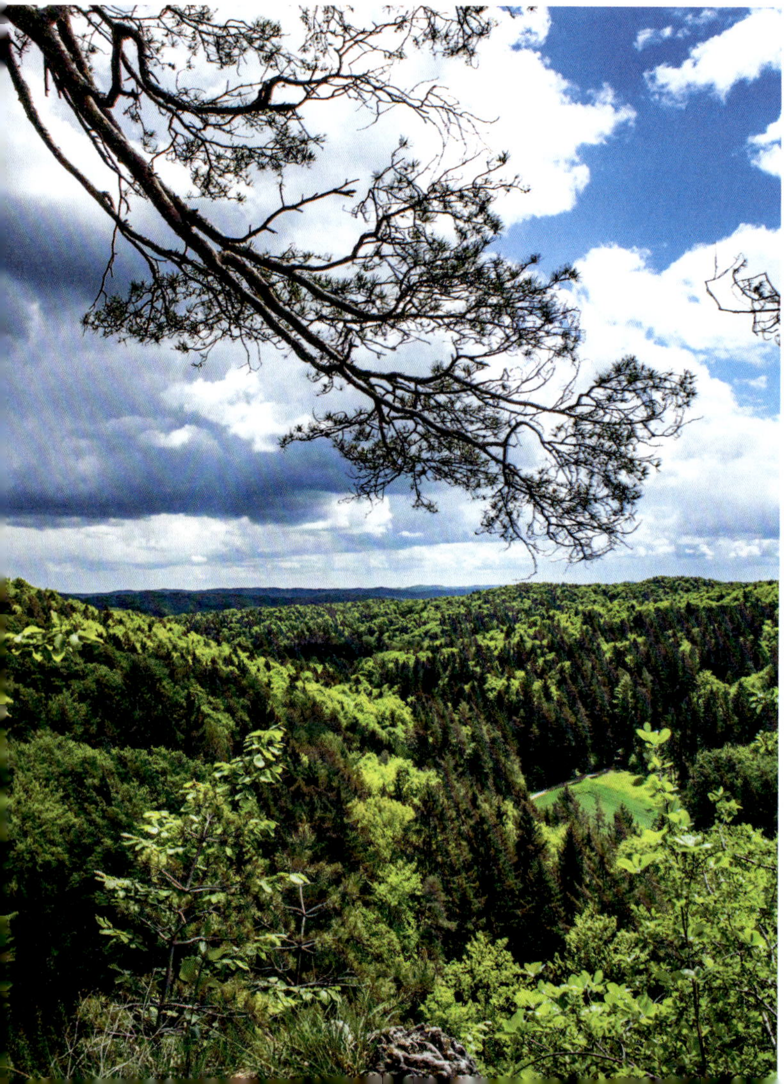

Sie führen euch zielsicher zurück zum Eibgrat. Über eine kurze Klamm durchquert ihr den Eibgrat, passiert dessen Einstieg und folgt dann dem vom Beginn der Wanderung bereits bekannten Weg nach rechts, vorbei an der Sitzgruppe, hinunter zum Parkplatz.

Für diejenigen unter euch, die vom Kraxeln nicht genug bekommen können, noch ein kleiner Tipp: Wenn ihr euch mit dem Main-Donau-Weg und dem Blauen Querstrich dem Eibgrat von unten nähert und diesen durch die Bäume schon erkennen könnt, zweigt vom beschilderten Wanderweg ein unmarkierter Pfad nach links oben ab. Wenn ihr diesem folgt, gelangt ihr an den Einstieg der Zone 1 des Eibgrats und könnt diesen noch einmal, dieses Mal in die andere Richtung begehen. Dadurch werdet ihr zum Ende hin noch einmal mit neuen und wundervollen Eindrücken belohnt. Der Weg hinunter zum Parkplatz ist derselbe, sobald ihr das Ende des Eibgrats erreicht.

Wissen für Angeber

Eiben, diese knorrig wirkenden Nadelbäume, werden bis zu 3000 Jahre alt. Wohl auch deshalb galten sie schon bei den Germanen als Symbol für die Ewigkeit und wurden in alten Zeiten gerne zum Schutz vor Hexen und Dämonen ums Haus herum gepflanzt.

KOMPASS

Wann wandern?

In den trockenen Monaten. Empfehlenswert ist der Besuch des Eibgrats vor allem unter der Woche oder am Wochenende, vor oder nach dem Besucheransturm.

Wo einkehren?

Waldgasthaus und Pension Reuthof, Telefon: 09244 310

Was beachten?

Der Eibgrat erfordert Trittsicherheit und Schwindelfreiheit. Das wildgrüne Moos entlang der Felsen wird bei feuchter Witterung sehr glitschig und rutschig.

Wo rasten?

Auf dem Eibgrat gibt es einen schönen Rastplatz mit toller Aussicht. Gegenüber dem Eibgrat befindet sich auf der „Schönen Aussicht" eine weitere Bank.

Impressum

Alexander Pavel: Wandern in der sagenhaften Fränkischen Schweiz
Fotos, Texte und GPS-Daten: Alexander Pavel
Foto vom Autor: Christoph Jadanowski
Illustrationen: Linda Durmann
Kartenmaterial: ©Printmaps.net/OSM Contributors
Herstellung und Layout: Frank Siebenkäß
Druck und Bindearbeiten: Scandinavianbooks

Die Deutsche Nationalbibliothek verzeichnet diese Publikation in der Deutschen Nationalbibliografie; detaillierte bibliografische Daten sind im Internet über http://dnb.d-nb.de abrufbar.

1. Auflage 2021

Nürnberger Str. 19
91207 Lauf a. d. Pegnitz

ISBN 978-3-942251-54-9

Quellen:

- Heinz Büttner – Sagen, Legenden und Geschichten aus der Fränkischen Schweiz
- Einige hilfsbereite und erzählfreudige Bewohner der Fränkischen Schweiz

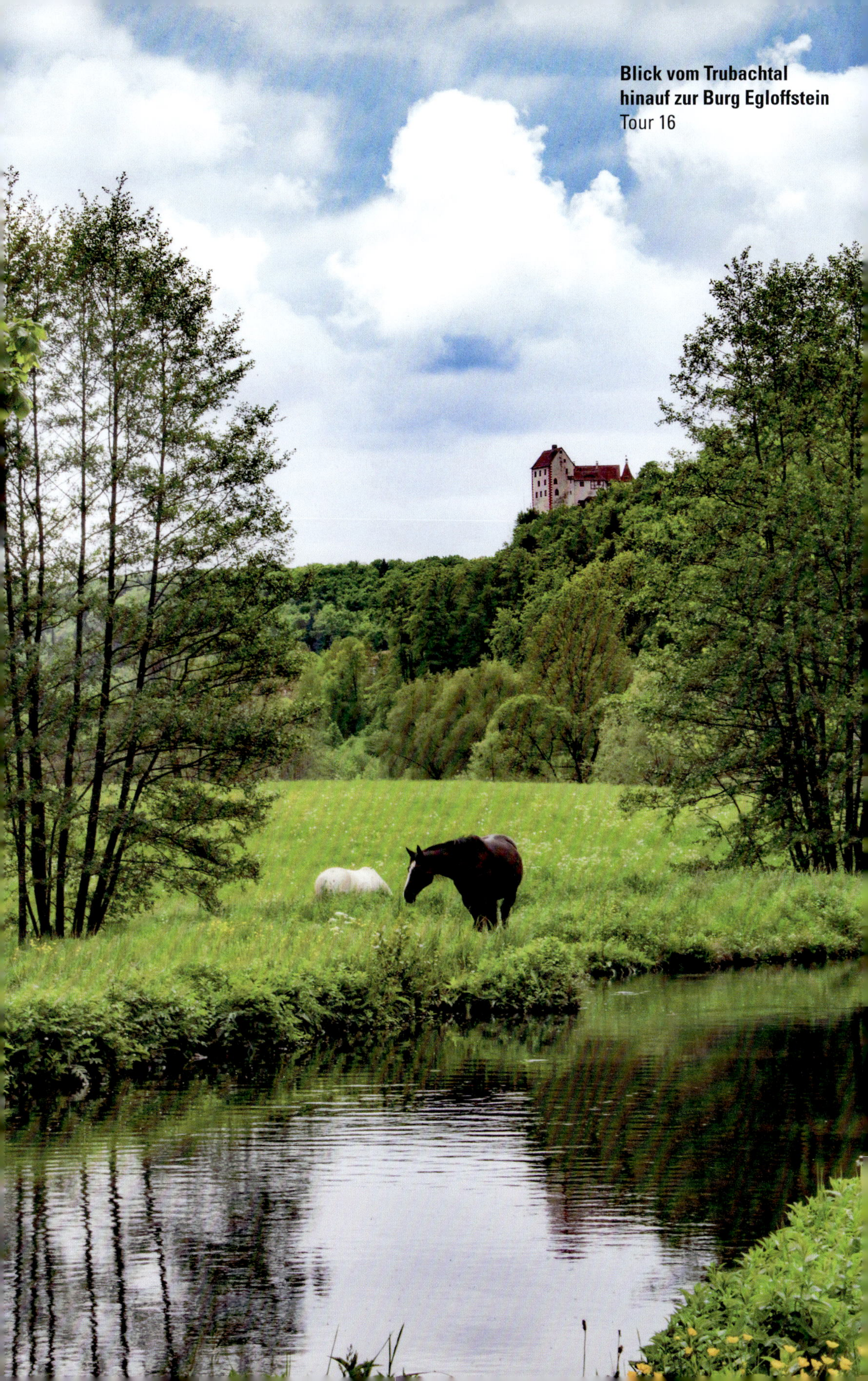

Blick vom Trubachtal hinauf zur Burg Egloffstein
Tour 16

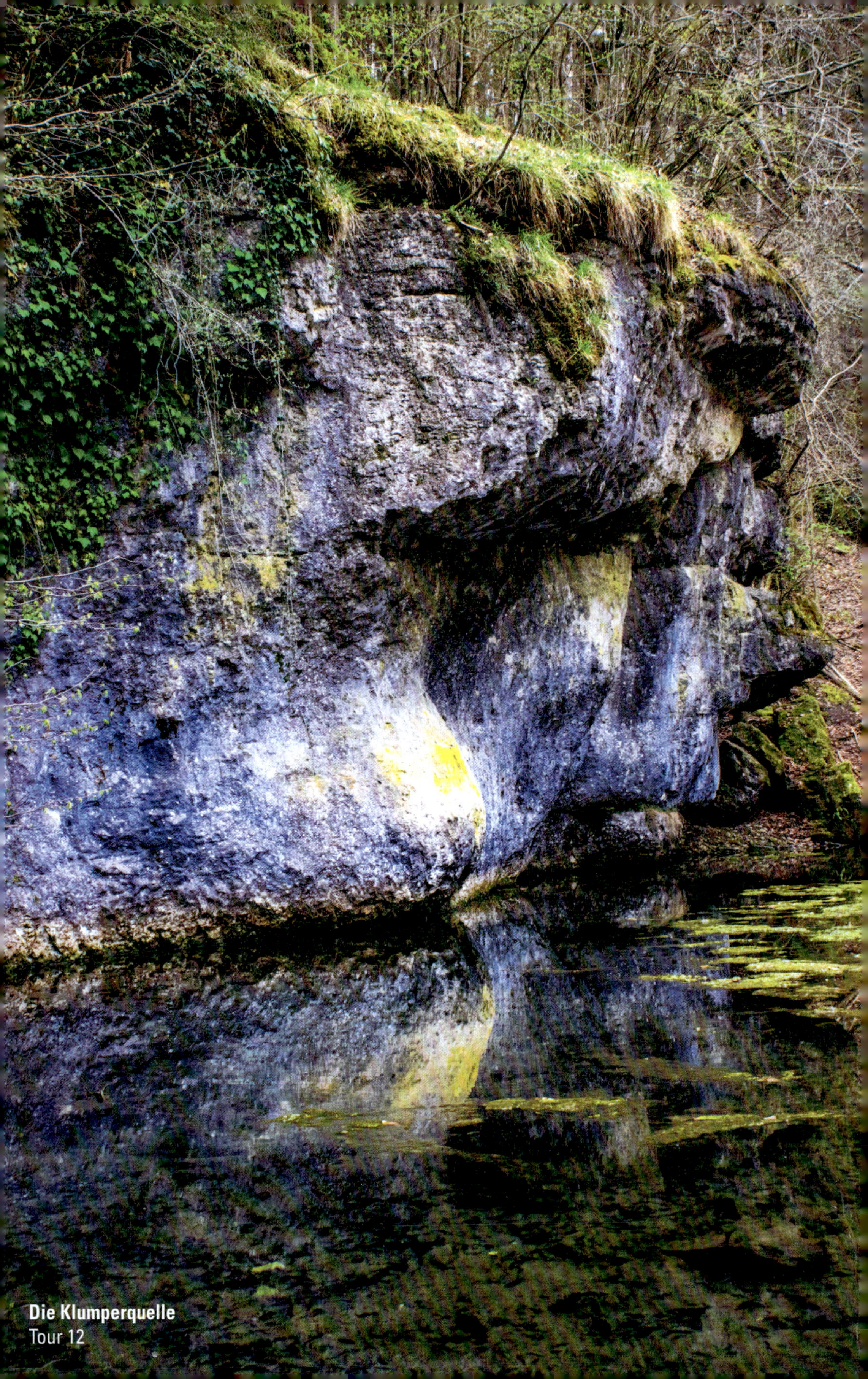

Die Klumperquelle
Tour 12